# OBSERVATIONS
## SUR L'ITALIE
### ET SUR
## LES ITALIENS.
### TOME TROISIÈME.

# OBSERVATIONS
## SUR L'ITALIE
### ET SUR
## LES ITALIENS,

Données en 1764, sous le nom de deux Gentilshommes Suédois.

NOUVELLE ÉDITION.

TOME TROISIÉME.

A LONDRES.

M. DCC. LXX.

# OBSERVATIONS
## SUR L'ITALIE,
*ET SUR*
## LES ITALIENS.

### SUITE
DE L'ARTICLE DE ROME.

LA gravité des Romains ne les abandonne ou ne les quitte jamais en public, ni même dans les parties de plaisir qui semblent naturellement imaginées pour la bannir. A un grand dîner donné chez un Prélat, une plaisanterie un peu gaie, qui m'échappa, tourna les yeux des Italiens dont le dîner étoit composé, sur le Prélat qui sourit avec un air d'embarras. Ce sourire fut le signal d'un ris inextinguible qui s'é-

*Gravité des Romains.*

leva parmi les Convives: ils rioient moins de la plaisanterie & de mon ignorance sur leurs usages, que de se voir rire dans la maison qui les rassembloit.

Ils sçavent s'indemniser dans le particulier, de la gêne qu'ils s'imposent en public. Rien de plus enjoué que les cotteries, où quelques amis entre lesquels la confiance est établie, s'abandonnent en toute liberté à cette gaieté qu'une douce mélancolie met dans leur caractère, & qui faisoit l'*urbanité* des anciens Romains. Là, il est permis de rire aux dépens même des personnes présentes: là, un Etranger que l'on juge digne d'y être admis, & qu'en public on ne reprend jamais, ou que l'on ne reprend qu'avec respect sur les fautes de langage, fournit à la joie commune par ses *spropositi*: là, on rit plus & on rit de meilleure foi qu'en aucun lieu de la terre: là enfin se débitent mille contes dont les Romains sont farcis, que personne ne joue comme eux, & que la manière de conter rend toujours nouveaux. En voici un échantillon:

Dans le combat de Saint Michel avec le Diable, cet Archange s'appercevant du désavantage & de l'inutilité de sa lance, remonta au Ciel, & s'armant d'un foudre, le lança sur Lucifer, dont le corps vola en éclats. Ses jambes tombèrent en France: de-là, la pétulance des François, leur fureur pour les courses & pour les voyages, & la difficulté de les fixer. L'Espagne reçut la tête de Lucifer: de-là, la fierté, la hauteur & le ton bravâche de l'Espagnol. La main avec laquelle il escamottoit, tomba sur Naples: celle avec laquelle il serroit, échut à Gênes. Les Allemands recueillirent son estomac. Enfin les parties de son corps les moins honnêtes tombèrent à Rome: *E per questo*, ajoutent-ils, *tutti noi Romani siamo Cogl....*

Chez les Italiens en général, la *gravité est un mystère du corps*, qui est adopté pour cacher une disposition dominante à la gaieté & même à la bouffonnerie. Monsignor Bayardi, Archevêque de Tyr, que nous vîmes à Naples, & Auteur de cinq gros volumes in-4°. qui ne contenoient en-

ROME.

core qu'une partie des Prolégomènes sur l'histoire d'*Herculanum*, avoit toute la dignité de son état, soutenue de la gravité & de la pesanteur qu'annonçoient ses Ouvrages connus. Il est mort après avoir publié la Relation d'un miracle opéré sur lui, par le Bienheureux Dom Jean de Palafox. Or ce même M. Bayardi avoit travaillé toute sa vie, & il s'est occupé, jusqu'à sa mort, d'un Poëme dans le genre que les Italiens appellent *Bernesque*; & ce Poëme, dont il avoit laissé entrevoir quelques lambeaux l'emportoit, à ce que l'on m'a assuré, par la folie des idées & la liberté de l'expression, sur la *Secchia rapita*, sur le *Ricciardetto*, &c. Tel fut le goût des Bembes, des la Casa, des Pogge, des Sannazar, des Panormita, & des Italiens les plus distingués, soit par des Ouvrages dans le genre le plus sérieux, soit par les emplois qui exigeoient le plus de gravité.

Le Pogge, Secrétaire de confiance de sept Papes, Député au Concile de Constance, Envoyé par Martin V. vers le Roi de Hongrie,

Auteur de Traités très-édifians, n'est presque connu que par son Recueil de Facéties. L'Auteur de sa vie * nous apprend qu'il s'étoit pratiqué, dans le Vatican même, un petit réduit où il rassembloit quelques amis. Dans ce réduit, qu'ils nommoient *il Bugiale*, on s'abandonnoit, sans gêne & sans réserve, à toutes les saillies que pût fournir

> *Italis exæstuans præcordiis*
> *Libera bilis* **.

Et de-là, ajoute le Récanati, sont sortis les bons mots & les plaisanteries que le Recueil de Pogge a répandues dans le Public.

Le Tassoni, que nous ne connoissons que par la *Secchia rapita*, c'est-à-dire, que comme un agréable bouffon, Critique judicieux & grand Littérateur, joignoit au tact le plus délicat, des connoissances aussi variées qu'étendues. Ses Con-

---

\* Elle se trouve à la tête de l'*Histoire de Florence*, par le Pogge, édit. de 1715.

\*\* Horat. Epod. II.

sidérations sur Pétrarque en sont la preuve. La même plume avec laquelle il avoit fait des extraits raisonnés des anciens Poëtes Provençaux, comparés aux Poëtes Italiens, il l'employa à réduire dans un seul & même volume les Annales de Baronius, en les rectifiant sur plusieurs points importans. Dans leurs compositions les plus folles, la même bizarrerie ramene les Italiens aux idées les plus graves & les plus sérieuses. On en jugera par cette Stance qui fait partie du *Vindemiatore* du Tansillo:

*Rare volte uman desìo*
*Di molto sperar buon frutto prende,*
*Senza soccorso di alcun Nume pio*
*Ch' el ben ch' egli desìa dona o contende:*
*Onde ciascun fà maggior prieghi al Dio,*
*Ch' a più poter nell' opra ov' egli intende:*
*Di cui nacquero i Tempi e i Sacerdoti,*
*L'offrir de gli holocausti e il dar de' voti.*

Le goût des Italiens & des Romains modernes pour la plaisanterie, étoit le goût de l'ancienne Rome, où il étoit honoré du nom d'*urba-*

*nité*. Il admettoit les plaisanteries de tout genre & de toute espèce, dont on s'empressoit de tenir Recueil. J'ai dit ci-dessus que Jules-César avoit donné lui-même un Recueil de cette espèce. S'il eût passé jusqu'à nous, combien nous offriroit-il de *mots* & de *dits*, dans lesquels, ainsi que dans la plûpart des bons mots de l'Antiquité, nous ne pourrions trouver le sel qu'y trouvoient les Anciens * : au moins nous prouveroit-il combien ces Anciens étoient disposés à la gaieté.

La réserve, qui fait partie de l'étiquette des Cours, modéra ce goût pour la gaieté, auquel Rome libre s'étoit livrée sans réserve, à l'exemple d'Athènes, où l'*Atticisme* n'étoit autre chose qu'une licence sans réserve dans les propos : licence dont nous avons la preuve dans ce qui nous reste des Comédies d'Aristophane. La Cour d'Auguste y introduisit un ton décent, & l'*urbanité* ne signifie plus que le ton de la Ville

--------

* *Eodem animo accipiebantur quo dicta erant.* Tacit.

A iv

opposé au ton de la Cour. Horace écrivant à un homme de Cour, pour lui recommander Septimius, lui dit en ce sens :

*Frontis ad Urbanæ defcendi præmia.*
Lib. I. Ep. 9.

Les Italiens ont confervé dan l'ufage, ces mots que les autres Langues ont abandonnés à mefure qu'elles fe font polies, & que les mœurs fe font dépravées. Les objets qu'expriment ces mots, font une ample matière pour les Mufes de cotterie : en un mot, l'Italie eft auffi féconde en Priapées*, qu'en Sonnets de dévotion. On y eft aguerri, dès l'enfance, fur les nudités, comme l'é-

___

* J'ai rapporté de Naples un Recueil intitulé *la Cicceïde*, de la troifiéme édition. Ce Recueil contient quatre cens vingt Sonnets ou Madrigaux, où il eft prouvé de quatre cens vingt manières différentes, que certain Don Ciccio eft, *in terminis*, un *Cogl*.... Voyez fur ce Recueil, fur fon Auteur, & fur le Perfonnage qui en étoit l'objet, le Dictionnaire de Bayle, au mot *Lazzarelli*. Ce genre de plaifanterie eft l'ame de la *Murtoléide* du Cavalier Marin, &c. &c. &c.

toient les Grecs & les anciens Romains, comme le font encore les Sauvages du nouveau Monde. Les oreilles y sont aussi peu frappées de l'expression, que les yeux de la représentation d'objets dont l'habitude a diminué l'indécence. Cette habitude avoit enraciné dans la bouche de Benoît XIV. un des mots les moins honnêtes de sa Langue: depuis qu'il fut Pape, ce mot lui échappoit également dans la colère & dans la gaieté, c'est-à-dire, qu'il l'avoit presque toujours à la bouche. Ce mot & sa contre-partie sont les juremens, ou plutôt les interjections les plus familières aux Romains. Les peines prononcées contre les blasphémateurs, les empêchent de jurer *per Dio*: ils s'en indemnisent, en jurant très-fréquemment *per Dio Bacco*.

La gaieté des cotteries particulières ne se produit en public, que dans le Carnaval & sous le masque. On n'en tire nulle part meilleur parti qu'à Rome; c'est toute la folie des anciennes Saturnales. J'ai oüi raconter mille scènes, dont l'enjouement & l'aimable folie m'ont fait regretter *de ne m'être pas trouvé à Rome dans le temps du Carnaval.

J'ai dit que, parmi les habitans de Rome, on ne connoît point cet ordre mitoyen entre l'opulence & la pauvreté, cette Bourgeoisie chez laquelle on trouve ailleurs l'*aureant mediocritatem*, à laquelle est attaché le bonheur. Elle y est remplacée par une foule innombrable de Réguliers de tous Ordres & de toutes couleurs : gens à qui l'air de Rome est, ce que la chaleur est aux Mouches, qu'en les multipliant, elle rend plus agiles, plus opiniâtres, plus incommodes : gens de qui on pourroit dire à meilleur titre que des habitans de la campagne : *Heureux, s'ils connoissoient leur bonheur* * !

En effet, ils pourroient jouir en paix du fruit des travaux de leurs Fondateurs & de leurs premiers Peres. Délivrés de l'embarras d'acquérir, & de l'embarras souvent plus grand de jouir, tout leur assure une vie tranquille que pourroient parta-

---
* *Fortunatos sua si bona norint !*

ger l'étude & les devoirs de leur état. Mais les passions que les engagemens & les vœux semblent irriter, en leur fermant les yeux sur les avantages de la vie monastique, ne leur en laissent appercevoir que les désagrémens. A peine trouveroit-on à Rome un Religieux qui n'eût un système de fortune, des vûes, des intérêts personnels, indépendans des vûes & des intérêts de son Ordre. Chacun d'eux suit imperturbablement la ligne qu'il imagine devoir le conduire à la considération, aux honneurs & aux dignités. Trois ou quatre qui arrivent au but, soutiennent les espérances, les prétentions & les efforts des autres: il en est très-peu que l'exemple de la foule qui reste en chemin, détermine à ne s'y pas engager. En un mot, les Moines sont à Rome ce que sont les petits tourbillons imaginés dans le Monde physique par l'Abbé de Molières.

Le Coriphée de ces Intriguans, étoit, pendant notre séjour à Rome, certain Procureur-Général de l'Ordre des Chartreux, à la primauté duquel il aspiroit, pour monter ensuite de-là jusqu'où il pourroit aller. La souplesse de son corps égaloit celle de son esprit. Je le rencontrois dans toutes les anti-chambres : je le voyois souvent à l'oreille de tous les gens en place : il étoit dans toutes les affaires & de tous les secrets : il avoit tenu, disoit-on, à très-peu que Benoît XIV. ne l'eût fait Cardinal ; enfin il venoit de ruiner un de ses Confrères qui le côtoyoit de trop près, & dont le crédit commençoit à lui faire ombrage. Un tête-à-tête qu'il engagea une fois entre lui & moi, aida beaucoup à me le faire connoître. Il débuta par de grands complimens sur les bontés dont m'honoroit un Cardinal qui avoit toujours été inaccessible pour lui. » Vous seul, me disoit-il, avez cons- » tamment vu avec cette Eminence, » *cœlos apertos ;* ce qui me donne la » plus haute idée de vos talens pour » manier les esprits. Vous ne pouvez » plus utilement qu'à Rome, em- » ployer ce talent pour vos amis & » pour vous-même : si vous voulez » en tirer parti, votre voyage réu-

» nira l'utile à l'agréable. « Je lui répondis que j'étois aussi détaché de l'utile, que le meilleur Chartreux ; que cependant je présumois assez des bontés du Cardinal, pour les implorer avec succès, soit en ma faveur, si j'en avois inopinément besoin, soit pour le compte de gens qui m'intéresseroient. » C'étoit-là » précisément ce que je voulois dire, répliqua le Moine; » & un ami au- » quel vous ne pensez pas, a grand » besoin de votre intercession. » Sur la prière que je lui fis de m'indiquer cet ami, il me nomma un Gentilhomme de basse Bretagne, qu'il convint que je ne connoissois pas, mais dont l'amitié seroit le fruit des bons offices que je me trouvois à portée de lui rendre : amitié que cimenteroit une reconnoissance qu'il abandonnoit à ma discrétion. Éventant où il en vouloit venir, je lui dis que les absens avoient tort avec moi, & que les motifs qu'il me présentoit, pourroient me déterminer en faveur de gens que j'aurois à la main. Cette ouverture l'embarrassa : après avoir réfléchi un instant, il me pria de proroger notre entrevue au sur-lendemain: j'y consentis, c'étoit precisément le jour de mon départ.

Il mourut à Rome, vers le même temps, un Célestin qui avoit cultivé les hautes sciences avec succès. Il avoit amassé dix mille écus Romains, qui furent trouvés dans son appartement. Ses amis disoient qu'il les destinoit à la fondation d'une Bibliothéque; mais tous les Moines publioient qu'il vouloit mourir au moins Evêque.

Les Jésuites sont à Rome ce qu'ils sont dans le reste de l'Univers, ce que, dans le seiziéme siécle, ils étoient aux yeux du fameux d'Aubigné, *une Secte adorée de tant de gens, haïe de plusieurs, mesprisée de nul* *. Ce que fait chacun des autres Religieux pour se tirer de pair, chaque Jésuite le fait pour son Ordre. Le crédit, la considération, les profits, les gains & tous les fruits du mérite & de l'industrie, rapportés à la masse commune, forment le crédit, la con-

* *Histoire Universelle*, Liv. III. ch. 14.

fidération, l'opulence & la grandeur de la Société : grandeur qui croît en proportion de l'union de ses Membres, & de la défunion que l'esprit particulier a jettée dans les autres Corps. Au milieu des vaines clameurs de ces Corps, la Société s'avance comme un bataillon dont les rangs serrés & les forces réunies, méprisent les efforts des Troupes légères qui l'attaquent à la débandade. D'une part, *plena omnia consiliorum videmus ;* de l'autre part, *plena verborum omnia.*

{ROME.}

{Cic. de Orat. L. 1.}

La destruction postérieure de la Société en France, laisse cette observation dans tout son entier. Les Jésuites en étoient au faîte de l'édifice qu'ils élevoient depuis environ deux siécles, temps de leur établissement en France. Leur confiance dans des amis qui voyoient leur grandeur dans celle de la Société, & le mépris pour des ennemis qu'ils croyoient écrasés, leur ont fait illusion. Quinze ou vingt années de patience assuroient une victoire sans combat : enfin la Société n'avoit plus qu'un pas à faire pour arriver à son but*. Elle a fait ce pas, dis-je, ou plutôt elle l'a franchi, d'après une résolution très-réfléchie du régime qui la gouvernoit. Or il faut ou supposer cette résolution & voir dans ce régime *plena consiliorum omnia*, ou n'y voir qu'une troupe d'imbécilles, ce que personne ne supposera jamais.

L'attachement aux mêmes résolutions & à tous les moyens qui pouvoient les favoriser & les soutenir, vient de décider l'expulsion de la Société de toutes les possessions Espagnoles, & ce terrible reméde décidera sans doute dans peu sa ruine totale.

Rabelais semble avoir peint le Général des Jésuites dans le Roi Picrochole, *de présent pauvre gaignedenier, toujours colère comme devant, & toujours se guermentant à tous Estrangiers de la venüe des Coquecigrües; ayant jadis esté advisé, par une vieille Lourpidon, qu'à la venüe desdictes Coquecigrües, il seroit alors réintégré à son Royaulme.*

---

* *Quem si non tenuit, magnis tamen excidit ausis.*

L'oſtentation que font les Jéſuites de leur opulence, tient aux mêmes principes. Il eſt public à Rome, que, dans l'année où ils bâtirent avec une ſomptuoſité royale le Palais qu'occupa depuis l'Abbé de Canillac, ils dépenſerent, ſoit pour la bâtiſſe de ce Palais, ſoit pour des acquiſitions à Rome ou dans les environs, quatre cents mille écus Romais, ſans emprunter une baïoque. Cependant ils quêtent toujours; &, conformément à l'Inſtitut primitif, la Maiſon du *Gièsù* ſubſiſte, diſent-ils, de ces quêtes, qui produiſent des ſommes proportionnées à l'emploi. Lorſque nous étions à Rome, il y mourut un riche Prélat Florentin, qui leur donnoit, à titre d'aumône, environ cinquante louis de France par mois : il couronna cette bonne œuvre, en les inſtituant ſes légataires univerſels. Tout le mobilier qui étoit à Rome, ſuivit la loi du teſtament; mais l'autorité du Miniſtère Impérial à Florence, conſerva dans la famille du Teſtateur, les immeubles ſitués en Toſcane.

Le ſeul Corps redoutable aux Jé-

suites, qui cependant paroissent le redouter peu, est la Congrégation des *Scuole-Pie*. Lassels qui avoit vu naître cet Institut, en parloit ainsi, *Tome I. p. 304.* » C'est une Compa-
» gnie de bons Religieux qui vont
» nuds pieds & avec des sandales.
» Ils font profession d'enseigner *gra-*
» *tis* aux enfans des pauvres, les pre-
» miers Rudimens, pour les rendre
» capables d'aller au Collége des Jé-
» suites. Ils ne se contentent pas de
» les enseigner ; ils les accompa-
» gnent quand ils vont en Ville, de
» peur qu'ils ne rapportent la corrup-
» tion du siécle, ou qu'ils ne la prati-
» quent. «

» Les Peres attachés à cette hum-
» ble profession, ne prétendent
» point à un plus grand éclat : ils ne
» deviennent ni plus sçavans, ni
» plus riches ; ce qui est une gran-
» de mortification pour de Beaux-
» Esprits qui se rencontrent souvent
» parmi nous. «

Cette Congrégation formée dans le dernier siécle, à *l'instar* de celle des Freres de Saint Yon en France, a déja des Sçavans, des Ecrivains estimés, des richesses & une considération qui croît & s'affermit de jour en jour. Le régime de ce Corps, aussi politique que celui des Jésuites, s'empare de tout ce qu'ils négligent, se glisse dans tous les vuides qu'ils ne remplissent pas, profite de toutes leurs fautes, & peut-être sera-t-il la pierre qui renversera ce Colosse, pour le devenir à son tour.

Les autres Ordres, supérieurs à leurs besoins, bien bâtis à la ville & à la campagne, ne pensent qu'à jouir, *fruuntur paratis*, à la faveur des priviléges dont les Papes les ont comblés *. Les Franciscains appellent,

---

* Voyez parmi les *Opere Bernesche*, édition de Florence de 1552, prem. vol. p. 159. un *Capitolo*, où le Mauro prouve dans le plus grand détail que les Moines sont les plus heureux de tous les hommes :

*Si truova al fin che trà gli humani strati,*
*Sovrà ogni gran virtù, sovrà ogni regno,*
*La più felice e la vita de' Frati.*
. . . . . . . . . . . . . . . . . . . . . . . . . . . .
*Se d'haver s'ingenassero gli sciocchi,*
*Come gli corpi, gli animi quieti.*

si je ne me trompe, la Collection des leurs, *Mare magnum*; & cette mer a franchi toutes les bornes qu'avoient posées les anciennes Loix Ecclésiastiques. Pour juger de la rapidité avec laquelle ces priviléges se sont étendus, il suffit de rapprocher l'état actuel des Franciscains, de la Bulle de Sixte IV. qui, Franciscain lui-même, accorda à ses Freres, par grace très-spéciale, la permission de chanter la grand'Messe chez eux, mais seulement à huis clos, & une heure avant l'Office des Paroisses.

Pour détruire la plûpart des nouveaux Ordres, il suffiroit de les ramener à leur état primitif. La réforme au contraire a raffermi celui des Bénédictins, en le distribuant sous des Congrégations encore plus heureusement imaginées pour le maintien du temporel, que pour celui du spirituel. Cet Ordre est à l'abri des révolutions, par son droit d'aînesse, par la nature de ses biens, par la manière de les gérer, par le don de la science des Titres, par les bornes qu'il a mises depuis long-temps à ses acquisitions, enfin par la considération que lui procurent les gens de condition, attirés en Italie, par l'espérance de parvenir aux Abbayes, qui presque toutes sont encore régulières, & ensuite aux places où ces Abbayes peuvent conduire.

Cependant une des grandes affaires du Pape & de ses Ministres, c'est d'esquiver & d'éconduire mille gens qui se présentent tous les jours avec des projets pour la fondation de nouveaux Ordres, ou pour la réforme des anciens. Le Cardinal Valenti, Secrétaire d'Etat sous le Pontificat de Benoît XIV, étoit assiégé par deux Moines, qui vouloient, sous ses auspices, réformer leur Institut: voici comment il se débarrassa de leur persécution. Les ayant enfin admis dans son Cabinet, il leur dit que le Saint Esprit qu'il avoit consulté sur leur projet, lui avoit inspiré d'y ajouter: que ceux qui l'avoient formé, en renonçant aux dignités & à toute supériorité, vouloient donner l'exemple du désintéressement & de l'humilité sur lesquels seroit établie la réforme. Les

Réformateurs applaudirent à cette inspiration, & le Cardinal n'entendit plus parler d'eux ni de leur projet.

Religion.   Les Romains vertueux ne le sont pas à demi ; Rome moderne met encore, dans la pratique de la vertu, cette grandeur dont l'ancienne Ville de Rome donna l'exemple aux Payens d'abord, & ensuite aux Chrétiens. Les modèles en ce genre sont rares; mais dans quelle Ville, dans quel pays sont-ils bien communs ? Ils sont d'autant plus merveilleux à Rome, que l'instruction publique y est très-peu lumineuse, & que les exercices publics de Religion, bornés à des pratiques extérieures, ne semblent destinés qu'à parler aux sens.

L'Italie & Rome sont, il est vrai, remplies de Congrégations, de Confrairies & d'établissmens qui ont la Religion pour objet : la fréquence des Jubilés y multiplie les missions & les prédications: des Instituts tels que ceux des Jésuites, des Philippins, &c. ont l'instruction du Peuple pour principal objet : enfin les canonifations offrent tous les jours de nouveaux modèles d'une fainteté prefque contemporaine.

<small>ROME.</small>

Mais les Congrégations, en enlevant le Peuple aux Paroiffes, le tirent de la voie canonique que lui ouvroit l'Eglife dans le miniftère des Pafteurs. Les Conventicules ameutés à l'envi par les nouveaux Ordres Religieux, tiennent leurs affemblées à huis clos; & les inftructions qui s'y débitent, n'ont point cette publicité que l'intérêt des Souverains, de concert avec l'Evangile, impofe aux fonctions des Miniftres de la Religion. Le foin d'inculquer fes vérités, occupe moins fans doute les Directeurs, que celui d'infpirer à leurs Congréganiftes un zèle aveugle & excluſif pour les préjugés, les intérêts & la profpérité de l'Ordre, fous le gonfanon duquel ils fe réuniffent.

<small>Congrégations.</small>

Les Confrairies ne peuvent produire de meilleurs fruits. Elles raffemblent un certain nombre de Sé-

<small>Confrairies</small>

culiers qui, les Dimanches & Fêtes, font en commun l'Office canonial, en forme sémi-publique. Chaque Confrairie est distinguée par la couleur du sac dont s'affublent les Confrères. Les plus grands Seigneurs sont aggrégés à quelqu'une de ces Associations, dont la première idée date de quatre siécles. La mort même ne sépare point les Confrères : ils se font enterrer dans leurs Chapelles d'assemblée. Le Prieur de la Confrairie en est le Chef : les Prêtres même qui s'y font aggréger, sont à ses ordres. Il tient au chœur la place de Curé ; & tandis que les autres Officiers remplissent les emplois, soit de Choristes, en se promenant avec de grands bâtons de la couleur de la Confrairie, soit d'Acolytes, &c. le Prieur chante gravement les dernières Leçons, les dernières Antiennes, les Capitules, les *Pater noster*, &c. La plûpart de ces Messieurs ignorent le Latin. D'un Dimanche à l'autre, ils étudient leur rôle ; mais dans les jours chargés d'Office, dans la Semaine Sainte, par exemple, obligés d'y fournir un *impromptu*

il

il leur échappe assez fréquemment des *qui-pro-quo* aussi édifians pour les Confrères qui ignorent le Latin, que réjouissans pour les Latinistes *.

Les fêtes de ces Confrairies sont des combats de magnificence entr'elles. Le moins gai de ces spectacles est celui que donne, pendant l'octave des Trépassés, la Confrairie de la Mort, qui est une des plus riches. Un soûterrein très-profond qui régne sous sa Chapelle, offre d'abord une salle dont les murs lambrissés de papier rouge, sont coupés par des pilastres & des niches. Les bases & les chapiteaux de ces pilastres sont formés par de véritables têtes de mort, dans la cavité desquelles des lumières distribuées avec art, & masquées par des morceaux de papier appliqués sur les yeux & sur les mâchoires, répandent une

---

* J'ai oüi dire que ce Capitule de Ténèbres, *Vos fugam capietis, ego autem vadam immolari pro vobis*, avoit ainsi été rendu par un grave Prieur : *Vos furcam capietis, ego autem vadam in malora pro vobis*.

lueur sombre & rougeâtre qui forme toute l'illumination de la salle. Les niches offrent de grands squelettes desséchés, parmi lesquels on me fit remarquer celui de la belle Paule, qu'une grande chevelure roussâtre couvre encore jusqu'à mi-corps. Cette belle Paule fut une beauté célèbre, qui, dans les derniers siécles, à renouvellé à Rome l'exemple de l'antique Lucrèce. Le coup de poignard qui lui ôta la vie, est marqué par une solution de continuité dans la peau qui couvre sa poitrine. Plus loin, dans un autre soûterrein en forme de grand sépulcre éclairé par des torches funéraires, sont jettés sept ou huit véritables morts représentant au naturel les degrés progressifs de la putréfaction. Dans ce séjour de la Mort, au milieu d'un spectacle dont la tristesse est soutenue par l'odeur très-fétide des cadavres, au bruit des coups de poing dont une foule de bonnes ames se meurtrissent la poitrine, je surpris des signes de vie donnés à de jeunes *Zitelles*, par des gens empressés à les rassurer. L'horreur de ce spectacle faisoit son effet sur plusieurs personnes abandonnées à elles mêmes, & que l'on tiroit de-là évanouies & sans connoissance. Telle étoit sans doute la décoration de la fameuse *Chambre des Méditations*, dont il est tant parlé dans l'histoire des Jésuites.

Cette même octave des Trépassés attire tout Rome à Saint Grégoire, c'est-à-dire, au Monastère situé sur le Mont Célius, dans l'emplacement qu'occupoit la maison où ce Pape est né, vers le lieu que les anciens Romains appelloient *Clivum Scauri*. Saint Grégoire rapporte, dans ses Dialogues, qu'ayant fait dire trente Messes pour l'ame d'un de ses Moines, cette ame lui apparut toute rayonnante de gloire, & lui apprit qu'au moyen de ses suffrages, Dieu l'avoit tirée du Purgatoire. De-là, l'origine de cette dévotion & de ce pélerinage où je suivis la foule. C'est un point d'honneur de s'y faire inscrire pour trente Messes que l'on paye d'avance. On visite à Saint Grégoire, d'abord la grande Eglise reconstruite en entier, & ornée avec magnificence par le sçavant Cardinal Querini. Ensuite une Chapelle isolée, où l'on voit la table à laquelle Saint Grégoire recevoit tous les jours douze pauvres. Il s'en trouva treize une fois, quoiqu'à l'ordinaire on n'en n'eût admis que douze : le treizième étoit Jesus-Christ lui-même. Puis la Chapelle de Sainte Silvie, mere de Saint Grégoire. Sur les deux murs de cette Chapelle, le Guide & le Dominiquin ont peint, en concurrence, le martyre de Saint André : morceaux adorés de tous les Connoisseurs. On me dit que, lorsqu'ils furent terminés & découverts, une femme du peuple étant entrée dans la Chapelle, ses yeux tombèrent sur Saint André à genoux à la vûe de sa Croix, & qu'elle se récria sur la beauté de ce chef-d'œuvre ; qu'ayant ensuite tourné ses regards vers le Saint André que l'on étend sur le chevalet, elle ne put retenir ses larmes. Les statues de Saint Grégoire & de sa mere, qui occupent le fond de ces deux Chapelles, sont ou de Michel-Ange, ou d'après lui. En sortant de Saint Grégoire, la foule se jette dans des rues étroites

& tortueuses, qui, à travers des jardins, de petites Eglises & des ruines, parcourent la surface inhabitée & très-étendue du Mont Célius. Ce pélerinage se fait en priant & en récitant le chapelet pour les Trépassés.

Je me trouvai par hasard à une fête plus amusante que donnoit la Confrairie du Saint Esprit, je ne sçai à l'occasion de quelle solemnité. L'Office du matin finissoit : après avoir parcouru la Chapelle qui étoit très-ornée, je passai dans les appartemens contigus. Ils étoient jonchés de fleurs & d'herbes odoriférantes, & les murs couverts de rameaux & de festons distribués avec goût. Je rencontrai dans une grande salle tous les Confrères réunis autour d'un ambigu proprement servi. L'un d'eux se détacha avec la serviette sur le bras, vint m'inviter très-poliment à prendre part à la fête, & me présenta à l'assemblée. Elle étoit servie en excellent vin, que je goûtai, & qui répandit parmi les Confrères une gaieté qui ne sortit point des bornes de la plus exacte décence.

Saint Antoine est l'objet d'un concours plus singulier. Le jour de sa fête, tous les chevaux de Rome, ornés de leurs plus riches harnois, se présentent à son Eglise, où, moyennant une rétribution, que réglent l'opulence & la dévotion des Maîtres, on leur distribue de l'eau-bénite. L'écurie du Pape même est soumise à cet usage. On dit que, pour l'entretenir, les Antonins font de moitié avec les Cochers & les Palefreniers des maisons dont l'exemple le soutient. J'en ignore l'origine : mais au moins me semble-t-il étrange que les Cochers & Palefreniers n'ayent pas donné la préférence à un Saint Jacques, qui, dans le voisinage de Saint Pierre, a une petite Eglise sous le titre de *Scossa-Cavalli :* titre dont toutes les descriptions de Rome donnent l'origine *.

Je suivis, pendant toute une journée, les exercices d'une Mission occasionnée par le Jubilé de l'Exalta-

---

* *Vid. Script. antiquit. Rom.* de Conso & Consualibus.

tion de Clément XIII. La matinée fut remplie par une Conférence, deux Sermons & une Messe solemnelle; l'après-dînée, par deux Sermons & un grand Salut. La Conférence roula sur quelques pointilleries qui réglent les Casuistes dans l'évaluation des péchés. De deux Prédicateurs qui occupoient alternativement une grande estrade couverte d'un tapis noir, l'un étoit un balourd farci de mille histoires qu'il amenoit bien ou mal à son sujet: excellent Pantomime, ses gestes & ses grimaces jettoient de l'agrément & de l'intérêt dans ses récits, où il n'épargnoit point les détails. Il y mêla, entr'autres choses, le Conte des Oies du Frere Philippe, tel qu'il se trouve dans Boccace. La chose me paroissoit monstrueuse; j'en parlai sur ce ton à un Cardinal, qui en me disant, *que vous êtes nouveau dans le monde!* m'ouvrit les Sermons de Saint Antonin, où je vis ce même Conte avec tous ses agrémens. L'autre Prédicateur débitoit froidement des discours compassés, alignés à la Françoise par divisions & sous-divisions:

le tout rempli de bourre de l'espèce la plus commune. Un de ses Sermons eut pour sujet la miséricorde de Dieu envers le pécheur : miséricorde avant la conversion, miséricorde après la conversion. La première partie fut établie sur la conjuration de toutes les créatures animées & inanimées, contre le pécheur qu'elles extermineroient, si Dieu ne retenoit leurs efforts ; & la seconde, sur les faveurs de Dieu, de la Vierge & du petit Jesus envers toutes les Béates des derniers siécles. Le Sermon fut terminé par un acte de contrition, & par une protestation de tout l'Auditoire de ne plus pécher : protestation exprimée par le mot *mai*, que chacun des Assistans répétoit à l'envi, d'après le Prédicateur, avec des larmes & des sanglots soutenus de battemens de poitrine. On me dit qu'à la fin d'une pareille scène, un Prédicateur avoit annoncé qu'il lui étoit révélé qu'une personne de l'assemblée refusoit de se convertir, & qu'il alloit la chercher pour la traîner aux pieds des Autels ; qu'il descendit en effet de l'estrade, parcourut tous les rangs, & revint à sa place, pour dire que cet endurci avoit enfin le ferme-propos de se donner à Dieu.

Comme la Chaire est une des routes qui conduisent à la fortune, les stations du Carême & de l'Avent sont, pour tous ceux qui se croyent du talent, des objets de désirs, de rivalité entre tous les Ordres Religieux, & de triomphes fréquens pour le manége & l'intrigue.

Benoît XIV. avoit procuré une des premières stations de Rome à un Religieux de son pays, lequel, malheureusement pour l'un & pour l'autre, s'en acquittoit assez mal. Une conversation chez le Pape tomba sur les Prédicateurs. On louoit la profondeur de celui-ci, l'onction de celui-là, le débit de l'un, la composition de l'autre : personne ne parloit du Bolonnois, excepté un des Assistans, qui, croyant faire sa cour au Pape, ramenoit tous les éloges à son protégé. Le Pape qui sçavoit très-bien à quoi s'en tenir, interrompit ce fade adulateur, & lui dit avec dépit : *Siete come la Piattola che gira, e rigira, e sempre torna al Cogl....*

Les Ordres les plus éclairés ne sortent point de la voie commune d'instruction : j'ai rapporté à l'article de VENISE, comment en usent les Dominicains. J'assistai une fois à la Conférence que les Jésuites du *Gièsù* tiennent tous les Samedis pour une partie de leurs Congréganistes. Cette Conférence avoit pour objet la nécessité de donner son cœur à la Sainte Vierge. Elle fut prouvée, & par les inconvéniens arrivés à mille gens pour avoir négligé cette précaution, & par les avantages qu'elle procure à tous ceux qui s'en munissent. L'histoire d'une jeune Princesse remplit la seconde partie. Elle avoit donné son ame & son corps à la Sainte Vierge. Par la mort de deux freres, elle devint inopinément héritière des Etats de son pere, qui, sans égard à ses refus & à sa répugnance pour le mariage, promit sa main à l'héritier d'un Etat voisin. La jeunesse & les graces du futur ne firent aucune impression sur le cœur de la Princesse. Enfin la nuit qui devoit précéder le mariage, elle la paſſa en prières, & ſomma la Sainte Vierge de déployer ſa puiſſance, pour maintenir l'engagement ſolemnel qu'elle avoit contracté avec elle. Ses prières furent exaucées; elle perdit un œil : une lépre affreuſe couvrit ſon corps, & la plus belle Princeſſe de l'Univers devint en un inſtant un objet hideux & un prodige d'horreur. Cette hiſtoire, avec tous ſes détails ſur leſquels ſe promena l'imagination du Prédicateur, remplit la plus grande partie de la Conférence, & me donna la raiſon des efforts d'un Jéſuite François que j'avois rencontré à la porte de l'Egliſe, pour me perſuader de n'y pas entrer.

Les Sermons que les Apprentifs de tous les Ordres font au coin des rues, pour la lie du peuple, ſont des déclamations, auſſi mal arrangées que mal rendues, ſur le Purgatoire, ſur l'Enfer, &c. Toutes les preuves giſſent en hiſtoires, dont le ridicule n'eſt couvert que par l'habitude de les entendre. Le Peuple ne connoît la Religion, que par ces hiſtoires, qui font preſque tout le fondement de ſa foi.

Aussi, à la vûe des Idoles Egyptiennes rassemblées dans une des salles du Capitole, un Prélat s'étant écrié : « Comment est-il possible que tout un Peuple ait eu si long-temps de pareils objets de culte ? » *Ce n'est pas le Peuple, lui répondit-on, qu'il faut admirer, ce sont les Prêtres.*

Cette ignorance dans laquelle Rome & presque toute l'Italie sont entretenues, a un influence nécessaire sur les mœurs. Le peuple, sans lumières & sans principes, n'a de leçons que dans les châtimens très-rares des criminels. Les peines de l'autre vie qu'on lui remet sans cesse devant les yeux, seroient un frein pour un Peuple moins délié, moins formé à la dissimulation, moins intéressé à les révoquer en doute.

J'ai cru voir dans le même principe, la cause de l'indifférence de ce même Peuple pour les intérêts & pour la personne de ses Souverains. Cette indifférence n'a rien de merveilleux à Rome ; mais on est étonné de la retrouver dans un Etat voisin, dont le Souverain intéresse aussi peu que le Grand-Turc, les peuples de cet Etat.

La forme d'inſtruction, la déſertion des Paroiſſes, le diſcrédit du Clergé ſéculier ſont peut-être les réſultats d'un plan ſyſtématique, pour faire régner l'ignorance, laquelle, à Rome ſur-tout, eſt la baſe du crédit du Clergé régulier, & le plus ferme appui de la grandeur du Souverain.

A conſidérer cette ignorance d'une vûe politique, un Souverain, tel que le Pape, auroit à déſirer que ſes Etats fuſſent ſur le pied de ceux du Paraguay. Au reſte, cette eſpèce d'ignorance a en ſa faveur pluſieurs raiſons que je vais rapporter d'après Muratori dans ſa trente-uniéme Diſſertation, où il s'exprime en ces termes : ɔɔ Depuis l'établiſſement
ɔɔ des Lombards en Italie, l'Egliſe y
ɔɔ a joui, pendant une longue ſuite
ɔɔ de ſiécles, d'une paix digne d'en-
ɔɔ vie. Les vices y régnoient ; mais
ɔɔ les Peuples croyoient tout ce que
ɔɔ leur enſeignoit l'Egliſe : l'igno-
ɔɔ rance, mere de la ſuperſtition &
ɔɔ de mille maux, produiſoit au
ɔɔ moins ce bien-là : non qu'il ſoit à
ɔɔ déſirer que le Peuple & le Clergé

« sur-tout ne connoisse que de nom
« les principes de sa croyance. Ce-
« pendant, lorsque le Peuple & le
« Clergé n'ambitionnant point de
« trop sçavoir, & s'en rapportant à
« la Tradition, roulent sur ce qu'ils
« ont appris dans l'enfance, il n'est
« point à craindre qu'ils donnent
« dans les Hérésies, pourvu toute-
« fois que les occasions leur man-
« quent : occasions toujours plus
« dangereuses pour les ignorans, que
« pour les gens instruits. Toutes les
« Hérésies sont entrées dans l'Eglise
« par la science & par l'orgueil qui
« la suit : non que la Religion ait à
« redouter la science & la lumière,
« qui sont ses plus fermes remparts ;
« mais remparts peu solides, s'ils
« ne sont appuyés sur la soumission
« & sur l'humilité. En un mot, dans
« cette longue suite de siécles bar-
« bares, la croyance publique s'est
« maintenue & par l'ignorance &
« par l'impuissance où se trouvoient
« le Peuple & le Clergé de se jetter
« dans ces questions & dans ces dis-
« putes, qui, en troublant le cal-
« me de l'Eglise, ont depuis ce temps

» coûté tant de fang à toute l'Eu-
» rope. «

C'eſt à-peu-près dans ce ſens, qu'un Religieux Italien à qui l'on demandoit en ma préſence s'il croyoit la tranſmigration de la *Santa-Caſa*, répondit : » En croyant tout, le ſeul
» inconvénient auquel nous ſoyons
» expoſés, eſt de paſſer pour bon-
» nes gens, pour nigauds. Il eſt au
» contraire très-dangereux de paroî-
» tre douter de quelque point, par-
» ce que qui doute d'un point, peut
» être ſoupçonné de douter de tous.
» Cela poſé, nous aimons mieux
» paſſer pour nigauds, en croyant
» tout, que de donner priſe ſur nous
» par des doutes aſſez inutiles ſur
» quelque article que ce ſoit : « expédient admirable pour ne rien croire, à force de croire tout.

Au Purgatoire, au Roſaire, aux Stations que le peuple court les Dimanches & les Fêtes, ajoutez les Litanies que l'on chante tous les ſoirs devant les Madones qui décorent le coin des rues ; le ſoin d'allumer le Samedi dans chaque maiſon, une bougie devant une image de la Vierge ; enfin les *Angelus* du midi & du soir, & vous réunirez les pratiques de Religion les plus usuelles à Rome. Au sujet de la dernière, je me rappelle qu'un jour à midi, au milieu du Cours, un jeune *Mezzano* me proposoit un bonne fortune : car à Rome ce sont les hommes qui exercent exclusivement ce bel emploi. Au milieu de la proposition, l'*Angelus* vint à sonner ; & mon *Mezzano* ôtant son chapeau & me côtoyant toujours, se mit à le réciter très-dévotement. Cela fini, il me demanda réponse : elle fut que, pendant l'*Angelus*, j'avois été favorisé du don de continence.

Ne terminons pas l'article de l'instruction, sans observer que, depuis quelques années, les Curés, pour relever leur crédit, travaillent avec le plus grand soin à apprendre le Catéchisme aux enfans. Pour les piquer d'émulation, ils ont établi des prix, des récompenses & des honneurs. Le comble de ces honneurs, est le titre d'Empereur *della Dottrina Christiana*, qu'après de rigoureux examens, on décerne à celui des enfans qui sçait le plus imperturbablement tout le Catéchisme par coeur. Les prérogatives attachées à ce titre, ont tout l'éclat qui accompagne les cérémonies Romaines. L'Empereur, accompagné d'une Cour, & suivi d'un cortége dans lesquels les rangs sont réglés par les progrès qui ont distingué les enfans qui les remplissent, va *in fiocchi* à l'audience du Pape, & ensuite à celle des Cardinaux, du Roi d'Angleterre\*, des Ambassadeurs, & de tout ce qu'il y a de grand à Rome\*\*.

Si ces exercices n'ont pas la mémoire seule pour objet, on peut en

---

\* Il étoit connu sous le nom de *Chevalier de Saint Georges*, & faisoit sa résidence à Rome.
\*\* Les mêmes motifs d'émulation sont établis chez les Mahométans, entre les enfans qui apprennent l'Alcoran : » Celui qui » a le mieux réussi dans cette étude, habillé » d'ornemens convenables à des Seigneurs, est » conduit en triomphe sur un beau cheval & » de grand prix ( que le Châtelain de la Cité » doit prêter avec tout son équipage, ) ac- » compagné de tous ses compagnons d'Ecole, » pareillement à cheval. « Voyez l'*Afrique de Jean Léon*, Liv. III.

ROME.

attendre une révolution également avantageuse à l'enseignement & aux bonnes mœurs : révolution qui se fera sentir également dans le Peuple & dans le Clergé. Elle pourra être hâtée par les bons Livres choisis dans toutes les Langues, que quelques Cardinaux font depuis quelque temps traduire en Italien, imprimer à leurs frais, & distribuer dans le peuple. J'ai oüi un de ces Cardinaux répondre à un de ses Confrères qui louoit sa magnificence en ce genre : ″ Eh ! pouvons-nous faire autrement ? Nous n'administrons ni les Sacremens ni la parole : il ne nous reste que ce moyen pour couvrir notre inutilité. ″

Canonisations.

Les Canonisations ne produisent sur les Romains, que l'impression que certain Légat exprimoit en ces termes : *Isti novi Sancti faciunt dubitare de antiquis.* Ces cérémonies ne les intéressent que par l'argent qu'elles répandent & par le mouvement qu'elles produisent dans Rome. Les nouveaux Saints sont pour tous les Laïcs, des gens d'un autre monde, des gens dont les vertus n'offrent rien d'applicable à la vie commune. Ce font tous Fondateurs, Religieux, Freres, Sœurs ou Béates d'Ordres affez opulens pour fournir aux frais, qui leur ouvrent les grandes portes du Ciel. L'efpérance de parvenir à ces honneurs, attire dans ces Ordres, y fixe, y foutient ceux qui, foit par efprit de Religion, foit par défaut de talens, n'ambitionnent point les honneurs d'ici-bas. On m'a dit que, depuis que les Papes fe font réfervé le droit exclufif de décerner ces honneurs, Saint Roch eft le feul Séculier qui ait obtenu un culte public : encore ce culte n'eft-il que de pure tolérance. Peut-être arrivera-t-il enfin que, par la canonifation de quelque Laïc Européen, qui, fous les yeux de fes Compatriotes, aura rempli, *in gradu heroïco*, les devoirs de fils, de mari, de pere, de citoyen, quelque Pape, *motu proprio & gratis*, propofera aux gens du monde un exemple de vertus à leur portée.

Cela deviendra affaire de néceffité, lorfque les principaux Ordres, ou ne voulant plus de Saints, ou ne pouvant plus fournir aux frais des Canonisations, laisseront le Pape tranquille à cet égard. On accolle déja plusieurs nouveaux Saints, entre lesquels se partagent ces frais immenses en *propines* pour les Cardinaux, en Taxes de Chancellerie, en tenture neuve pour l'Eglise de Saint Pierre, en honoraires de Solliciteurs & d'Avocats, en luminaire, torches, *rinfresques*, goinfreries, &c. Il ne manque que le bordereau de ces frais au Traité du feu Pape Benoît XIV. sur la *Béatification des Serviteurs de Dieu.*

Les Lazaristes sçavent encore ce que leur a coûté Saint Vincent de Paul, pour le faire canoniser. A la vûe d'un portrait de ce Saint, bien peint & magnifiquement encadré, je demandai à Monsignor Bouget, dont il ornoit la salle, s'il avoit en ce Saint une confiance particulière: *C'est lui*, me répondit le Prélat, *qui a eu confiance en moi, & il s'est aussi bien trouvé de moi, que j'ai eu peu lieu de me louer de lui.* Il me raconta à ce sujet qu'il avoit été chargé par les

Lazaristes de toutes les pourſuites néceſſaires pour la Canoniſation de leur Fondateur ; que cette affaire lui devoit valoir vingt mille livres au moins, & qu'il n'en avoit pû tirer que le portrait que je voyois.

Les chambres qu'ont habitées les Saints canoniſés dans les deux derniers ſiécles, ont été converties en Oratoires ouverts à la dévotion des Fidèles, & à la curioſité des Etrangers qu'y attirent les Collections d'excellentes peintures que raſſemblent ces Oratoires.

La chambre de Saint Staniſlas Coska, au Noviciat des Jéſuites, eſt remarquable par les peintures qu'elle réunit, par des Lettres autographes de Saint Ignace qui y ſont expoſées ſous glace, mais principalement par la figure du Saint couchée ſur le lit où il eſt mort. Cette figure, de grandeur naturelle, & du travail le plus exquis, paſſe pour le chef-d'œuvre du fameux le Gros, qui a tiré les habits du jeune Jéſuite d'un bloc de marbre noir, d'où ſortent la tête, les mains & les pieds exécutés en marbre blanc.

Les Philippins de la *Chiesa nuova*, ont eu la même attention pour la chambre où leur Fondateur est mort. On y montre son lit, ses matelats, son crucifix, & une partie des meubles qui lui ont appartenu. Dans cette Maison, l'une des maisons de Rome les plus brillantes par l'architecture, au milieu des plus précieux monumens des beaux Arts, ces bons Peres ont conservé *cette piété & cette simplicité vraiment apostolique*, que le Cardinal Bentivoglio a tant célébrées dans ses Mémoires, & que le P. Mabillon avoit admirées. Je les admirai dans le P. Bianchini, neveu du Prélat de ce nom, qui a eu M. de Fontenelle pour Historien : il joint à ses vertus, une partie des connoissances qui ont illustré son oncle.

Il fut question ( j'ignore en quel temps ) d'unir ou d'associer l'Oratoire de France à celui d'Italie. Les Philippins prétendent que, si cela se fût exécuté, il en seroit résulté une force mutuelle pour l'un & l'autre Institut; & que l'Oratoire de France, plus respecté par ses ennemis, se seroit sauvé de l'anéantissement où ils l'ont réduit.

On appelle à Rome, du nom de *fonction*, toutes les cérémonies civiles & religieuses qu'accompagnent la pompe & l'éclat : elles suppléent aux spectacles dont le peuple Romain étoit autrefois si avide.

La plus brillante de ces fonctions est celle du *Possesso*, c'est-à-dire, la marche du Pape après son élection, lorsqu'il va prendre possession de l'Eglise de Saint Jean de Latran, qui est regardée comme la première des Eglises de Rome, & la mere des Eglises de toute la Chrétienté : ce sont, pour ainsi dire, les *épousailles* du Pape. J'ai vu celles de Clément XIII. A partir du Vatican, cette marche qui traverse Rome dans toute sa longueur, est d'une grande lieue. C'est l'unique cérémonie où le Pape se montre dans toute sa grandeur temporelle & spirituelle. Il est précédé & suivi d'environ deux mille hommes à cheval, distribués en escadrons, dont la variété forme un spectacle très-intéressant. Le plus brillant de ces escadrons, est celui des Cuirassiers. Les Officiers de ce Corps, armés à l'antique de toutes piéces, offrent une idée de la magnificence des anciens spectacles militaires. La richesse des armures, toutes damasquinées, sur des desseins aussi précieux que bien exécutés ; le demi-manteau ou *paludamentum*, brodé en or, qui pend de l'épaule droite ; l'écharpe en ceinture, ou passée en baudrier ; l'aigrette & les plumes qui ombragent le casque, forment un ajustement dont les fanfreluches & toutes les prétintailles modernes ne peuvent à aucun égard soutenir la comparaison. La cuirasse & le pot-en-tête que porte la Garde Suisse, la font exactement ressembler à cette Infanterie de la Ligue, que l'on voit au frontispice de la Satyre Ménippée. Les Barons Romains sont à cheval en cheveux naissans bien frisés, très-poudrés, en habit noir, en manteau, en escarpins & bas blancs, le chapeau sous le bras : chacun d'eux, précédé de quatre Pages, aussi en cheveux longs & en manteau, avec des habits brodés

dés en or & en argent, est environné d'Estafiers répandus à la bride & aux étriers, & suivi d'une vingtaine de Laquais couverts de très-riches livrées. Les Cardinaux, la haute & basse Prélature, & toute la Maison du Pape en habit de cérémonie, tenoient leur rang dans cet e Cavalcade, où figuroit même le Maître du Sacré Palais, qui étoit alors le P. Orsi, vieillard octogénaire. L'accoutrement le moins brillant & le moins commode, est celui des Cardinaux. Leurs chapeaux, absolument plats, ne sont fixés sur la tête, que par des cordons passés en forme de bride sous le menton. Leurs longs manteaux, couvrant tout le corps du cheval, comme un caparaçon, & les deux pointes de ces manteaux attachées & fortement arrêtées entre ses deux oreilles, ne laisseroient au Cavalier aucun moyen de se débarrasser en cas d'accident, si les accidens n'étoient prévenus par une foule d'Estafiers qui environnent le cheval & veillent à ses démarches. On voit là tout ce que l'Espagne & le Royaume des Deux-Siciles ont de plus fin en chevaux, qui s'animant mutuellement, fourniſſent cette marche, en piaffant, en déployant toutes les allures qu'ils tiennent de la Nature, & que d'habiles Maîtres ont perfectionnées. Un Vénitien qui arrivoit de Conſtantinople, où il avoit vu la marche du nouveau Sultan à la Moſquée de Sainte Sophie, m'aſſura qu'aux barbes & aux turbans près, elle reſſembloit exactement à celle du Pape*.

Ceux qui formoient la tête de la Cavalcade ayant défilé, je vis Clément XIII. monter à cheval au bas du grand eſcalier du Vatican, à la faveur d'un tremblain qui le mettoit au niveau de l'étrier. Comme Vénitien, il avoit le droit de prendre tous ſes avantages, quoiqu'il eût mis à profit l'intervalle de ſon élection au *Poſſeſſo*, en s'exerçant dans les jardins de Monte-Cavallo. La haquenée qu'il montoit, étoit une

---

* On voit à Paris, parmi les Tableaux du Roi au Luxembourg, ces deux marches repréſentées dans deux petits morceaux parallèles.

Mule très-fine, blanche, légèrement pomelée, que les Eſtafiers menoient par la bride. Le Pape avoit à la main gauche une houſſine dont il ſe ſervoit de temps en temps pour animer ſa monture; & de la droite toujours élevée, il donnoit, ſans interruption, des bénédictions à pleine main. A peine fut-il en ſelle, que ſon départ fut annoncé par une décharge générale du Château Saint Ange, de la cîme duquel flottoit le grand étendard de l'Egliſe. A ce ſignal, tout le Peuple qui rempliſſoit les rues voiſines, tomba à genoux, en criant: *Santo Padre, benedizion.* Le Pape ne put réſiſter à l'impreſſion que fit ſur lui ce bruyant début; je vis de groſſes larmes couler en abondance de ſes yeux. Me jettant enſuite dans la foule qui bordoit les rues, j'entendis, parmi les cris de *Santo Padre, benedizion,* des gens qui en groſſiſſant la voix, crioient ſourdement: *E groſſe Pagnote.* D'autres comptoient leur âge par les *Poſſeſſo* qu'ils avoient vûs. J'en entendis quelques-uns qui, rappellant celui de Benoît XIV, obſervoient que ce Pape avoir fait toute la marche dans sa Chaire découverte & un Chapelet à la main. Qu'eussent dit ces bonnes gens, d'un Pape qui, usant de tous ses droits, se fût-là montré en Prince, & armé de toutes piéces? Au moins vis-je, dans la marche, des gens portant l'un un casque, les autres des gantelets que l'on me dit être ceux du Pape.

Du Vatican à Saint Jean de Latran, la marche dura près de deux heures. Lorsqu'on y fut arrivé, la plus grande partie de la Cavalcade & tout le Peuple s'étant jetté dans la place immense qui forme le parvis de cette Eglise, le Pape, les Cardinaux & quelques Prélats, après la prise de possession, montèrent à la tribune qui domine le portail. Là, le Pape sur son trône, récita quelques Oraisons relatives à la cérémonie: Oraisons très-bien composées, & dont toutes les paroles étoient distinctement entendues dans toute la place, à la faveur du vaste silence qui y régnoit. Les Oraisons finies, on mit la tiare sur la tête du Pape, qui donna sa première Bénédiction solemnelle au bruit d'une acclamation universelle du peuple, & d'une décharge de boëtes & de toute l'artillerie de Rome. Cette cérémonie est si grande, si auguste, si véritablement magnifique, qu'un Génevois qui y assistoit, me fit confidence qu'à l'instant de la Bénédiction, il s'étoit senti Papiste.

La présentation de la haquenée, est encore une grande affaire pour le peuple Romain. J'y remarquai, comme singularité, que la haquenée, toujours prise dans les écuries du Pape, & qui étoit la même depuis sept ou huit ans, est stylée à s'incliner devant le Saint Pere, en s'agenouillant des deux pieds de devant, légèrement & de fort bonne grace. Elle porte sur la croupe, une grosse fleur avec sa tige & ses feuilles en argent. Dans le calice de cette fleur, est enfermée la cédule ou billet de la redevance que le Roi de Naples fait présenter tous les ans au Pape, à titre d'hommage-lige.

Cette *fonction* est accompagnée d'un feu d'artifice, qui se tire trois soirées de suite à la place Farnèse. Chaque soirée, la décoration de ce feu change. La dernière est toujours la plus brillante, & aucune ne ressemble aux décorations des années précédentes. Celle de 1758, exécutée sur les desseins de l'Architecte Posi, représentoit un grand Caffé Chinois, distribué sur chacune des deux grandes faces de la décoration, en neuf piéces différemment meublées. Du milieu de la décoration, formé par un corps en saillie, s'élevoit une tour octogone à la Chinoise, de neuf étages distingués par des corniches baroques, aux angles desquelles étoient suspendues des clochettes. Le feu étoit ainsi distribué, & il fut servi avec toute l'intelligence & la précision qui distinguent les Artificiers Italiens.

Le 8 Septembre, fête de la Nativité de la Sainte Vierge, fut célébré par une *fonction*, qui ne se renouvelle que tous les dix ou douze ans. Les Dominicains de la Minerve promenèrent ce jour-là en procession la Madone du Rosaire. Cette Madone, grande comme nature, habillée, à la dernière mode, d'étoffes de la plus grande richesse, frisée, poudrée, musquée, couverte de rubans, de dentelles & de pierreries, est placée sur un trône élevé au centre d'une machine très-ornée & très-pesante que portent une trentaine d'hommes, entre lesquels le fardeau est distribué au moyen de ces leviers entrelacés que manient si habilement les Crocheteurs qui servent sur les ports de mer. La Madone, précédée de tous les Dominicains de Rome, avec le Général à la tête, étoit suivie de deux cens filles de quatorze à dix-sept ans, uniformément vêtues de serge blanche, voilées, marchant deux à deux, chacune un cierge à la main, & une partie ayant sur la tête des couronnes de fleurs. Après l'Office du matin, elles avoient reçu les dots que distribue tous les ans la très-riche Confrairie du Rosaire. Ces dots sont de deux cens cinquante livres, monnoie de France, pour celles qui veulent se marier, & du double pour celles qui prennent le parti du Couvent. Ces dernières tenoient la tête de la marche, distinguées des autres par des couronnes. Les voiles que portent toutes ces filles, ombragent plutôt leur visage, qu'ils ne le couvrent : je n'en vis aucune que l'on pût dire jolie, & très-peu de bien faites. Elles reçoivent les dots en cédules, dont le Caissier de la Confrairie paye le montant, lorsqu'elles se marient, ou qu'elles font profession.

Dix ou douze Confrairies de Rome donnent de pareilles dots. Aucun Réglement n'empêche une fille de se présenter à chacune de ces Confrairies, & d'y recevoir la dot : on peut même, avec des protections, se présenter deux ou trois fois à la même Confrairie. Ces dots réunies forment un pécule qui, avec le travail & l'économie, peut suffire pour monter & soutenir une maison frugale.

Rome est remplie de ces établissemens, pour lesquels la Religion met l'opulence à contribution. Tels sont les Conservatoires, les uns ouverts aux orphelins, les autres aux enfans qu'y placent leurs parens, & qu'on leur enleve souvent, lorsque la pauvreté met les mœurs en danger. Telles sont encore les Maisons de force, où l'on se charge de la correction des enfans dont les parens ont à se plaindre : telles sont enfin les maisons ouvertes, soit aux filles lassées de vivre dans le désordre, soit aux femmes mal mariées. Je n'ai point oüi dire qu'il y eut de pareils asyles pour les hommes mal mariés. En général, les dévots s'intéressent plus aux femmes qu'aux hommes : d'ailleurs, dans les mœurs Italiennes, le bonheur du mari dépend toujours de lui-même.

La politique ne pourroit-elle pas, d'intelligence avec la Religion, tirer de ces établissemens un parti utile à l'Etat ? Dans les Conservatoires & dans les Maisons de force, on ne sçait élever les enfans, que pour la Ville. Broder, tricoter, travailler en linge, chanter, jouer des instrumens, sont les exercices auxquels ces Maisons appliquent leurs Élèves, à raison de leurs dispositions ; & les métiers que quelques-unes font apprendre aux enfans qu'elles placent, sont de nouveaux

C w

liens qui les attachent à la vie Citadine. Si dans ces Maisons que l'on pourroit répandre, au moins par détachemens, dans les environs de Rome, on formoit une partie de cette jeunesse aux travaux de la vie champêtre; si les charités dont elle est l'objet, étoient employées à l'établir à la campagne, à lui monter un petit ménage, à l'y attacher par la propriété de quelque terrein à défricher; en un mot, si la Chambre Apostolique, ou si les grands Propriétaires, d'après l'expédient qui a peuplé nos pays Septentrionaux, donnoient à un léger cens les parties de leurs Domaines, qui manquent de Cultivateurs, on ne verroit pas cette jeunesse abandonnée à elle-même, périr inutilement pour l'Etat, dans le sein du libertinage, de la fainéantise & de l'espérance. La Campagne de Rome se repeupletoit de près en près, sans appauvrir la Ville; chaque année verroit sortir un essain de cent ou de deux cens ménages; enfin les Colonies qui furent le plus ferme appui de la grandeur de l'ancienne Rome, tireroient Rome moderne de l'affreuse solitude au milieu de laquelle elle languit.

ROME.

Vaines spéculations! Tout ce qui est Ministre à Rome, tout ce qui tient au Ministère, est ouvertement occupé à faire fortune & à la faire promptement ; on ne sçait pas même avoir l'air de s'occuper du bien de l'Etat. D'ailleurs la préférence si marquée que donnent les Confrairies aux vœux de Religion, prouve assez combien ces pieuses Sociétés sont éloignées de toutes vûes économiques. Peut-être encore est-il dans le système du Gouvernement, que la population de l'Etat Ecclésiastique reste au point où elle se trouve actuellement *.

Parmi les Spectacles de Rome, n'oublions pas les Théâtres d'Opéra, de Comédie & d'Opéra-Comique. Ces Théâtres ouverts seulement en Hyver, sont du départe-

Théâtres.

---

* *Vacuâ se jactet in aulâ.* Voyez ci-dessus les articles *Intempérie* & *Chambre Apostolique*, Tome II. de cet Ouvrage.

C vj

ment du Gouverneur de Rome. Les Communions diſſidentes de la Romaine s'épuiſent en clameurs contre la tolérance des Papes à cet égard, & elles oppoſent avec complaiſance Genève à Rome. Mais l'oiſiveté du Peuple & des Grands de Rome détruit cette comparaiſon. Rome moderne, ou Rome Chrétienne a conſervé tous les goûts de Rome Payenne ; & le Roi-Pontife auquel elle eſt aujourd'hui ſoumiſe, eſt obligé de tolérer un amuſement que crurent néceſſaire les Conſtantin, les Théodoſe, &c.

A Rome & dans tout l'Etat Eccléſiaſtique, les femmes ne peuvent monter ſur le Théâtre : uſage conforme à ce qui ſe pratiquoit chez les anciens Romains, tandis que dans toute l'Italie, les rôles d'hommes ſont le plus ſouvent remplis par des femmes.

Il reſte à examiner s'il eſt de la politique civile & religieuſe de laiſſer les Théâtres de Rome ſe remplir d'Eunuques. L'opération qui dégrade ces hommes, étoit prohibée ſous les plus grandes peines, par les Loix

Romaines que les Papes ont adoptées ; mais le besoin que l'on en a pour les Théâtres, pour la Musique sacrée & profane, pour d'autres usages, fait taire la loi, & l'on peut dire de ces malheureux : *Genus hominum quod in civitate nostrâ ( Româ ) & vetabitur semper & semper retinebitur.*

Ils remplissent, sous l'habit ecclésiastique, les bas-chœurs de la plus grande partie des Cathédrales & des Collégiales de l'Italie. Les Payens ne les eussent pas honorés d'un pareil emploi dans leurs Temples. *Ces sortes de gens*, dit Lucien, *souilleroient les mystères & les choses saintes* *.

Leur nombre étonneroit, si l'on pouvoit faire un dénombrement exact de ce qu'en renferme le seul Etat Ecclésiastique **. Au reste, je

---

* Lucian. *in Eunuch.*
** *Horum tædio*, disoit Ammien Marcellin, *veterem laudare juvat Domitianum, qui licet patri fratrique dissimilis, memoriam nominis sui inexpiabili detestatione perfudit, tamen receptissimâ inclaruit lege, quâ minaciter interdixerat, ne intrà terminos Jurisdictionis Romanæ, quisquam puerum castraret : quod ni contigisset, quis eorum ferret exami-*

n'ai pu partager le plaisir que donnent aux Italiens ces voix efféminées. Elles sortent de corps qui leur sont si peu analogues : ces corps sont formés de parties si mal emmanchées ; ils ont au Théâtre des mouvemens si lourds & si gauches, que j'aurois toujours préféré au *Musico* le plus merveilleux, une voix commune dans un corps ordinaire. Leurs sons ne m'ont jamais porté au cœur cette sensation qu'y excite la voix d'une femme ou d'un impubère, ce qui sans doute est fondé dans la Nature, d'après laquelle les Grecs appelloient une belle voix, *la fleur de la Beauté*.

Cet état est en Italie un chemin frayé à la fortune, qui paye la cruauté des parens assez dénaturés pour sacrifier ainsi leurs enfans, qui récompense d'infâmes proxénètes exerçant

---

*na, quorum paucitas difficile toleratur!* Liv. 18, pag. 141. Ed. Rob. Steph. Voyez une véhémente invective contre cet attentat à l'humanité, dans la quinziéme des Satyres, dont les Auteurs se sont cachés sous le nom de *Q. Settanus*, & le Chap. 8. du troisiéme Livre de Rabelais.

presque publiquement cet affreux commerce, qui enfin réunit l'opulence à la considération en faveur de ceux dont les organes ne retiennent rien des sons de leur premier état. Mais pour une douzaine de ces merveilleux, combien de malheureux traînent dans la misere, le regret de leur premier état, & la douleur de leur état actuel !

Un de ces prodiges revenant de Madrid, où sa voix lui avoit procuré la fortune la plus brillante, faisoit à Benoît XIV. le détail des gains, des emplois, des honneurs dont il avoit été comblée: » C'est-à-dire, lui répliqua le Pape, lorsqu'il eut fini, » que vous avez retrouvé-là ce que » vous aviez laissé ici. «

Après les détails où je suis entré sur l'état actuel de Rome, on désireroit sans doute que j'eusse crayonné les mœurs de cette grande Ville ; que j'eusse esquissé l'histoire scandaleuse des Princes des Prêtres ; enfin que j'eusse indiqué à quel degré Rome moderne ou Rome Chrétienne, ressemble à l'ancienne Rome, à la Rome de Juvenal. A cet égard, il me suffira de dire que je n'ai pas assez long-temps séjourné dans un pays, où les plaisirs se traitent avec autant de mystère, de mesures & de circonspection, que les affaires; où l'on en écarte cette publicité qui en est ailleurs le principal assaisonnement; où la fortune de presque tous les Citoyens est liée à la régularité au moins apparente de leur conduite. J'ai bien ouï parler de quelques désordres éclatans de la part de quelques gens qui se croyent au-dessus du qu'en-dira-t-on; de commerces liés par l'intérêt, & soutenus à deniers comptans, d'intrigues de femmes deshonorées. J'ai recueilli quelques joyeux propos de Benoît XIV. sur ces commerces & sur ces intrigues: celui, par exemple, auquel donna lieu une montre merveilleuse, échue à une Dame qui s'efforçoit en vain de la détacher pour la lui faire voir *. Mais de tout ce que j'ai observé & recueilli, il ne résulte rien qui puisse justifier les injustes pré-

_____

* *Lasciate, lasciate; deve sempre il vote assere dirempeto al Santo.*

jugés répandus dans certains pays contre la régularité de mœurs & de conduite qui honore la très-grande partie du Sacré Collége & de la haute Prélature. Presque tous ces Eminentissimes & Illustrissimes Seigneurs semblent avoir pris pour régle de conduite, la Lettre qu'écrivoit le plus grand Politique de l'Italie, le très-célèbre Laurent de Médicis, à Jean son fils, qui fut depuis Pape sous le nom de Léon X. La considération que mérite cette Lettre, par son Auteur, par celui à qui elle est écrite, par son sujet & par la manière dont il est traité, me détermine à la tirer du Recueil dont elle fait partie, pour la placer ici. Je joins la Traduction Françoise à cette seconde édition, en faveur de ceux qui n'entendent pas l'Italien.

## COPIA.

*Lettere di XIII. Uomini Illustri, vol. 4-8°. imprimé à Venise en 1584. On y trouvera dans le vingt-quatriéme Livre, fol. 22. verso.*

MESSER GIOVANNI, voi siete molto obligato à Monsignor Domenedio, e tutti noi per rispetto vestro, perche oltre à molti beneficii e honori, che ha ricevuti la casa nostra da lui, ha fatto, che nella persona vostra veggiamo la maggior dignità che fusse mai in casa. E ancora che la cosa sia per se grande, le circonstantie la fanno assai maggiore, massime per l'età vostra, e conditione nostra.

Però il primo mio ricordo è, che vi sforziate esser grato à Monsignor Domenedio, ricordandovi ad ogn' hora, che non i vostri meriti, prudentia, ò sollecitudine, ma mirabilmente esso Iddio, vi ha fatto Cardinale; e da lui lo riconosciate, comprobando questa conditione con la vita vostra santa, essemplare, e honesta. A che siete tanto più obligato, per haver voi già dato qualche opinione nella adolescentia vostra da poterne sperare tali frutti. Saria cosa molto vituperosa, e fuor del debito vostro, e aspet-

## TRADUCTION.

» Sire Jean, qu'elles obliga-
» tions, vous & nous, n'avons-nous
» pas à Dieu! Il a mis le comble
» aux bienfaits & aux honneurs dont
» il nous a gratifiés, en vous éle-
» vant à la plus grande dignité qui
» ait encore été dans notre Maison :
» grace d'autant plus signalée, que
» votre âge & votre condition ne
» nous permettoient pas de l'espé-
» rer.

» La reconnoissance envers lui
» est donc un de vos premiers de-
» voirs : vous en serez d'autant plus
» pénétré, que vous vous rappelle-
» rez plus souvent que ce n'est ni à
» votre mérite, ni à vos soins, ni à
» vos démarches que vous devez
» l'honneur du Cardinalat, mais à
» l'effet admirable de sa volonté,
» que vous devez justifier par une
» vie honnête, sainte & exemplaire.
» Vous y êtes d'autant plus obligé
» que, dans votre première jeunesse,
» vous avez montré d'heureuses dis-

tatione mia, quando nel tempo, che gli altri sogliono acquistar più ragione, e miglior forma di vita, voi dimenticaste il vostro buono instituto.

Bisogna adunque, che vi sforziate alleggerire il peso della dignità, che portate, vivendo costumatamente, e perseverando ne gli studii convenienti alla profession vostra. L'anno passato, io presi grandissima consolatione, intendendo, che senza che alcuno ve lo ricordasse, da voi medesimo vi confessaste più volte, e communicaste. Nè credo che ci sia miglior via à conservarsi nella gratia di Dio, che lo habituarsi in simili modi, e perseverarvi. Questo mi pare il più utile, e conveniente ricordo, che per lo primo vi posso dare.

Conosco, che andando voi à Roma, che è sentina de tutti i mali, entrate in maggior difficoltà di fare quanto vi dico di soprà, perche non solamente gli essempi muovono, ma non vi mancheranno particolari incitatori e corruttori: perche, come voi potete intendere, la promotione vostra al Cardinalato, per l'età vostra, e per l'altre conditioni sopradette,

» positions pour l'avenir. Quelle
» honte pour vous, si manquant &
» à vos devoirs & aux espérances
» que vous nous avez fait conce-
» voir de vous, vous veniez à sortir
» de la bonne voie, dans un âge
» où la raison y conduit les autres
» hommes !

» Faites donc tous vos efforts
» pour alléger le poids de votre di-
» gnité par la circonspection de vo-
» tre conduite & par votre persévé-
» rance dans les pratiques les plus
» convenables à votre état. J'appris
» l'an passé, avec la plus grande
» consolation, que sans que person-
» ne vous y excitât, vous avez sou-
» vent approché des Sacremens.
» C'est le moyen le plus certain
» pour vous conserver dans la gra-
» ce de Dieu; c'est le premier, c'est
» le plus essentiel des avis que j'aie
» à vous donner.

» Je sçais que résidant à Rome,
» au centre de toutes les méchan-
» cetés, mes avis sont d'autant plus
» difficiles à pratiquer, qu'outre les
» mauvais exemples, vous ne man-
» querez pas de gens qui vous exci-

arreca seco grande invidia; e quelli, che non hanno potuto impedire la perfettion di questa vostra dignità, s'ingegneranno sottilmente diminuirla, con denigrare l'opinione della vita vostra, e farvi sdrucciolare in questa stessa fossa, dove essi sono caduti, confidandosi molto, che debba lor riuscire per l'età vostra. Voi dovete tanto più opporvi à queste difficultà, quanto nel Collegio hora si vede manco vittù, e io mi ricordo pur'havere veduto in quel Collegio buon numero d'uomini dotti, e buoni, e di santa vita: però è meglio seguir questi essempi, perche facendolo sarete tanto più conosciuto, e stimato, quanto l'altrui conditioni vi distingueranno da gli altri.

E' necessario, che fuggiate, come Scilla e Caribdi, il nome della hippocrisia, e il nome di mala fama, e che usiate mediocrità, sforzandovi in fatto fuggire tutte le cose, che offendono in dimostratione, e in conversatione, non mostrando austerità ò troppo di severità, che sono cose, lequali col tempo intenderete, e farete meglio a mia opinione, che io non le posso esprimere. Voi intenderete di quanta importanza e essempio sia la per-

SUR L'ITALIE. 71

» teront à les suivre. Pour être en
» garde contr'eux, sçachez que vo-
» tre promotion au Cardinalat, dans
» l'âge où vous êtes, excitera l'en-
» vie, & que ceux qui n'ont pu tra-
» verser efficacement votre dignité,
» travailleront à la ruiner sourde-
» ment, en vous attaquant dans vo-
» tre conduite, & en réunissant leurs
» efforts pour abuser de votre jeu-
» nesse & l'entraîner dans le préci-
» pice où ils sont eux-mêmes tom-
» bés. Vous devez d'autant plus vous
» roidir contre la séduction, que le
» Sacré Collége n'est plus le même
» que celui que je me souviens d'a-
» voir vû, composé, pour la plus
» grande partie, d'hommes distin-
» gués par la science, par les mœurs,
» par la sainteté. En vous attachant
» à ces bons exemples, vous en se-
» rez d'autant plus estimé & respecté,
» que votre âge le promet moins.

» Vous vous trouvez entre deux
» écueils, l'hypocrisie & une vie
» dissolue. Prenez le parti mitoyen,
» en évitant tout ce qui peut cho-
» quer par un excès d'austérité & de
» dureté. L'usage & la réflexion vous

sona d'un Cardinale, e che tutto il mondo starebbe bene, se i Cardinali fossino, come dovrebbono essere, percioche farebbono sempre un buon Papa, onde nasce quasi il riposo di tutti i Cristiani. Sforzatevi duuque d'esser tale voi, che quando gli altri fussino così fatti, se ne potesse aspettare questo bene universale.

E perche non è maggior fatica, che conversar bene con diversi uomini, in questa parte vi posso mal dar ricordo, se non che v'ingegniate, che la conversation vostra con gli Cardinali, e altri uomini di conditione, sia caritativa, e senza offensione: dico, misurando ragionevolmente, e non secondo l'altrui passione: perche molti volendo quello che non si dee, fanno della ragione ingiuria. Giustificate adunque la coscientia vostra in questo, che la conversation vostra con ciascuno, sia senza offensione. E questa mi pare la regola generale, molto à proposito vostro, perche, quando la passione pur fà qualche inimico, come si partono questi tali senza ragione del l'amicitia, così qualche volta tornano facilmente.

Credo per questa prima andata vostra
» éclaireront,

» éclaireront, à cet égard, mieux
» que je ne puis le faire. Ils vous ap-
» prendront toute la grandeur d'une
» dignité, à laquelle est attachée
» le choix d'un bon Pape : choix
» qui seroit toujours tel, si les Car-
» dinaux étoient tels qu'ils devroient
» être, & alors de ce choix naîtroit
» le repos & la paix de la Chrétien-
» té. Essayez donc de vous montrer
» de manière que l'on pût espérer
» ce bonheur, si tous vos Confrères
» vous ressembloient.

» Tout ce que je pourrois vous
» dire sur la manière de vous con-
» duire avec les autres seroit inutile,
» si vous n'êtes pas déterminé à fai-
» re tous vos efforts pour que les
» Cardinaux & les gens distingués
» ayent à se louer de vous & jamais
» à s'en plaindre, en vous confor-
» mant moins à leurs prétentions
» qu'à la droite raison, qui devient
» souvent injure pour ceux qui exi-
» gent au-delà. Mais si tout le mon-
» de ne se peut louer de vous, qu'au
» moins personne n'ait à s'en plain-
» dre. Que cela vous serve de règle
» générale. Ceux qui, sans autre rai-

Tome III.        D

à Roma, sia bene adoperare più gli orecchi, che la lingua. Hoggimai io vi ho dato del tutto à Monsignor Domenedio, e à Santa Chiesa, onde è necessario, che diveniate un buono Ecclesiastico, e facciate ben capace ciascuno, che amate l'honore, e lo stato di Santa Chiesa, e della Sede Apostolica, innanzi à tutte le cose del mondo, posponendo à questo ogn' altro rispetto. Nè vi mancher à modo, con questo riservo, d'aiutar la città e la casa: perche questa città fa l'unione della Chiesa, e voi dovete in ciò esser buona catena, e la casa ne va con la città. E benche non si possono vedere gli accidenti, che veranno, così in general credo, che non ci habbiano à mancare modi di salvare (come dica) la capra, e i cavoli, tenendo fermo il presupposto, che anteponiamo la Chiesa ad ogn' altra cosa.

Voi siete il più giovane Cardinale non solo di tutto il Sacro Collegio, ma che fosse mai fatto infino à qui; e però è necessario, che dove havete à concorrere con gli altri, siate il più sollecito, il più umile, senza farvi aspettare ò in Cappella, ò in Concistorio, ò in Deputatione. Voi conoscerete presto li più, e li

» son que celle de la passion, renon-
» ceront à votre amitié, revien-
» dront plus facilement à vous, s'ils
» n'ont rien de personnel à vous re-
» procher.

» Dans ce premier séjour à Rome,
» faites moins usage de votre lan-
» gue que de vos oreilles. Je vous
» ai consacré à Dieu & à son Egli-
» se; conduisez-vous d'après cette
» consécration. Que tout le monde
» voye que vous aimez l'honneur
» & les avantages de l'Eglise & du
» Saint Siége, que vous les préférez
» à tout, & qu'ils concentrent tou-
» tes vos vûes. Ce dévouement ex-
» clusif ne nuira ni à votre patrie,
» ni à votre Maison : votre patrie est
» un nouveau lien qui vous attache-
» ra à l'Eglise, & vous serez entr'elle
» & votre Maison une chaîne qui
» les unira étroitement. Quoique
» l'on ne puisse prévoir tous les acci-
» dens qui peuvent déranger cette
» union, je crois qu'en général, c'est
» ménager, comme on dit, la ché-
» vre & les choux, que de préférer
» à tous intérêts celui de l'Eglise.

» Vous êtes le plus jeune du Sacré

meno accostumati. Cò i meno, si suol fuggir la conversatione molto intrinsica, non solamente per lo fatto in se, ma per l'opinione, e à largo conversar con ciascheduno.

Nelle pompe vostre loderei più presto star di quà dal moderato, che di là; e più presto vorrei bella stalla, e famiglia ordinata, e polita, che ricca, e pomposa. Ingegnatevi di vivere accostumatamente, riducendo à poco à poco le cose al termine che per esser hora la famiglia, e il padron nuovo, non si può.

Gioie, e seta in poche cose stanno bene à pari vostri, più presto qualche gentillezza di cose antiche, e belli libri, e più presto famiglia accostumata, e dotta, che grande. Convitar più spesso, che andare à conviti, e non però superfluamente. Usate per la persona vostra cibi grossi, e fate assai essercitio, perche in cotesti paesi si viene presto in qualche infermità, chi non ci ha cura.

Lo stato del Cardinale è non manco sicuro, che grande, onde nasce, che gli uomini si fanno negligenti, parendo loro

» Collége ; aucun Cardinal n'a jamais été appellé d'aussi bonne heure à la Pourpre : ainsi soyez le plus empressé & le plus modeste dans toutes les fonctions Ecclésiastiques & séculières. Bientôt vous connoîtrez ceux qui méritent plus ou moins que vous les choisissiez pour modèles, soit pour vous-même, soit pour le Public. Évitez avec les derniers toute familiarité & toute intimité, sans néanmoins paroître éviter personne.

» Quant à l'état que vous avez à tenir, qu'il soit honnête plutôt que magnifique. J'aimerois mieux une belle écurie, un domestique réglé & composé de gens choisis, que tout l'appareil pompeux de la richesse & de la vanité. En un mot, mettez tous vos soins à vous rapprocher d'une honnête simplicité, autant que le permettent votre jeunesse & une maison nouvellement formée.

» La soie & la parure ne sont point faites pour gens de votre état ; remplacez-les par une Bibliothéque bien choisie, par un Cabi-

haver conseguito assai, e poterlo mantenere con poca fatica, e questo nuoce spesso, e alla conditione, e alla vita, alla quale è necessario che habbiate grande avvertenza, e più presto pendiate nel fidarvi poco, che troppo.

Una regola sopra l'altre vi conforto ad usare con tutta la sollecitudine vostra: e questa è, di levarvi ogni mattina di buon' hora, perche oltre al conferir molto alla sanità, si pensa, e espedisce tutte le facende del giorno, e al grado, che avete: havendo à dir l'officio, studiare, dare audientia, &c. ve'l troverete molto utile.

Un' altra cosa ancora è sommamente necessaria ad un par vostro, cioè pensar sempre, e massime in questi principii, la sera dinanzi, tutto quello che havete à fare il giorno seguente, accioche non vi venga cosa alcuna immeditata. Quanto al parlar vostro in Concistorio, credo sarà più costumatezza, e più laudabil modo, in tutte le occorrenze che vi si proporranno, riferirsi alla Santità di Nostro Signore, pensando, che per esser voi giovane, e di poca esperienza, sia più officio vostro rimettervi alla Santità sua, e al

» net d'Antiquités, par la politesse,
» les talens & les connoissances de
» ceux qui vous environneront. Te-
» nez table & une table réglée ;
» mangez plus chez vous que de-
» hors ; ne vous nourrissez que de
» mets solides, & faites beaucoup
» d'exercice : c'est le moyen de ré-
» sister aux atteintes du climat.

» On regarde l'état de Cardinal
» comme une place aussi sûre que
» grande, & on se néglige ; on croit
» que, ne pouvant aller plus loin,
» on peut se soutenir sans beaucoup
» de peine : cette négligence est très-
» dangereuse pour la réputation, &
» pour toute la suite de la vie, à
» l'égard de laquelle on ne péche
» jamais par excès d'attention.

» Je ne puis vous recommander
» rien de mieux pour le régime, que
» de vous lever tous les jours de
» grand matin. Outre que cela con-
» tribue infiniment à la santé, vous
» y trouverez tout le temps dont
» vous avez besoin pour les affaires
» de votre place, c'est-à-dire, pour
» réciter votre Office, pour étu-
» dier, pour donner audience, &c.

sapientissimo giudicio di quella. Ragionevolmente voi sarete richiesto di parlare, e intercedere appresso à Nostro Signore per molte specialità. Ingegnatevi in questi principij di richiederlo manco che potete, e dargliene poca molestia: che di sua natura il Papa è più grato à chi manco gli spezza gli orecchi. Questa parte mi pare da osservare per non lo infastidire; e così l'andargli inanzi con cose piacevoli, ò pur quando accadesse, richiederlo con humiltà e modestia, doverà sodisfargli più, e esser più secondo la natura sua. State sano. Di Firenze.

LORENZO DE' MEDICI.

» Vous avez encore à contracter
» une habitude essentielle à un hom-
» me de votre état: c'est, sur-tout
» dans les commencemens, de vous
» recueillir tous les soirs & de bien
» penser à tout ce que vous avez à
» faire le lendemain. Au moyen de
» cette précaution, il ne se présentera
» rien sur quoi vous ne soyez préparé.
» Quant à la manière de vous con-
» duire dans les Consistoires, le plus
» sûr est de suivre en tout l'avis
» qu'ouvrira Sa Sainteté: rien de plus
» convenable à votre jeunesse & à
» votre défaut d'expérience. Il arri-
» vera souvent que vous serez solli-
» cité de conférer avec Sa Sainteté, &
» d'intercéder auprès d'elle: faites ce
» qui dépendra de vous, sur-tout
» dans ces commencemens, pour
» l'importuner le moins qu'il sera
» possible; ce sera servir le Pape sui-
» vant son goût. Entretenez-le moins
» d'affaires que de choses agréables;
» & lorsque vous ne pourrez vous
» en dispenser, que ce soit avec la
» modestie qu'il aime dans tous ceux
» qui l'approchent. Portez-vous bien.
*A Florence.* LAURENT DE MÉDICIS.

D v.

## BEAUX ARTS.

*Musique.* La mélancolie qui domine en général le tempérament & le caractère des Italiens, est la principale source de leur goût pour les Arts, pour la Poësie, pour la Musique. C'est cette mélancolie qui a rempli l'Italie de Poëmes épiques bons ou mauvais, mais qui annoncent dans les Poëtes, une constance & une tenue dont toutes les autres Nations ne sont pas capables. Cette constance à infiniment aidé le Génie dans la production des chefs-d'œuvre que l'Italie a donnés dans tous les genres agréables: *Alterius sic altera poscit opem res*. J'ai vu à Rome un Abbé d'une des premières Maisons de Bologne, qui, après une étude de l'Epinette opiniâtrément suivie pendant dix années, dont il en avoit passé deux à Naples, sans autre objet, étoit parvenu à étendre cet instrument, à l'organiser, & à en tirer tout ce que peut fournir le meilleur clavessin. La Musique n'est pas seulement un goût pour les Italiens; elle est une passion, elle est un besoin: besoin relatif à leur tempérament, sur lequel elle agit d'autant plus délicieusement, qu'elle est plus bruyante.

La promotion du Cardinal Priuli occasionna une grande fête chez le Prince de Viane. La meilleure Musique de Rome étoit la base de cette fête. Je m'y trouvai à côté d'un Prélat que je ne connoissois point, & qui me demanda ce que je pensois de cette Musique. Je lui répondis qu'à en juger par le plaisir qu'elle paroissoit faire aux Connoisseurs, je la croyois excellente, mais que je n'en entendois que le bruit. » J'aime » la franchise de votre aveu, me dit le Prélat, en souriant; » mais pre- » nez patience : dans cinq ou six » mois, vous commencerez à sentir » de la mélodie où vous n'entendez » que du bruit. Vous êtes à cet égard » comme un homme qui ayant vécu » dans un souterrein, passeroit subi- » tement au grand jour. Ses yeux » éblouis n'appercevroient rien, & » il ne parviendroit que par degrés à » démêler les objets & à les distin- » guer. « Mais, lui répliquai-je, si vos Virtuoses visent plus au bruit qu'à

l'harmonie : » C'est à cela précisé-
» ment, répondit-il, que vous re-
» connoîtrez les mauvais. Ainsi en
» juge le célèbre Tartini. Les Vir-
» tuoses de Naples, c'est-à-dire, les
» plus grands Violons d'Italie, dou-
» tent d'eux-mêmes & de leurs ta-
» lens, jusqu'à ce qu'il les ait jugés.
» Pour obtenir un jugement favora-
» ble, vous imaginez aisément qu'ils
» déployent tous les tours d'adresse,
» de force & de souplesse. Leurs
» doigts volent, leur archet pétille,
» & lorsqu'ils ont fini : *Cela est bril-*
» *lant*, dit froidement Tartini à la
» plûpart, *cela est vif, cela est très-*
» *fort ; mais cela ne m'a rien dit là*,
» ajoute-t-il, en portant la main à son
» cœur. «

Je me rencontrai une autre fois
dans une compagnie de Romains
moins raisonnables que le Prélat
dont je viens de parler ; ils préten-
doient leur Musique intelligible pour
tout homme venu au monde, avec
des oreilles. Quant à la Musique
Françoise, ils ne la regardoient
que comme une prononciation aussi
mauvaise que choquante, d'une lan-

gue que les Italiens seuls sçavent parler. Un Magistrat François qui se trouvoit alors à Rome, étant survenu, je l'engageai à chanter pour ces Messieurs quelque morceau de Musique Françoise qui pût les réconcilier avec elle. Le Magistrat, cédant à mes instances, chanta l'air: *Du Dieu des cœurs on adore l'empire*, & il le chanta avec l'air, le goût & tous les agrémens des meilleurs Chanteurs de Paris. Les *Enchaîne* de cet air excitoient dans nos Italiens un trémoussement, que je regardois comme une expression d'admiration & de plaisir. L'air fini avec toutes ses retournelles, j'allois leur demander ce qu'ils en pensoient, lorsque je les vis, joignant les mains & levant les yeux au ciel, réciter en commun d'un ton aussi sourd que lamentable: *Et secundùm multitudinem miserationum tuarum, dele iniquitatem meam.* Ils vouloient dire que, dans l'air qu'on venoit de leur chanter, ils n'avoient entendu que le premier verset du *Miserere*. Et en effet, sur les mouvemens d'admiration que les *Enchaîne* m'avoient paru leur arra-

<small>ROME.</small> cher, les ayant preſſés de s'expliquer, ils me proteſtèrent que j'avois pris pour admiration, ce qui n'étoit qu'une indignation excitée par l'ennui porté à ſon dernier période.

<small>Architecture.</small> Parler de Rome, ſans dire un mot de l'Egliſe de Saint Pierre, ce ſeroit revenir de Rome ſans avoir vû le Pape. Ce Temple, digne de toute ſa célébrité, eſt, parmi les ouvrages de l'Art, ce qu'eſt la mer dans le ſpectacle de la Nature : c'eſt-à-dire, l'unique objet qui rempliſſe l'idée que l'homme ſe peut faire de la grandeur, de la majeſté, de l'immenſité *. Après l'avoir vu, quelqu'un à qui il ne reſteroit des yeux que pour des édifices, pourroit en uſer comme ces dévots Muſulmans, qui ſe les arrachent au ſortir de la Mecque, comme déſeſpérant de rien voir de plus auguſte. L'Egliſe de Saint Pierre, au premier coup d'œil, paroît

---

* Diſons avec le P. Mabillon : *Tam divinæ fabricæ majeſtatem rudi calamo violare non audemus : nonnulla ſunt quæ nullo melius modo quàm ſilentio & ſtupore laudantur.*

infiniment moins spacieuse qu'elle ne l'est en effet; illusion produite par la grandeur des proportions des accessoires, tels que les bénitiers, le baldaquin, la chaire de Saint Pierre, &c. A ce sujet, j'ai ouï agiter entre des Artistes du premier ordre, s'il y avoit plus d'art à rapetisser ainsi un édifice, qu'à l'augmenter par la diminution des accessoires. Cicéron définit ainsi l'Eloquence: c'est, dit-il, l'art de faire paroître les grandes choses petites, & les petites grandes, *magnas res parvas, & parvas magnas facere*. En étendant à l'Architecture cette définition qui lui peut convenir à bien des égards, le problême se trouveroit résolu.

L'immense revenu de la Fabrique de Saint Pierre la met en état de fournir & aux réparations continuelles qu'exige un tel édifice, & aux embellissemens que l'on y ajoûte tous les jours. Les réparations de l'intérieur de l'Eglise n'y forment aucun embarras: elles se font au moyen d'échafauds volans. J'ai vu de ces échafauds appliqués à la grande corniche de la nef: ils paroissent d'en-bas comme des toiles d'araignées.

L'établissement formé par Clément XI. pour mettre en mosaïque tous les chefs-d'œuvre de Peinture que l'on parviendra par ce moyen à éternifer, est d'une dépense prodigieuse, soit pour la main-d'œuvre, soit pour les pâtes fondues qui font la base de ce travail. Lorsque j'étois à Rome, je vis travailler pour cette destination à des copies du Saint Michel du Guide, du Christ au tombeau du Caravage, de la Transfiguration de Raphaël. Pour la commodité des Copistes, l'original de ce dernier, peint sur un très-solide assemblage de planches de noyer, occupoit un échafaud dressé derrière l'autel de Saint Pierre *in Montorio*, où il fut placé après la mort de Raphaël, & où il est demeuré, quoiqu'il eût été fait pour le Roi de France, François I. qui l'avoit déja payé en partie. Il m'est arrivé plus d'une fois, ne rencontrant personne à l'attelier, de me trouver seul vis-à-vis ce *non plus ultra* de la peinture. Cette négligence fait bonneuf aux Romains : le respect des Artistes & du peuple même, pour les chefs-d'œuvre de l'Art *, est la garde la plus sûre & la plus honorable dont on puisse les environner : une pareille garde a manqué aux peintures du cloître des Chartreux de Paris.

Les embellissemens dont on s'occupoit pour l'Eglise de Saint Pierre, pendant notre séjour à Rome, étoient d'une très-grande dépense. On regrattoit & on repolissoit le grand baldaquin ** & la chaire de Saint Pierre, & l'on refaisoit à neuf toute la décoration intérieure de la Chapelle *del Santissimo*. La première réparation étoit vue de mauvais œil

---

* Cependant les peintures du même Raphaël au Vatican, son Ecole d'Athènes, son Saint Sacrement, &c. sont très-maltraitées par l'impression des papiers huilés que les jeunes Peintres appliquent aux têtes, pour les calquer.

** Ce baldaquin, dont la hauteur est précisément la même que celle de la façade du Louvre à Paris, est tellement proportionné à l'édifice dont il occupe le centre, qu'au premier coup d'œil il paroit moins élevé que celui du Val-de-Grace de Paris.

par la plûpart des Connoisseurs, ainsi que je l'ai déja dit : ils gémissoient sur l'enlevement de cette précieuse *patine*, que les Grecs regardoient comme la fleur des ouvrages de cette espèce *. Cette restauration étoit à leurs yeux une véritable dégradation. Dans la Chapelle *del Santissimo*, ils critiquoient le goût mesquin de la tapisserie feinte dont on revêtissoit les murs : quant à la mosaïque du pavé, elle réunissoit toutes les voix & tous les suffrages. La principale piéce de cette mosaïque est un grouppe de gerbes, de pampres & de raisins : la peinture ne peut approcher la belle Nature de plus près.

Les Romains ont la plus haute idée de la beauté de leur Ville, & de la magnificence de l'Eglise de Saint Pierre. Ils sont confirmés dans cette idée, par le concours & par l'admi-

---

* Voyez Plutarque en son Traité intitulé *Pourquoi la Pythie*, &c. *init*. Les Romains en pensoient de même du temps de Juvenal qui appelloit des vases antiques,

*Pocula adoranda rubiginis.*

ration de toutes les Nations que la curiosité amene continuellement à Rome. Aussi, lorsqu'on leur témoigne quelque étonnement sur leur peu de goût pour les voyages : *Eh!* disent-ils froidement, *dove ritrovaremo questa bella Cupola?*

Suivant le plan de l'Eglise de Saint Pierre, que l'on voit à la Bibliothéque du Vatican, tel que l'avoit arrêté Michel-Ange, cette Basilique devoit avoir exactement la forme d'une croix grecque; c'est-à-dire, quatre nefs qui, dans les mêmes proportions, & dans une égale longueur, auroient abouti à l'autel qui eût été leur centre commun. La nef, qui fait face à la place, a depuis été prolongée de deux travées ou arcades; son entrée est revêtue d'un portail qui l'enveloppe en entier, & qui n'étoit point du dessein de Michel-Ange. Dans ce dessein, chaque nef avoit un portail en loge ou portique en simple saillie, dans le goût de celui du Panthéon; & ce portique n'auroit ni masqué ni coupé la décoration extérieure du total de l'édifice : décoration que Michel-Ange n'avoit pas moins soignée que l'intérieure : décoration enfin qui auroit paru avec d'autant plus d'avantage, que cette Basilique devoit être isolée de toutes parts\*. Ce Temple seroit par-là sorti de la classe de tous les édifices modernes, qui ne se montrent au-dehors que par un portail sans proportion nécessaire avec des parties qui n'en ont aucune entr'elles, & que l'Architecte abandonne entièrement au Maçon.

Il n'en est pas de même des Palais. C'est sur leurs parties extérieures que

---

\* C'est pour raccorder toutes les parties étrangères au dessein de Michel-Ange, que le Cavalier Bernin a élevé ce superbe péristile qui environne la place de Saint Pierre. Dans la Relation de Rome, sous le Pontificat d'Alexandre VII, dressée par un Ambassadeur de Venise, il fait un crime à ce Pape de cette entreprise, qui coûta, dit-il, trois millions, monnoie de France. Qu'eût dit ce Vénitien de la magnificence de François I, qui avoit choisi le célèbre Serlio *per Generale sopra Fabriche regie, con provisione di tracento scudi per sostegno di suoi bisogni?* Lett. del Aretino al Signor de Baïf del 13 Novembre 1539.

les Architectes déploient toutes les ressources de l'Art & du Génie. Ces Palais bordent les rues & les places qui doivent leur plus grande décoration à la continuité très-variée de ces grandes masses. Cette décoration est tellement le premier objet de ceux qui font bâtir, que plusieurs façades, élevées depuis long-temps, attendent encore les Palais pour lesquels elles font faites. Tel est le Palais du Cardinal Sciarra-Colonne, Protecteur de France. Derrière une des plus belles façades du Cours, le Maître campe, pour ainsi dire, dans quelques appartemens bâtis à la légère, & appliqués à la partie intérieure de la façade, en attendant que l'on éleve le Palais qui lui est destiné.

Le goût pour la représentation ne préside pas moins à la distribution intérieure ; toutes les commodités lui font sacrifiées. Derrière une enfilade continue de salons & de salles, est ménagé quelque petit réduit qui forme l'habitation du Maître. J'ai vu malade un Cardinal qui occupoit un des plus vastes & des plus magnifiques Palais de Rome: tout son appartement consistoit en un coin d'entre-sol fumeux & mal éclairé, de huit pieds de longueur sur six de largeur.

Les Romains commencent cependant à se lasser de n'être logés que pour autrui, & ils pensent un peu plus à eux-mêmes dans les nouvelles constructions. Le Palais Corsini élevé depuis peu dans l'emplacement qu'occupoit celui de la fameuse Reine Christine, entre le Tibre & le Janicule, sans avoir dans sa distribution toutes les commodités qui forment aujourd'hui l'objet capital de l'Architecture Françoise, en a cependant beaucoup plus que tous les anciens Palais: il regagne, par ces commodités, ce qu'il perd du côté de la magnificence.

Elle ne brille nulle part avec plus d'éclat, que dans ces Palais connus sous le nom *de Vignes*, & répandus dans la campagne de Rome. Les familles des Papes des deux derniers siécles y ont rassemblé à l'envi & entassé les richesses de tous les Arts modernes, & les plus beaux monumens des anciens : c'eſt-là ſur-tout que l'on peut prendre une idée de ce que Rome fut autrefois, & de ce qu'elle eſt aujourd'hui. Les jardins, qui accompagnent ces Palais, ne reſſemblent ni par la diſtribution, ni par la culture, à ceux de nos pays Septentrionaux. Mais, dans la plus belle ſaiſon, toutes les promenades de Rome ſe bornent à deux ou trois tours que l'on fait au Cours, vers le ſoir, dans des carroſſes qui vont au petit pas, & dont on leve les glaces au coucher du Soleil. En général, les Romains jugent comme les Chinois, & conçoivent auſſi peu qu'eux notre goût pour les promenades & pour les courſes à pied, dans leſquelles on n'a pour objet que d'aller & de revenir ſur ſes pas.

Autant les jardins de pur ornement ſont négligés, autant ſont ſoignés les jardins potagers, qui fourniſſent les légumes & les herbages dont vivent preſque tous les Romains\*. A juger de la culture de ces

---

\* Un Ruſſe, peu riche, envoyé à Rome

légumes, par leur beauté & leur excellence, on penseroit qu'au moins les Maraichers de Rome ont renoncé au privilége de *far-niente*; mais ils font beaucoup moins que par-tout ailleurs. La fertilité du sol, l'abondance & le bon marché des fumiers, l'attention la plus scrupuleuse dans le choix des graines : *Hæc sunt illorum veneficia*. Les arrosages même, que l'on imagine aussi nécessaires que fatiguans sous un ciel si brûlant, ne leur donnent pas la moindre peine. Les montagnes renfermées dans l'enceinte de Rome, versent, dans ces potagers, l'excédent & le résidu des eaux de leurs fontaines publiques & particulières. Ces eaux ménagées avec soin, & distribuées avec art, coulent d'elles-mêmes dans des rigoles que séparent les planches que ces fontaines

*Apud Cicer. de C. Furio.*

---

pour étudier le dessein, y ayant passé un Printems & un Eté, écrivoit à sa mere, que jusqu'alors il avoit vécu d'herbe crue ; mais qu'il craignoit de ne pouvoir s'accoutumer à vivre de foin pendant l'Hyver qui approchoit.

abreuvent

abreuvent en abondance le soir & le matin.

Eglises, Chapelles, Palais, Maisons Religieuses, Maisons Bourgeoises, tout Rome est tellement rempli de peintures, qu'il n'y reste plus ni espace pour les peintures à fresque, ni place pour les tableaux à l'huile. S'il étoit possible qu'au milieu de cette plénitude & de la satiété qui la suit, la Peinture produisît encore des chefs-d'œuvres, on lui diroit: *Cela est beau, mais nous n'avons plus de place* * ; & ces chefs-d'œuvres ne trouveroient point d'acheteurs. Les Etats & les Princes d'Italie pourroient, ce me semble, tirer de cette plénitude un avantage égal & pour l'art & pour eux-mêmes. En bornant aux Tableaux capitaux des plus grands Maîtres les défenses d'exporter, les Tableaux de la seconde classe deviendroient alors l'objet d'un commerce qui, en apportant de l'argent chez eux, laisseroit un champ toujours ouvert aux travaux

Peinture.

―――――――――――
* *Pulchrum, sed non hic locus.*

Tome III.            E

& à l'émulation des Artistes vivans. Ces Artistes, devenant à leur tour anciens, jouiroient successivement du prix que donne l'antiquité aux ouvrages de Peinture, fixeroient à leur tour les yeux de l'Etranger, & fourniroient à sa curiosité des morceaux précieux que d'autres morceaux viendroient successivement remplacer. Les diverses Ecoles d'Italie deviendroient par-là des espèces de Manufactures, dont le travail soutenu par la certitude de la vente, fourniroit à un débit continuel. Aussi les Maîtres qui leur restent encore, ne sont-ils occupés que par les Etrangers.

Je ne pus dissimuler mon étonnement à la vûe de quelques sujets tirés des Métamorphoses, dont je vis charger à fresque les plafonds du rez-de-chaussée, d'un Palais de la Longara : ces peintures seroient à peine de mise dans nos pays Septentrionaux. Le jeune Artiste qui les exécutoit, avoit au moins toute la gaieté de son état : grand Musicien, grand Violon, il nous joua, de dessus son échafaud, cinq ou six *im-*

*promptu*, avec toute la prestesse & toute la légèreté Napolitaine. Le Prince qui l'employoit comme Peintre, me rappella ce Général François *, qui avoit un Secrétaire pour boire **.

Les premiers rangs de l'Ecole Romaine sont occupés aujourd'hui par MM. Pacido Costanzi, Sebastiano Conca, Pompeo Battoni, & Jean-Paul Panini. J'avois accès auprès du premier, qui étoit alors Prince de l'Académie de Saint Luc. Il faisoit un grand Tableau d'autel pour des Religieuses de Franche-Comté : c'étoit le second ou le troisiéme qu'on lui avoit demandé pour cette Province. Mes visites & nos conversations ne prenoient rien sur son travail qui étoit très-facile, & dans la manière large de l'Ecole Romaine. Le peu de morceaux de ces Maîtres, que l'on voit à Rome, joignent à cette manière large, un coloris plus brillanté que celui des anciens.

---

* M. de Vendôme.
** C'étoit Campistron.

Je ne dirai rien de ces derniers, ni des Cabinets que remplissent leurs ouvrages. Je rapporterai seulement quelques faits sur la charlatanerie, qui a travaillé & qui travaille encore tous les jours à les multiplier. J'ai vu quatre ou cinq originaux de cette même Sainte Famille de Raphaël, dont l'original unique fait partie de la collection du Palais Royal à Paris. Un de ces prétendus originaux occupe la place d'honneur dans la galerie du Cardinal Alexandre Albani, où il est le seul qui ait les honneurs d'un rideau.

Dans la collection du Cardinal Valenti *, qui est passée à l'Abbé Valenti, son neveu, on montre la petite Magdelaine au rocher, qui est

---

* Cette collection rassemble plusieurs petits morceaux de Raphaël, lesquels étant passés en Espagne, avoient été jettés dans les corridors & dans les communications les moins éclairées des appartemens de l'Escurial. Ils avoient attiré l'attention du Cardinal Valenti, pendant sa nonciature en Espagne. Pour récompenser cette attention, la Reine d'Espagne qui l'aimoit beaucoup, lui avoit permis de les placer chez lui dans le jour qui leur convenoit.

un des chefs-d'œuvres du Corrége. J'ai retrouvé depuis cette même Magdelaine parmi les tableaux de la Maison Farnèse, qui ont passé à Naples, où ils occupent le Palais de *Capo di Monte*. Quoique celle du Cardinal Valenti soit de la plus grande beauté, quoiqu'elle ait une fleur & un éclat que n'a point celle de *Capo di Monte*, il y a tout lieu de présumer que le véritable original fait par le Corrége pour les Farnèses ses Souverains, est celui que possede l'Héritier de cette Maison.

On apporta à des Etrangers, avec lesquels je me rencontrai, un petit tableau que l'on vouloit vendre comme original du Bassan. Il avoit tous les caractères de ce Maître & de l'ancienneté nécessaire pour l'illusion. Je m'apperçus d'aventure que la toile sur laquelle il étoit peint, sortoit des mains du Tisserand : mal-adresse d'autant plus marquée, que l'on avoit eu l'attention de monter cette toile sur un vieux chassis. Je me contentai de dire à celui qui en paroissoit le plus amoureux, qu'il l'examinât *folio verso*,

ROME.

Un des plus précieux tableaux de la collection de la Maison Sachetti, (collection que Benoît XIV, après l'avoir acquise, a consacrée au Public dans une des salles du Capitole), me fit naître un soupçon d'un autre genre. Il représente en petit la bataille d'Arbelles. Dans l'ensemble & dans les détails, il a une telle ressemblance avec celui de le Brun, qui fait partie des batailles d'Alexandre peintes pour Louis XIV, qu'au premier coup d'œil, l'un paroît une copie de l'autre. Cette ressemblance ayant piqué ma curiosité, je m'informai de l'âge & de la date du tableau Romain. J'appris qu'il avoit été commandé à Pietre de Cortone, par un Roi d'Espagne, qui l'avoit laissé maître du sujet & de l'honoraire; que le Prince étant mort avant l'ouvrage fini, le Peintre auquel il étoit resté, l'avoit terminé, & présenté comme un hommage de sa reconnoissance au Cardinal Sachetti, son protecteur.

On me détailla ainsi les motifs de sa reconnoissance. Pierre Berretini, âgé de dix à onze ans, s'abandonnant à l'impulsion de son goût pour la Peinture, avoit quitté Cortone, sa patrie, & étoit venu à Rome, sans autre ressource que la connoissance d'un de ses compatriotes, marmiton chez le Cardinal Sachetti. Le Crotoniate le reçut dans son galetas, partagea sa paillasse avec lui, & le nourrit, pendant deux années, de restes qu'il escamottoit. Ayant été avancé en grade, il obtint pour son compatriote, son galetas en entier, & la permission de vivre à la cuisine. Sans autre maître que le désir d'apprendre, le jeune Dessinateur passa quelques années enseveli dans l'étude de l'antique & du moderne. Le Palais Sachetti, situé à l'extrémité de Rome, vers le Vatican, étoit très-éloigné des quartiers les plus favorables à l'étude de l'antique. Pour économiser le temps, Berretini muni de pain pour toute provision, alloit s'établir pour plusieurs jours dans ces quartiers, passant les nuits dans l'attelier, c'est-à-dire, au milieu de la rue, ou sous quelque portique. Ses commensaux, accoutumés à ces absences, n'en étoient point alarmés. Cependant ayant été une fois quinze jours sans reparoître, & son ami l'ayant inutilement fait chercher, on le crut mort, ou retourné à Cortone, & l'on disposa de son galetas. Celui à qui il échut, le trouvant rempli de papiers, d'études, de desseins, les rassembla & les remit au Crotoniate, qui s'avisa de les présenter au Cardinal, à qui l'Auteur même ne l'avoit point encore été. Le Cardinal jugeant de ses talens par ses études, ordonna au Cuisinier de renouveller ses recherches, & de lui faire connoître son compatriote, s'il le retrouvoit. On le découvrit enfin vers le quartier Saint Grégoire, dans un Monastère isolé, dont les Moines, frappés de son application au travail, lui avoient offert le couvert, & une place à leur seconde table. On le ramena au Palais. Le Cardinal lui fit l'accueil le plus obligeant, l'habilla, le pensionna, & le plaça chez le Ciarpi, l'un des meilleurs Maîtres que Rome eût alors. Les encouragemens de ce généreux Patron, ses libéralités, le vif intérêt qu'il prit aux succès du jeune Artiste, les décidèrent. Berretini se fit bientôt un nom, dont il rapporta la gloire à son Mécène, qui l'avoit été si long-temps sans le sçavoir, & qui voulut qu'il vécût chez lui & avec lui, comme enfant de la maison, & comme ami. L'estime & les bienfaits d'Urbain VIII, & d'Alexandre VII, qui employèrent le Berretini comme Peintre & comme Architecte, firent autant pour sa réputation, que pour sa fortune, dont il sçut jouir, sans sortir de son état. Il en consacra une partie à l'honneur de son art, en relevant l'Académie de Saint Luc & les lieux de ses exercices; en rebâtissant & dotant l'Eglise de Sainte Martine *, qui appartient à cette Académie, & pour l'aggrandissement de laquelle il donna sa propre maison; enfin en arrangeant le soûterrein qui regne sous cette Eglise: soûterrein qui, par ses soins & par sa magnificence, est devenu une des belles

_____

* On voit au maître-autel de cette Eglise, le fameux Saint Luc de Raphaël, peint sur du bois, dont l'assemblage a été dérangé par l'humidité du lieu, & d'ailleurs trop éloigné de la vûe.

E v.

choses de Rome moderne. On y voit le tombeau qu'il s'étoit lui-même préparé, & qui renferme ses cendres.

Le plus beau morceau de peinture que l'on voit de lui à Rome, & l'un des plus grands que le Génie de la Peinture ait peut-être imaginé & exécuté, est le plafond du sallon du Palais Barberin. M. Doyen, jeune Peintre François, l'a copié en petit de la manière la plus vraie & la plus intéressante. Il forme le plafond de son cabinet à Paris. Un Éléve, qui sçait ainsi rendre un tel morceau, est déjà un grand Maître.

Pour revenir à sa bataille d'Arbelles, on peut fixer sa date par celle de la mort du Roi d'Espagne qui l'avoit commandée. Ce Roi n'est pas Philippe IV, mort en 1665. Pietre de Cortone, né en 1596, avoit alors soixante-neuf ans : il mourut septuagénaire, quatre années après, & le tableau est d'un pinceau dans sa plus grande force. Il s'agit donc de Philippe III. mort en 1621. Pietre de Cortone étoit alors âgé de vingt-six ans, âge auquel les grands talens sont communément décidés : ainsi sa bataille d'Arbelles seroit très-antérieure aux batailles de le Brun, né en 1619.

Le dernier Peintre le plus célèbre de l'Ecole Romaine, est Carle Maratte. Ses ouvrages se sont emparé, dans les édifices publics & particuliers, de tous les vuides que ne remplissoient point les ouvrages des anciens Maîtres : c'est sous ce point de vûe qu'on le peut regarder comme *le dernier des Romains*. Il allioit à des talens supérieurs pour son Art, des talens également marqués pour la Poësie & pour la Musique : leur développement fut l'ouvrage de l'Amour. Épris, dès ses plus tendres années, de la beauté d'une jeune Romaine, dont les biens & la condition lui laissoient peu d'espérance, Carle avoit entrepris de se faire, par son pinceau, un état qui pût autoriser ses prétentions : mais l'Amour anticipa l'exécution de ce projet, en unissant les deux Amans par un mariage clandestin. La famille, à laquelle le jeune Artiste avoit osé s'allier, le poursuivit comme séducteur,

& fit casser le mariage. Cette séparation qui intéressoit autant l'honneur que l'amour, fut pour Carle un double aiguillon qui l'anima à suivre le projet sur lequel il avoit fondé ses premières espérances. Des travaux continus lui en assurèrent la réussite, en le conduisant au premier rang de l'École Romaine, & à la considération attachée alors à ce rang. Avec un nom connu, il se présenta à la famille de son épouse, & lui demanda la réunion de ce qu'elle avoit séparé. Sa demande, appuyée par tout ce que Rome avoit de plus grand, fut agréée. Un second Jugement cassa le premier: les deux Epoux furent rendus l'un à l'autre, & l'Amour les dédommagea de tout ce qu'ils avoient souffert pour lui, en unissant leurs esprits & leurs ames jusqu'au tombeau.

Au milieu de cette longue persécution, Carle chantoit ses douleurs & ses regrets : depuis qu'elle eut cessé, il chantoit son bonheur dans des vers charmans qu'il mettoit en musique. Plusieurs de ces compositions se sont conservées dans la mémoire des Romains. J'en ai oüi réciter quelques-unes : les anciens & les modernes les plus distingués dans ce genre, n'ont rien fait de plus vif, de plus tendre, de plus honnête. La plûpart des grands Artistes ont ainsi réuni les talens agréables. Pour ne parler ici que de leur Chef & de leur modèle, nous avons de Michel-Ange de très-bonnes Poësies, qui remplissent un Recueil *in-8°*. imprimé à Florence en 1726.

Carle Maratte s'étoit d'abord borné à peindre des Vierges. Malgré la variété de l'expression & des airs de tête, elles ont toutes un air de famille*. L'image de son épouse, toujours présente à son esprit, étoit le modele d'après lequel il travailloit**. Je voyois souvent une Annonciation de lui, placée au maître-

---

\* *Facies non omnibus una, nec diversa tamen.*

\*\* Pline, en improuvant, comme peu religieux, ce genre de prototypes assez familier à nos Peintres modernes, dit d'Arellius, Peintre Romain : *Flagitio insigni corrupit Artem, Deas pingens, sub dilectarum imagine.* L. 35. C. 10.

autel d'une chapelle voisine de l'Hôpital du Saint Esprit : la Vierge de ce tableau avoit cet air de gaieté & même de coquetterie qui peut convenir à une Magdelaine avant sa conversion. Il est vrai qu'elle devoit la plus grande partie de cet air à un véritable collier de perles passé à son col, & à une demi-couronne d'argent aussi appliquée au tableau. Le respect des Romains pour les chefs-d'œuvres de l'Art, n'a encore pu les corriger de ce sot usage : leur dévotion défigure & gâte encore tous les jours les tableaux les plus précieux, par l'application de mille niaiseries de cette espèce.

 Pour terminer cet article de la Peinture d'une manière agréable aux Connoisseurs & utile aux Artistes, je vais rapporter l'Extrait & la Traduction Françoise d'une Lettre, que le célèbre Aretin écrivit à Michel-Ange sur le bruit qui couroit à Venise qu'il alloit peindre le Jugement dernier dans la chapelle de Sixte IV, au Vatican. Ce grand morceau étoit terminé, lorsque Michel-Ange reçut cette Lettre, dont il remercia l'Aretin, en avouant que les idées qu'il lui donnoit pour ce grand sujet, étoient supérieures à celles pour lesquelles il s'étoit déterminé. Les Artistes & les Connoisseurs jugeront s'il y avoit plus de vérité que de politesse dans cet aveu de Michel-Ange. Il l'accompagna de quelques desseins de sa main, dont l'Aretin le remercie par une Lettre du 20 Janvier 1538. La première que l'on va lire, est du 15 Septembre de l'année précédente.

## AL DIVINO
## MICHEL-AGNOLO.

*Lettere del Aretino, vol. I. folio 153. verso. In Parigi, 1609. in-8°.*

PERCHÈ, Venerabile Uomo, non contentarvi della gloria acquistata fino à qui? A me pare, che vi dovesse bastare d'aver' vinti gli altri con l'altre operationi; ma io sento, che con il fine dell' Universo, che al presente dipignete, pensate di superare il principio del mondo, che già dipigneste; acciò le vostre pitture vinte dalle pitture istesse, vi dieno il trionfo di voi medesimo.

Hor' chi non ispaventarebbe nel porre il pennello à così terribil' suggetto: io veggo, in mezzo de le turbe, Anticristo con una sembianza sol' pensata da voi. Veggo lo spavento nella fronte de i viventi: veggo i cenni che di spegnersi fà il Sole, la Luna, e le Stelle: veggo quasi esalar' lo spirto al fuoco, a l'aria, a la terra, e a l'acqua: veggo là in disparte la Natura esterrefatta, sterilmente raccolta nella sua età decrepita. Veggo il tempo asciotto, e tremante, che per esser'

## AU DIVIN
## MICHEL-ANGE.

Croyez-vous donc, le plus respectable des hommes, qu'il vous soit possible d'ajouter à votre gloire ? Vous avez mis hors de combat tous ceux qui pourroient entrer en lice. En peignant la fin de l'Univers, vous voulez sans doute surpasser la peinture que vous avez faite de son origine, & opposant l'une à l'autre, joûter contre vous-même & en triompher ?

Qui ne frémiroit, en vous voyant prendre vos pinceaux pour ce terrible sujet ! Je vois, au milieu d'une foule innombrable, l'Antechrist avec ce caractère qu'il n'appartient qu'à vous de lui imprimer. Je vois la terreur sur le front des vivans : le Soleil, la Lune & les Etoiles sont prêts à s'éteindre ; le feu, la terre, l'air & l'eau commencent à se décomposer. Ici, la Nature épuisée & tremblante, plie sous sa décrépitude ; là, le

giunto al suo termine, siede sopra un' tronco secco. E mentre sento dalle trombe de' gli Angeli scuotere i cuori di tutti i petti. Veggo la vita, e la morte opresse da spaventosa confusione; perche quella s'affatica di relevare i morti, e questa si prevede di abattere i vivi. Veggo la speranza, e la disperatione, che guidano le schiere de i buoni, e gli stuoli de i rei. Veggo il teatro delle nuvole colorite da i raggi che escano da i puri fuochi del cielo, sù i quali frà le sue militie si è porto a seder' Cristo cinto di splendori, e di terrori. Veggo rifulgergli la faccia, e scintillando fiamme di lume giocondo, e terribile, empie i ben' nati di allegrezza, e i mal' nati di paura. Intanto veggo i ministri de l'abisso, i quali con horrido aspetto, con gloria de i Martiri, e de i Santi, scherniscono Cesare, e gli Alessandri: che altro è l'aver vinto se stesso, che il mondo. Veggo la Fama con le sue corone, e con le sue palme sotto i piedi, gittatalà frà le ruote de i suoi carri. In ultimo veggo uscir' dalla bocca del figlivol' di Dio la gran' Sententia: io la veggo in forma di due strali, uno di salute, e l'altro di damnatione; e nel vedergli volar' giuso, sento il furor' suo urtare nella ma-

Temps décharné & demi-mort, attend, sur une souche desséchée, l'instant qui va le voir finir. Au son des Trompettes célestes, qui retentit dans tous les cœurs, la Vie & la Mort s'embarrassent, en s'empressant, l'une, à relever les Mourans, l'autre, à abattre les Vivans; tandis que l'Espérance & le Désespoir guident, dans des routes différentes, la troupe des Justes & celle des Méchans. Le Ciel s'ouvre: des nuées rayonnantes du feu le plus pur de l'Empirée, forment un vaste théâtre, où paroît, au milieu de l'Armée du Ciel, Jesus-Christ sur un thrône environné de gloire & de terreur: sa face resplendissante étincelle d'un mélange de lumière douce & terrible, qui porte l'allégresse dans le cœur des Saints & une flamme dévorante dans le sein des Réprouvés. Au pied de ce théâtre, je vois les Démons, sous mille formes hideuses, faire servir à la gloire des Saints & des Martyrs, l'humiliation des Césars, des Alexandres, qui, en donnant des chaînes à l'Univers, n'ont pas sçu se vaincre eux-mêmes.

china elementale; e con tremendi tuoni disfarla, e risolverla. Veggo i lumi del Paradiso, e le fornaci dello abisso, che dividono le tenebre cadute sopra il volto de l'aere; talche il pensiero, che mi rappresenta l'imagine della rovina del noviſſimo die, mi dice: ,, Se ſi trema, e teme ,, nel contemplar' l'opra del Buonarotti, ,, come ſi tremarà, e temerà, quando vedre- ,, mo giudicarſi da chi ci dee giudicare?

Ma crede la Signoria V. che il voto, che io ho fatto di non riveder più Roma, non ſi habbia a rompere nella volontà di veder' cotale hiſtoria? Io voglio più toſto far bugiarda la mia deliberatione, che ingiuriare la voſtra virtù: la qual' prego, che habbia caro il deſiderio ch'io ho di predicarlo. Di Venetia, il xv. di Settembre 1537.

A côté de ces Conquérans humiliés, je vois la Renommée, avec ses couronnes & ses palmes, traînée dans la poussière, sous les roues de son char. Enfin, je vois le Décret éternel sortir de la bouche du Sauveur, sous la forme de deux dards, l'un de salut, l'autre de réprobation. Ils vont frapper la machine de l'Univers; ils la foudroyent & la pulvérisent. Au milieu des ténèbres, qui ont pris la place de l'air, il ne reste de lumière que celle du Paradis & des fournaises de l'Abysme.

Pénétré de ce spectacle, je me dis à moi-même : »Si, sous le pinceau » de Buonarotti, il me remplit de » terreur, de quel effroi ne serai-je » pas pénétré, quand nous compa- » roîtrons à ce grand jour ! « Pouvez-vous croire que puisse tenir, contre le désir ardent de voir ce chef-d'œuvre, le vœu que j'ai fait de ne plus retourner à Rome ? J'en dois le violement à la sublimité de vos talens, & vous me permettrez de publier par-tout l'idée extraordinaire que j'en ai. A Venise, le 15 Septembre 1537.

ROME.

Les peintures de la Chapelle du Pape Sixte IV. me rappellent *la Salle Royale*, qui sert de distribution à cette Chapelle & aux appartemens où conduit le grand escalier du Bernin. Les raisons de la dénomination de cette salle, sont à Rome une énigme que l'on n'explique que par la volonté ou la fantaisie du Pape qui l'a fait bâtir. Mais les peintures qui la décorent en entier, parlent assez pour éclairer, sur ces raisons, tout œil attentif. Ces peintures représentent les divers triomphes de l'Eglise Romaine sur ses ennemis, dont des Têtes couronnées font la plus grande partie.

La fameuse journée de la Saint Barthelemi y remplit deux Tableaux. On voit dans l'un le corps de l'Amiral de Coligny que l'on jette par la fenêtre, & dans l'autre Charles IX. sur son thrône, autorisant & ratifiant *la bonne œuvre*. Les Romains sont tellement imbus de tous les principes qui peuvent procurer ou assurer la plus grande gloire de Dieu & du Pape, que le Cardinal Bentivoglio, l'un des hommes les plus doux & les plus humains, l'un des Écrivains les plus sages & les plus modérés, loue dans ses *Mémoires, chap.* 6. le Cardinal Salviati sur le parti qu'il eut à la résolution de la journée de la Saint Barthelemi, en disant : *Che bastò ben à frenare in alcuna parte, ma non già per abbattere, QUANTÒ BISOGNAVA, l'audacia e la rabbia degli Hugonotti.* Le sçavant Naudé qui, dans un long séjour à Rome, avoit pris les principes Romains, a placé cette boucherie parmi les COUPS D'ÉTAT, c'est-à-dire, parmi ces *actions hardies & extraordinaires que les Princes sont contraints d'exécuter aux affaires difficiles & comme désespérées contre le Droit commun, sans garder ordre ni forme de justice, hasardant l'intérêt particulier pour le bien public.* Tout François qui, sans être sorti de France, entreprendroit, hors du feu de l'action, l'apologie de pareilles exécutions, est fait pour en être un des premiers Ministres.

La Sculpture n'est presque plus occupée, à Rome, qu'à fournir aux

Étrangers quelques copies d'antiques très-légèrement traitées, & qui se payent de même. Le dernier Pontificat a été aussi ingrat pour elle que pour la Peinture. Les véritables Mécènes des beaux Arts, sont les Grands & les gens riches qui bâtissent & qui décorent. La production des chefs-d'œuvres est indépendante de leurs connoissances & de leur goût : ils naissent de l'émulation que la multiplicité des entreprises produit entre les Artistes : émulation qui fit son effet dans la Grèce, & sur-tout à Athènes, où le plus petit Bourgeois occupoit les Peintres, les Sculpteurs & les Graveurs. En un mot, pour me servir d'une comparaison que s'appliquoit Socrate, les Bâtisseurs sont les Accoucheurs des pensées des Artistes.

Les plus grands Accoucheurs que Rome moderne ait eus en ce genre, furent, dans le courant du seiziéme siécle, Jules II, Léon X, Sixte V; & dans le dernier, Urbain VIII & Alexandre VII. Tous les grands Artistes de l'Italie, tous les chefs-d'œuvres connus en différens genres,

ses, se rapportent à quelqu'un de ces Pontificats.

Le Bernin & l'Algarde.* illustrèrent les deux derniers. L'Algarde étoit aux ordres du Bernin ; mais, à juger de leurs talens par leurs ouvrages, la supériorité étoit, à bien des égards, du côté de l'Algarde. Son Attila est peut-être le plus grand morceau que la Sculpture ait jamais exécuté ; c'est une des merveilles les plus frappantes de l'Eglise de Saint Pierre. Les essais même de cet Artiste n'ont rien de cette foiblesse & de cette indécision que l'on trouve dans ceux que le Bernin a laissés à Naples : cette Vierge colossale, par exemple, que l'on voit à la Chartreuse. Dans sa plus grande force, le dernier n'a rien fait de plus beau ni de plus vigoureux, que les deux figures, de grandeur naturelle, que l'on voit au retable de l'autel de Notre-Dame des Victoires **, aux

---

* En cherchant le nom de ce Maître dans le *Dictionnaire des beaux Arts*, je n'ai trouvé que celui d'*Aldegraef*.
** Cette Notre-Dame est une figure de

ROME.

Thermes de Dioclétien. Il a saisi l'instant où un Chérubin décoche dans le cœur de Sainte Thérese, un trait enflammé. Aux pieds de l'Ange debout, demi-nud, souriant, & beau d'une beauté céleste, on voit la Carmelite en extase, couchée à terre sur le dos, la poitrine haletante & prodigieusement élevée, les yeux renversés, tous les nerfs & les fibres du corps dans une contraction exprimée par le désordre des traits de son visage, de toute sa personne & de toutes les parties de ses vêtemens : l'impression de l'extase est marquée jusques dans l'orteil du pied gauche jetté hors du retable. Si le Bernin a pris dans la nature le modèle de cette situation, c'est le comble de l'art d'en avoir saisi & fixé la rapidi-

---

Vierge qu'un Carme Déchaussé rapporta d'Allemagne à la fin du seiziéme siécle, ou au commencement du siécle suivant. Les Romains font honneur à cette Image & aux prières qu'ils lui adressent, de tous les avantages remportés par les Chrétiens sur les Turcs, depuis la victoire de Lépante inclusivement. Voyez les *Mémoires de l'Abbé de Marolles*, p. 51.

té. Si la force de son imagination l'a cherchée & rencontrée hors de la nature, il n'est pas moins merveilleux qu'il ait aussi parfaitement rendu les mouvemens de ces convulsions, dont le spectacle étoit réservé au dix-huitiéme siécle, ou qu'il ait aussi-bien rempli l'esquisse tracée par Virgile dans le portrait de la Sybille * : mais rien n'est plus étonnant que le lieu qu'occupe un pareil morceau, c'est-à-dire, un retable d'autel.

A la place Navone, un soûterrein qui est, dit-on, le lieu même (*fornix*) où Sainte Agnès fut exposée à la brutalité de Soldats-aux-Gardes ou Prétoriens, est aujourd'hui une petite Chapelle, dont l'autel a pour tout ornement l'image de la Sainte en demi-relief de grandeur presque naturelle, absolument nue, avec de grands cheveux qui semblent couvrir au hasard quelques parties du plus beau corps. L'Algarde

_____

* *Non vultus, non color unus,*
*Nec comptæ mansére comæ; sed pectus anhelum,*
*Et rabie fera corda tument.*

a sçu répandre sur cette situation délicate, l'air de décence, de modestie & de sainteté qui convient à cette figure & à la place qu'elle occupe.

Le dernier Sculpteur qui ait le plus travaillé à Rome, & qui s'y soit fait une réputation qui croît avec le temps, est Pierre le Gros, François de Nation, mort à Rome en 1719, âgé de cinquante ans. Son sort fut le même que celui du fameux Poussin : les mêmes raisons, c'est-à-dire, les mêmes jalousies, les mêmes manœuvres, en les expatriant l'un & l'autre, les déterminèrent à se fixer à Rome, qui sçut bien profiter de l'ingratitude de leur patrie.

*Académie de Saint Luc.* L'espèce d'inaction dans laquelle les beaux Arts sont tombés à Rome, n'a rien changé à l'état de l'Académie de Saint Luc, qui réunit les trois Filles du Dessein : la Peinture, la Sculpture & l'Architecture. Cette Académie fondée dans le seiziéme siécle par le Mutiano, l'un des bons Maîtres de l'Ecole Romaine, relevée dans le dernier siécle par Pietre de Cortone, a reçu dans celui-ci de nouveaux encouragemens, par les prix que Clément XI. a fondés pour les Eléves des trois Arts.

A côté de l'Eglise de Sainte Martine, qui appartient à cette Académie, font plusieurs appartemens contigus où elle tient ses Ecoles. La principale piéce, est un vaste sallon dont les murs sont couverts d'ouvrages d'Académiciens anciens & nouveaux. On y voit, dans une armoire, la tête de Raphaël, telle qu'elle a été tirée de son tombeau, plusieurs années après sa mort. On lit sur cette Relique très-précieuse à l'Académie, le fameux Distique du Cardinal Bembe :

*Hîc ille est Raphaël, timuit quo sospite vinci*
*Rerum magna Parens, & moriente mori.*

J'ignore si M. Rollin ou le P. Bouhours ont mis au creuset ce Distique sonore : je doute qu'il sortît avec avantage de cette épreuve.

Le 18 Septembre, je partageai avec tout Rome le spectacle que donna l'Académie pour la dix-neuviéme distribution des prix fondés par Clément XI : spectacle qu'accompagnèrent la magnificence & la grandeur qui sont encore dans le génie Romain. Le grand sallon du Capitole étoit le lieu de la fête. Ce sallon tapissé, dans toute son étendue, en damas & velours rouges, bordés de larges galons & de crépines d'or, & éclairé par quantité de lustres & de bras distribués avec goût, avoit, à l'une de ses extrémités, une estrade ou petit théâtre en demi-cercle, dont le centre étoit occupé par une chaire au-dessus de laquelle étoit placé le portrait du Pape régnant, sous un baldaquin de la plus grande richesse, que dominoit une tribune à demi masquée ; le tout lié à la décoration générale du sallon. Vis-à-vis le théâtre, étoient placés en demi-cercle, les fauteuils pour les Cardinaux ; & de droite & de gauche deux tribunes, l'une pour le Roi d'Angleterre ou Prétendant qui étoit à Rome, l'autre pour les Ambassadeurs & Ministres Étrangers.

 Vingt Cardinaux qui honoroient la cérémonie de leur présence, ayant pris leurs places, l'Arcadie ou Société des Arcades se répandit sur le premier gradin du théâtre. L'Académie de Saint Luc, qui faisoit les honneurs de la fête, occupa le second. Monsignor Carrara monta en chaire, & de la tribune du dais, partit une symphonie composée pour la fête & exécutée par les meilleurs instrumens de Rome. A la symphonie succéda un Discours prononcé en Italien. Dans ce Discours qui dura une demi-heure, Monsignor Carrara exposa les services que la Religion a rendus aux beaux Arts, & ceux que les beaux Arts rendent à la Religion. Une nouvelle symphonie annonça la distribution des prix, qui sont des médailles d'argent de différens modules : neuf pour trois classes dans la Peinture, & pareil nombre pour la Sculpture & l'Architecture. Les Romains applaudissoient, avec le plus grand fracas, à l'appel des Romains & des Italiens ; mais un jeune François ( M. *Berton*, de Besançon ), ayant été appellé pour le premier prix de la première classe de Sculpture, un morne silence, & ensuite un murmure sourd prirent la place des applaudissemens. Ce silence réveilla tous les Etrangers présens à la cérémonie : les applaudissemens très-marqués consolèrent un Espagnol qui remporta le prix suivant, ainsi que MM. *Allegrain & Mouchy*, de Paris, *de Mesmay*, de Dôle en Franche-Comté, & un Ecossois, qui furent couronnés dans différentes classes. La distribution des prix rouloit entre les Cardinaux, des mains desquels les Vainqueurs venoient les recevoir. Ils eurent à se louer de la bonté, de la gaieté, de l'amitié dont ces Eminences accompagnoient à l'envi cette fonction. Après une nouvelle symphonie, & au milieu de nouvelles acclamations, les Arcades lûrent, à leur tour, des Sonnets & quelques autres Piéces de leur composition à l'honneur des beaux Arts & des Vainqueurs. Car, dans toute l'Italie, une *fonction*, une fête de Paroisse ou de Confrairie, une vêture, une profession religieuse, une thèse ou autre exercice de Collége, est matière à Sonnets. Une de ces cérémonies qui se passeroit sans Sonnet, contre l'ufage, feroit une Perdrix fans orange.

L'emphafe, qui accompagne la lecture de ces productions, fur-tout dans la bouche de leurs Auteurs, n'abandonna point celles qui fuivirent la diftribution des prix. Nous ouïmes une vingtaine de Sonnets, qui furent coupés par une prédiction très-poëtique que M. l'Abbé Golt mit dans la bouche de Saturne fur les deftinées du Capitole, & par un ingénieux Dialogue de l'Abbé Pezzi entre lui & le Marc-Aurele du Capitole, fur les grandeurs de Rome moderne. Le Dialogue fut terminé par ces vers qui en formoient la récapitulation :

*Se il Tarpeo di virtude e fi fecondo,*
*Se i figli tuoi vantan fi bel ardire,*
*Sempre, o Roma, farai fcuola del mondo.*

Parmi les Sonnets, j'en remarquai deux, dont la penfée me parut auffi neuve que bien rendue. Dans le premier, un Anonyme répondoit à ces vers de Virgile, *Excudent alii fpirantia molliùs æra,* &c. & à la prédiction peu avantageufe à l'objet de la fête que présentent ces vers. Dans le second, le Docteur Mélani introduisoit la Poësie, se plaignant à la Peinture & à la Sculpture de l'inégalité de traitement que la Fortune leur fait aujourd'hui. Ce Sonnet peut passer les Alpes :

Anch' io seggo sublime in Campidoglio,
Pingo e scolpisco anch' io. Se la possente
Cetra mi reco in màn, fiacco l'orgoglio
Del Tempo, e rendo al Dì le forme spente.

Quel che voi fate, anch' io far posso e soglio ;
Ma cresce il mio valor. Del gran CLEMENTE
Voi non potete, io ben potrò, se voglio,
Co' i carmi effigiar l'augusta mente.

Noi siam sorelle al par ben nate e oneste ;
Mà chi sù i marmi o sulle tele suda,
Oltre l'onor, cibo ne tragge e veste.

Per me viene ogni età sempre più cruda,
Che io piena d'aura e d'armonia celeste
Mi veggo in mezzo à voi povera e nuda.

De toutes les Villes de l'Europe, Rome est la seule où les Etudes aient constamment trouvé des objets de travail, des secours, des ressources, des encouragemens & des récompenses. Aussi est-elle la seule qui puisse compter une suite non interrompue d'hommes célèbres dans les Lettres. Cette succession n'est pas également brillante dans toutes ses périodes ; mais, dans les plus ténébreuses, Rome conservoit le dépôt des connoissances ; & c'est d'elle que sont toujours parties les premières étincelles qui ont annoncé & préparé les renouvellemens les plus éclatans.

Depuis le dernier auquel le Pape Nicolas V. & ses successeurs eurent tant de part, les secours & les ressources se sont mutipliés à Rome. Colléges, Ecoles, Séminaires, Bibliothéques publiques & particulières, tout semble disposé pour inspirer à la jeunesse le goût des Sciences & des Lettres, & pour en faciliter la culture à ceux qui veulent s'y consacrer.

Sans parler de la Bibliothéque du Vatican, qui, par les sources de Doctrine qu'elle renferme, & par la manière dont le Public y est servi, peut être regardée comme la première Bibliothéque de l'Univers : celles de la Sapience, de la Propagande, des Augustins, de Cazanate à la Minerve, &c. répandues dans les différens quartiers de Rome, sont tous les jours ouvertes, matin & soir.

Dans la fondation de cette dernière, le Cardinal Cazanate a déployé toute la magnificence d'un Souverain, par les fonds destinés à l'entretenir & à l'augmenter, par les revenus assignés aux Bibliothécaires & à leurs Aides, par la fondation de deux chaires dans lesquelles huit Docteurs de différentes Nations, c'est-à-dire, l'élite de tout l'Ordre des Dominicains, tiennent école perpétuelle sur la Doctrine de Saint Thomas.

En entrant dans le vaisseau aussi magnifique que spacieux qui renferme cette Bibliothéque, on apperçoit, du premier coup d'œil, la statue du Fondateur invitant les Amateurs des Lettres à profiter des secours qu'il leur a rassemblés. Cette statue de grandeur naturelle, exécutée en marbre blanc par le Gros, est un des beaux morceaux de cet Artiste ; lequel, aux traits d'une exacte ressemblance, a sçu joindre, dans un égal degré, uu air de grandeur & de bonté, de dignité & d'affabilité.

Les Bibliothéques particulières sont moins utiles aux Sçavans, par la quantité & le choix des Livres qu'elles rassemblent, que par la facilité de leur accès & la politesse des Bibliothécaires : telles sont, entr'autres, les Bibliothéques des Palais Pamphile, Barberin, Borghèse, Chigi, Altiéri, Albani, &c.

J'aurois dû même compter parmi les Bibliothéques publiques, celle du Palais Corsini, quoiqu'elle ne le soit que *per la Cortesia* des Seigneurs de ce nom. Elle est tous les jours & à toute heure ouverte au Public, sous la direction de Messieurs Bottari & Foggini, qui partagent leurs soins entr'elle & la Vaticane. Dans une respectable vieillesse, le premier est à Rome ce qu'étoit Nestor au camp des Grecs. Grand Théologien, modele de piété, de vertu, de modestie, rempli de connoissances utiles & agréables, puisées dans les sources, éclairées par le goût le plus délicat, assaisonnées de toute l'aménité Florentine, sa conversation, ses avis, ses conseils sont également précieux aux Erudits, aux Gens de Lettres, aux Artistes, aux Citoyens & aux Etrangers. M. l'Abbé Foggini, connu des Sçavans & des Théologiens, par la belle édition du Virgile de Médicis, & par la collection des Ouvrages qui réglent la croyance de l'Eglise de Rome sur les matières de la Grace, est également en état, également empressé d'obliger ceux qui ont besoin de ses lumières.

Les Maisons de Chefs-d'Ordre sont la plûpart fort riches en Livres & d'un très facile accès. Je ne citerai que celle des Peres de l'Oratoire de la Chiesa-nuova, de laquelle sont sortis les Ouvrages des Cardinaux Baronius & Bona, du P. Raynaldi, &c. & qui conserve tous leurs matériaux & tous leurs manuscrits. Le Bibliothécaire se préparoit à donner au Public les Lettres & différens Traités du Cardinal Baronius. Parmi ces Traités, j'en parcourus un aussi fort que lumineux, adressé par ce Cardinal à Clément VIII, auquel il démontroit la nécessité de l'absolution que Henri IV, Roi de France, poursuivoit inutilement depuis long-temps. On m'assura que ce Traité avoit beaucoup contribué à déterminer le Pape à finir cette grande affaire. J'ai oublié la raison sur laquelle l'Ambassadeur de France hésitoit à accepter la dédicace que l'Editeur vouloit lui en faire.

Il y a trente ans que Rome avoit trois Cardinaux très-opulens en Livres ; Davia, Gualterio, Impériali. Le premier lisoit toujours & n'écrivoit point ; le second écrivoit toujours & ne lisoit jamais ; le troisiéme ne lisoit ni n'écrivoit. Sa Bibliothéque appartient aujourd'hui au Cardinal Spinelli, qui en fait, pour les Sçavans & pour lui-même, l'usage qui convient à un esprit aussi solide que cultivé, & à un Seigneur aussi ami des Lettres, qu'obligeant par caractère. M. Siméoli, son Théologien, & l'un des premiers Théologiens de la Communion Romaine, à la Surintendance de ce précieux dépôt.

Celle du Cardinal Paſſionei, connue de toute l'Europe qui y a puiſé, réuniſſoit le meilleur, le plus rare & le plus ſingulier dans tous les genres & dans toutes les Langues anciennes & modernes. Il ne manquoit dans cette Bibliothéque que les Ecrivains Jéſuites. Le Cardinal Paſſionei ſe vantoit hautement de n'en avoir aucun. Il avoit employé, pour la former, tous les inſtans de ſa vie que les affaires lui avoient permis de donner à ſon plaiſir, ſes voyages & de longs ſéjours dans toutes les parties de l'Europe, le crédit de ſon rang, & les correſpondances que lui donnoient les places de Bibliothécaire du Vatican & de Secrétaire des Brefs. Il étoit lui-même le Bibliothécaire de ſa Bibliothéque. Il en connoiſſoit tous les Livres auſſi parfaitement que ſi elle n'eût été compoſée que d'une centaine de volumes ; & il en faiſoit les honneurs d'une manière d'autant plus ſatisfaiſante pour les Sçavans, que perſonne n'étoit plus en état que lui de ſeconder & d'étendre leurs vûes sur les objets de leurs recherches.

Une des plus grandes joies de Benoît XIV. étoit, en attaquant le Cardinal Paſſionei dans ſon fort, c'eſt-à-dire, dans ſes Livres, de le faire monter *in furia*. La vûe qu'avoit ſon palais & ſon appartement ſur celui du Cardinal, le mettoit à portée de jouir pleinement du plaiſir que lui donnoient ſes colères.

Son Eminence avoit quelques originaux anecdotes de Lettres écrites de la main même du fameux Frà-Paolo Sarpi. En les citant quelquefois, en rapportant des lambeaux de ces Lettres, il ſe plaiſoit à exciter une curioſité qu'il refuſoit obſtinément de ſatisfaire : il avoit réſiſté aux ſollicitations même & aux inſtances que le Pape lui avoit ſouvent faites au nom du ſçavant Procurateur Foſcarini *. Pour tirer double parti de cette réſiſtance, c'eſt-à-dire, pour obliger M. Foſcarini, en lutinant le Cardinal, le Pape trouva le moyen de tirer de ſa Bibliothéque

---

* Depuis Dôge de Veniſe.

le volume dont il étoit si jaloux, & d'y faire substituer un autre volume dont tout l'extérieur lui ressembloit parfaitement. Cela exécuté, ayant un jour chez lui le Cardinal, il le mit sur Frà-Paolo & sur ses Lettres ; le Cardinal en rapporta à son ordinaire quelques traits. Le Pape parut douter de leur vérité ; l'Eminence insistant, le Pape nia. Enfin le Cardinal poussé au point où on l'attendoit, part comme un trait, passe chez lui, & revient avec le volume de Lettres à la main. Mais quelle fut sa surprise, lorsqu'à l'ouverture, il n'y trouva que du papier blanc ! Sa colère se répandit en un torrent de reproches & de menaces, que le Pape put à peine arrêter par des excuses & par la remise du véritable volume.

Il recevoit tous les jours des Livres de toutes les parties de l'Europe, & chaque envoi étoit placé par *Giacomino*, son Valet-de-chambre-Bibliothécaire, sur une table destinée à cet usage dans la première piéce de sa Bibliothéque. Son premier travail, à son lever, étoit de reconnoître ces Livres, & de les diſtribuer lui-même dans les places qu'ils devoient occuper. Dans le plus chaud de l'affaire de Buſembaum, le Pape trouva moyen de faire gliſſer un exemplaire de l'Ouvrage du Jéſuite, parmi les Livres que le Cardinal devoit reconnoître un matin. A la vûe de ce Livre, le Cardinal

*Improviſum aſpris veluti qui ſentibus anguem*
*Preſſit humi nitens...................*
*Obſtupuit, retròque pedem cum voce repreſſit.*

Revenu à lui-même, il ſonne, il appelle: *Giacomino* accourt ; il lui fait ouvrir la fenêtre, & lance de toute ſa forċe le malheureux Buſembaum dans la place de *Monte-Cavallo*. Au milieu de cette expédition, le Pape ſe montre, & le régale d'une grande bénédiction. On m'a aſſuré que, pour réponſe à cette benédiction, il échappa au Cardinal un geſte qui mit le comble au plaiſir que le Pape s'étoit promis de cette ſcène.

Tout Rome avoit vu avec admiration l'accueil éclatant que cette Eminence avoit fait à Madame du Boccage, ſes attentions conſtantes pour cette Dame, son empressement à l'annoncer dans les meilleures compagnies, & à la produire dans les cercles les plus brillans. Les Dames Romaines ne voyoient pas sans jalousie une Françoise triompher d'un homme qui ne leur avoit jamais marqué la moindre attention, & qui leur expliquoit à elles-mêmes, d'une manière assez peu obligeante, les raisons de cette préférence. Le Pape ne manqua pas de tirer parti de cette métamorphose. Lorsque le Cardinal sortoit en carrosse avec Madame du Boccage, il avoit soin de se trouver à sa fenêtre, & de les favoriser d'une double bénédiction, en disant: *Et homo factus est.* Il s'étoit même déclaré rival du Cardinal, se prétendant aussi bon juge que lui du mérite de Madame du Boccage. L'intérêt, l'aménité, la gaieté que les deux vieillards octogénaires mettoient à l'envi dans ce commerce, le rendoient aussi flatteur qu'amusant pour l'illustre Françoise, qui, dans l'accueil qu'elle trouva par-tout, & dans les présens que lui fit le Pape à son départ, fut traitée à l'égal des Princesses. Dans nos promenades à la place de Saint Pierre, le Cardinal m'a dit plus d'une fois : » Voici où j'ai souvent » promené Madame du Boccage : » j'étois son Chevalier. Toute cette » canaille disoit que je l'aimois, & » elle disoit vrai. Je chérissois en » elle, ajoutoit-il, non la beauté & » les graces de son sexe, mais tous » les agrémens de sa Nation, sou- » tenus par les connoissances, & em- » bellis par les talens. «

Avec des connoissances plus étendues que les miennes, un plus long séjour à Rome eût pu m'éclairer sur l'état actuel des Sciences & des Lettres en cette Ville. Je m'y informai des circonstances de la vie de l'Auteur du *Ricciardetto*, le dernier Poëme épique que l'Italie ait donné, & dans lequel on retrouve la naïveté, l'enjouement & tout le brillant qui ont fait la fortune du Morgante, du *Furioso*, & des chefs-d'œuvres en ce genre, que les Italiens ont créé. Je trouvai assez innocemment l'occasion de me convaincre que le Poëte avoit pris dans la nature & parmi les gens avec lesquels il vivoit, les originaux de la plûpart des Personnages de son Poëme. Le plus intéressant de tous, est, ainsi que les Italiens se le permettent, non le Héros dont le Poëme porte le nom, mais un certain Géant *Ferraù* ou *Ferragus*, dont le caractère est un composé aussi bizarre que naturel de toutes les qualités bonnes & mauvaises que réunit une ame forte qui n'a jamais plié sous le joug de l'éducation. Plein de ce caractère qui, dans la lecture du *Ricciardetto*, nous repassoit tous les soirs sous les yeux, je m'avisai un jour de demander à un des premiers Personnages de Rome, s'il ne connoissoit point l'original du *Ferraù*. *Fi, Monsieur*, me répondit-il avec indignation, *fi, ce sont des sottises*; & j'appris, dans la journée même, que ce Personnage étoit lui-même l'original que je cherchois.

Ce Poëme est de Monsignor Fortinguerra, qui, en grécisant son nom, l'a déguisé sous celui de *Carteromaco*. Il étoit arrivé par degrés à la haute Prélature. Son Poëme, auquel il travailla long-temps, en lui abrégeant la carrière, l'eût conduit à la Pourpre, dans le siécle où les Bembes, les la Casa, les Bibiéna & autres y parvinrent par les fleurs légères d'une agréable érudition; mais autre temps, autres mœurs. Clément XI. aimoit fort M. Fortinguerra: il chérissoit son talent, dont il s'amusoit dans des instans de gaieté: il avoit favorisé & aidé son avancement. Clément XII. le trouva sur son *Ricciardetto*, l'anima à le suivre, & lui fit espérer la Pourpre. Il la manqua dans une promotion pour laquelle on la lui avoit formellement promise. Le Pape s'en excusa, & remit ses espérances à la promotion suivante. L'oubli que l'on y fit encore de lui, le laissant sans espoir, il s'abandonna au chagrin; & une maladie de langueur le conduisit à la mort. Comme il en étoit très-proche, le Pape envoya un de ses Camériers le visiter de sa part, l'encourager, & lui promettre encore cette bénîte Pourpre. A cette promesse, le malade se retournant, le vant le drap qui le couvroit, & faisant un éclat pareil à celui du *Truncus ficulnus* d'Horace, dit à l'Ambassadeur, *Eccovi la risposta: Bon viaggio, e per lei e per mi.* Depuis que M. Fortinguerra avoit commencé son Richardet, il le portoit par-tout, & tout lieu lui étoit égal pour y travailler. Dans les visites qui emportent à la Prélature un temps considérable, & dans les fonctions de toute espèce qui consument le reste du temps, il arrangeoit une bataille, une rencontre de nuit, un Midi, une Aurore, & tous ces morceaux vagues qui font la *borra* des Poëmes Italiens. S'il eût pu imaginer que le Cardinal Lambertini dût succéder à Clément XII, cette espérance l'eût soutenu. Il avoit, pour sa fortune, tout à espérer d'une amitié que la conformité de goût, d'humeur & de caractère avoit liée, & qu'avoit cimentée l'habitude de se chercher & de se voir.

L'Italie eut toujours, & Rome a encore des *Improvisatori*; c'est-à-dire, de ces Poëtes qui, comme le Chérile d'Alexandre, composent &
récitent

récitent sur le champ deux ou trois cens vers sur le premier sujet qu'on leur donne : talent qui fait moins l'éloge de ceux qui s'en parent, que d'une Langue assez abondante, assez facile, assez nombreuse, pour se prêter & pour fournir à un pareil jeu, que Cicéron a nommé: *audax negotium & impudens* \*. Il y a lieu d'espérer que le bon goût & l'esprit de suite, qui ont étendu leur empire sur la Littérature & l'érudition, banniront enfin le ton frivole de ces *Improvisatori*, qui régne dans la plûpart des dissertations sçavantes que se permet l'Italie ; & que ces dissertations concentrées dans ce qu'elles promettent de traiter, n'admettront plus avec la même facilité, les lieux communs, l'appareil scientifique & des choses mille fois répétées & qui se trouvent par-tout.

La Latinité conserve à Rome son

---

\* Martial se plaint d'un certain Stella qui vouloit mettre à cette épreuve ses talens pour la Poësie :

*Lege nimis durâ convivas dicere versus*
  *Cogis, Stella : licet dicere, nempe malos.*

ancien éclat. Les Coriphées en ce genre font M. Buonamici, qui a composé en latin l'Histoire très-connue des deux dernières guerres d'Italie; Monsignor Giacomelli, dont l'Europe a vu deux ou trois morceaux dignes du siécle des Bembes & des Sadolet; le P. Serraï, de l'Oratoire de Saint Jérôme, & plusieurs autres. J'eus, à mon départ de Rome, le premier exemplaire de la Vie de l'illustre Gravina, que le dernier alloit donner au Public. La Latinité de cette Vie, qui remplit cent pages *in-4°*. est digne du Héros Littéraire qu'elle célèbre.

L'Histoire naturelle est depuis très-long-temps cultivée en Italie, où le sçavant Aldrovande en a ouvert une Ecole qui a inspiré à l'Europe le premier goût pour les recherches de ce genre.

Rome fut le centre d'une partie des connoissances que l'Italie communiqua au reste de l'Europe. On s'y plaint aujourd'hui de ce que quelques Communautés particulièrement consacrées à l'instruction de la jeunesse, paroissent moins occupées à la former aux Sciences & aux Lettres, qu'à s'établir dans son esprit, à gagner sa confiance, à lui inspirer pour ses Maîtres une dépendance & un dévouement aveugles ; enfin à pallier aux yeux des parens, les vices de cette frivole éducation, & à leur faire illusion sur les progrès de leurs enfans, par des Piéces de Théâtre qui, n'exerçant que la mémoire, n'éclairent point l'esprit, & ne laissent rien dans le cœur.

Je me trouvai par hasard aux Actes par lesquels les Professeurs du Collége Romain r'ouvrirent leurs classes en 1758. Le Rhétoricien prononça un Discours latin en prose, & ensuite une déclamation en grands vers, contre les Faiseurs de Sonnets & les Poëtes, qui, s'engageant dans cette carrière sans étude, se croyent des Horaces & des Virgiles. Le Logicien, après un long narré en mauvaise prose sur le travail qu'exige la Philosophie de Collége, sur les indispositions, & particulièrement sur les maux de tête qu'elle occasionne, débita un long Poëme en vers hexamètres & pentamètres sur le remède à ces maux, c'est-à-dire, sur le Caffé & sur la meilleure manière de le préparer. Plus de cinquante des petits vers étoient terminés par le mot *cibus* dans tous les cas du plurier & du singulier qui donnent un ïambe. Le froid de cette mauvaise composition, la monotonie nazillarde du Poëte épuiserent mon courage, & me chasserent.

Le Cardinal Cavalchini, que le dévouement aux Directeurs de ce Collége a éloigné de la tiare, y avoit deux Neveux dans les hautes classes. S'étant un jour avisé de les examiner sur les Lettres & sur la Religion *, pour voir par lui-même s'ils faisoient quelque progrès dans les Sciences, il les trouva l'un & l'autre dans une ignorance qui l'a déterminé, au grand étonnement de Rome, à les faire passer à Turin, pour apprendre quelque chose dans l'Université de cette Ville. On lui a inutilement donné une satisfaction éclatante, en congédiant de la Socié-

_____

* Ce fait est postérieur à l'Exaltation de Clément XIII.

té le P. Caraffa, Préfet de ses Neveux.

L'enceinte de Rome a treize milles de circuit, c'est à-dire, trois lieues communes de France. Cette Ville a trois cens soixante & sept Eglises, Couvens, Chapelles, &c. dont soixante & quinze Paroisses, onze Chapitres, cent Couvens d'Hommes, dont quelques-uns ont jusqu'à trois cens Religieux, quarante-six Couvens de Religieuses, onze Conservatoires, vingt-huit Hôpitaux, vingt-quatre Colléges, & le reste en Chapelles de Confrairies ou de dévotion particulière. Aux personnes qui remplissent ces lieux, ou qui sont employées à leur desserte, ajoutez d'abord les Ecclésiastiques attachés à la Cour, par des charges, par des emplois & par l'espérance d'en posséder ; ajoutez ensuite les Castrati, le nombreux Domestique de la Cour, des Cardinaux, des Prélats, & vous aurez une idée de la population ou des habitans de Rome, dont le nombre est de cent vingt à cent cinquante mille ames.

Cette population se perpétue infiniment moins par les enfans qui naissent, que par les Italiens & par les gens de toute Nation qui abordent à Rome de toutes parts, & dont une grande partie profite, pour s'y établir, des ressources qu'y trouve la fainéantise. Ces ressources sont peu tentantes pour ceux qui ont chez eux un état, quel qu'il soit, *quibus est domus & pater & res.* Aussi semble-t-il à cet égard, que l'asyle anciennement établi par Romulus, soit toujours ouvert.

Rome a quelques manufactures bornées à sa consommation. Les soies, que ces manufactures emploient, sont communément mal préparées; & les étoffes qui en sortent, quoique de mauvais goût & de mauvais usé, sont aussi chères que les meilleures & les plus belles de manufacture étrangère. Le long crédit auquel vendent les Marchands Romains, les *bonnes-manches* & les *galanteries* qu'exigent d'eux les *familles* des Maisons qu'ils fournissent, sont les principales causes de cette chérté.

Les fleurs artificielles, les pomades, les gants, &c. sont les seuls objets que Rome fournisse à l'Etranger : objets assez importans d'un commerce très-lucratif.

La Banque & le Change y entretiennent plusieurs Maisons considérables, à qui la nature des affaires que Rome fait en argent, permet de tenir toujours le change très-haut.

La Hollande & la Suisse la fournissent de toiles ; l'Angleterre, de draps. Elle ne tire de la France, que les étamines du Mans : c'est le seul objet de commerce que dans ce pays les Anglois n'ayent pu encore enlever aux François.

# VOYAGE DE NAPLES,
## Par le MONT-CASSIN.

Nous partîmes de Rome pour Naples, dans les premiers jours du mois d'Octobre. Deux routes parallèles y conduisent : la première & la plus fréquentée, est par Véletri & Terracine ; l'autre, par Anagni & le Mont-Cassin que nous voulions voir. L'une & l'autre est également ruineuse pour les voitures ; & ceux qui s'avisent d'y courir la poste, ont lieu de se rappeller à chaque pas l'avis que donnoit Horace de ne voyager qu'à petites journées sur la voie Appienne *. Profitant de cet avis, nous nous livrâmes au *Procaccio*, c'est-à-dire, à un Messager qui, moyennant un prix fixe, vous mene dans des cambiatures à deux personnes, vous nourrit, vous défraye, & vous rend à Naples aussi affamés que fatigués : *lassatos, sed non satiatos*.

---

* *Minùs est gravis Appia tardis.*

Nous prîmes la route du Mont-Cassin, & fîmes partie d'un convoi de cinq ou six cambiatures. Cette route parcourt le pays des anciens Herniques, qui forme une lisière entre la Campagne actuelle de Rome & le Royaume de Naples.

## ANAGNI.

Anagni fut une des Villes les plus considérables de ce pays hérissé de montagnes. Virgile l'appelloit une Ville opulente *. On sçait combien elle est déchue de ce titre (si elle l'a jamais mérité), depuis que ses habitans eurent livré aux François & à Sciara Colonne, Boniface VIII. leur Compatriote. La malédiction que ce Pape lança alors sur sa patrie, s'exécute encore, quoique les gens d'Anagni s'en soient fait relever en forme, sous le pontificat de Clément VII. On est généralement persuadé en Italie, que cette Ville maudite & son malheureux territoire ne retireront jamais, par une récolte pareille à celle des cantons voisins, le fruit de leurs dépenses & de leurs travaux.

---

\* *Hernica saxa colunt quos dives Anagnia pascit.*

Æneïd. Lib 7.

Au pied de la montagne dont cette Ville occupe le sommet, notre *Procaccio* nous avoit fait préparer un dîner tel que Boniface VIII. auroit pu l'ordonner pour les gens qu'il avoit maudits. Je déterminai mes Compagnons de voyage, presque tous François, à monter à la Ville, au risque d'y être aussi mal régalés à nos frais. Nous montâmes, pendant une heure, à travers des plants d'oliviers très-vigoureux, & qui promettoient une abondante récolte.

ANAGNI.

Arrivés enfin à la Ville, le coup d'œil qu'elle offre nous confirma la vérité des bruits désavantageux qui courent sur son compte : nous n'y pûmes trouver de couvert, que dans un horrible cabaret où cuisoient des abattis de Bouc, pour le dîner de Vignerons à demi-nuds & mal en physionomie, qui entroient successivement, & s'arrangeoient autour d'une grande table sans nappe, par cotterie de quatre ou cinq. Cette table & deux bancs dont elle étoit flanquée, composoient tout l'ameublement de ce beau lieu : ils étoient aussi vieux que Boniface VIII. & la malpropreté répondoit à l'antiquité. Nous y prîmes aussi séance, en regrettant le dîner du *Procaccio*. Le patois que parloient nos Commensaux, ne nous permettant pas de nous entendre mutuellement, nous priva du seul dédommagement que nous pussions espérer.

A l'air des bâtimens de cette Ville & des gens que nous vîmes ensuite dans les rues, nous pûmes juger que nous avions eu l'honneur de dîner avec les Matadors du lieu. Cependant cette Ville a encore un Evêque dont on rebâtissoit la Cathédrale & le Palais, dans un goût à la vérité proportionné à l'état de sa Ville Episcopale. La Cathédrale a pour parvis un terre-plein, d'où l'on voit, à perte de vûe, les campagnes qui gissent au Midi d'Anagni *. La vûe de ce paysage aussi ri-

---

* On apperçoit de-là les restes du Château de Fumone, où Boniface VIII. avoit fait enfermer Célestin V, son prédécesseur, après qu'il lui eût fait abdiquer la Papauté. Boniface VIII, livré à la vengeance des Fran-

che que varié, nous confola un peu de notre déconvenue, en nous rappellant que, dans le phyfique, ainfi que dans le moral, les fituations les plus triftes ont toujours quelque côté favorable pour ceux qui fçavent le faifir.

D'Anagni, côtoyant toujours les *Saxa Hernica*, nous paffâmes au pied de la montagne fur laquelle eft fitué Férentino, dont la conquête fignala le regne de Servius Tullius, pour aller coucher à Frufinone, capitale de la Campagne de Rome. On ne trouve fur cette route, ni dans ces Villes, aucun monument d'antiquité. Les maifons y font des amas de moëlons & de rocailles qui forment des murs d'une épaiffeur prodigieufe, percés, pour chaque appartement, de deux ouvertures auffi baffes qu'étroites, l'une pour la porte, & l'autre pour la fenêtre : bâtiffe qui donne aux appartemens l'air & l'hu-

---

çois & des Colonnes, eut à fe rappeller, à la vûe de ce Château, la maxime fi fouvent répétée dans l'Ecriture : *Quâ menfurâ menfi fueritis, eadem remetietur vobis.*

ANAGNI. midité de soûterreins, mais qui offre contre la chaleur un rempart dont ces climats ont besoin.

Les gens de Frusinone faisoient leurs vendanges. Ils apportoient les raisins dans des manequins & dans des corbeilles, les écrasoient avec les pieds dans des espèces de baignoires, & jettoient le vin dans de grandes chaudières, où il bouilloit à grand feu. Ces chaudières étoient établies dans la rue même, à la porte de chaque maison, sur un trépied de maçonnerie, faisant corps avec le mur de la rue. L'air de gaieté qui animoit ce spectacle, en nous offrant la réalité des vendanges représentées ou décrites par les Artistes & les Ecrivains de l'Antiquité, nous présenta les habitans de Frusinone sous un aspect que nous n'avions encore trouvé dans aucun canton d'Italie. Les seuls hommes s'occupoient de tous ces travaux. A notre arrivée, nous avions rencontré une partie des filles & des femmes, qui apportoient, en troupe, à la Ville l'eau qu'elles venoient de puiser à une petite rivière qui coule au pied de la colline que couronne Frusinone. L'attitude de ces femmes, la forme des vases qu'elles portoient sur la tête, le repos de quelques-unes arrêtées à mi-côte, offroient, d'après nature, ces sujets dont le sçavant Poussin aimoit à enrichir ses paysages.

Nous fîmes route le lendemain à travers une campagne arrosée par les plus belles eaux, riche en pâturages & en terres de la plus grande fertilité. Il ne manque à ce délicieux pays que des Habitans & des Cultivateurs. Là finissoit l'ancien *Latium*, & commençoit le pays habité par la nombreuse & belliqueuse Nation des Samnites. Là finissent aujourd'hui les Etats du Pape, & commence le Royaume de Naples.

Après avoir passé la Melfa, on côtoye les ruines d'Aquino, célèbre par la naissance du Docteur Angélique Saint Thomas qui en a pris le nom. De cette Ville, qui a encore les titres de Comté & d'Evêché, il n'existe plus qu'un moulin construit sur un très-beau ruisseau, qui côtoye les ruines d'Aquino. La richesse de ces ruines & l'étendue du terrein qu'elles couvrent, annoncent bien tristement la grandeur & l'antique splendeur de cette Ville. La vûe de ces débris porte dans l'ame tous les sentimens qu'inspire la vûe d'un cadavre humain*.

Les causes de la ruine de cette Ville & de la désertion de ses habitans, sont, à ce que j'ai appris, dans le pays: 1°. le passage des troupes, dans toutes les expéditions heureuses ou malheureuses contre le Royaume de Naples; 2°. les désordres que commettoient ces troupes dans une Ville sans défense par elle-même & de la part de ceux qui défendoient le Royaume, à qui elle n'offroit qu'un poste très-désavantageux; 3°. le voisinage de San-Germano, qui, défendu par la Religion & par l'argent des Bénédictins, a attiré dans son enceinte ceux des habitans

---

* Hem! nos homunculi indignamur si quis nostrûm intieriit, quorum vita brevior esse debet, cùm tot oppidorum cadavera prostrata jaceant! Vis ne tu te cohibere, & meminisse hominem te esse natum? Sulpit. in Epist. ad Cic.

d'Aquino, de Caſſino & de pluſieurs autres Villes du voiſinage qui n'ont pas voulu chercher plus loin un aſyle contre les horreurs qu'occaſionne la guerre.

ANAGNI.

## CASSINO.

En approchant de San-Germano, on côtoye le terrein qu'occupoit la Ville de Cassino. Il existe encore trois monumens de l'ancienne magnificence de cette Ville :

1°. Un Amphithéâtre, dont les murs extérieurs existent encore en entier. On y entroit par cinq portes qui sont encore sur pied, à une près, dont les ruines découvrent, par la grosseur des blocs dont elle étoit formée, & par le soin avec lequel tous les flancs en ont été dressés, l'importance de l'édifice dont elle faisoit partie. La proportion de ces portes est de vingt-quatre pieds de Roi de longueur, sur douze de largeur. Le temps a respecté le placage en forme de rézeau, dont cet édifice est couvert dans son pourtour, ainsi qu'une file de pierres en saillie qui y forment une espèce de frise dentelée, aux deux tiers de sa hauteur : toutes ces pierres forées perpendiculairement étoient sans doute destinées à recevoir l'extrémité inférieure de perches ou de soliveaux dont la partie supérieure débordant la masse de l'édifice, servoit, au moyen de cordes traversantes, à soutenir les toiles qui mettoient les Spectateurs à couvert. Cet Amphithéâtre, situé au pied de la montagne, paroît avoir occupé le centre de la Ville. Il est exactement rond : sa hauteur est de cinquante pieds, sur trente de diamètre.

2°. Un Théâtre, dont il n'existe plus que la scène adossée au flanc même de la montagne, en forme de demi-cercle de deux cens soixante pieds de diamètre.

3°. Un Temple ancien, bien conservé dans toutes ses parties. Ce Temple, situé sur la croupe de la montagne, a la forme d'une croix latine: forme qui pourroit faire douter de son antiquité, si sa bâtisse, sans chaux ni ciment, ne la constatoit. Il sert aujourd'hui de chapelle à un Hermitage.

Un bassin formé par la retraite de la montagne, fut le lieu qu'occupoient la maison de campagne & les jardins de Varron. En reprochant à Antoine d'avoir profané ces lieux par ses débauches, Cicéron nous apprend des faits qui les rendent bien respectables *.

De toute l'immense doctrine de Varron, il ne nous reste que le Traité qu'il composa sur l'Agriculture, dans sa dernière vieillesse. La position la plus avantageuse qu'il y désigne, d'après Caton, pour une métairie, étoit celle précisément de sa maison de campagne, voisine de Cassino **. Ce Traité est, non un Recueil de leçons données par Varron aux Cultivateurs, mais un assemblage de divers procédés de culture, pour tirer de différens terreins, & de toutes les parties de l'Œconomie rustique, le meilleur parti possible.

---

* *Studiorum suorum M. Varro illud voluit diversorium. Quæ in illâ villâ dicebantur! Quæ cogitabantur! Quæ litteris mandabantur! Jura P. R. monumenta majorum, omnis sapientiæ ratio, omnisque doctrina.* Philipp. I.

** *Optimus ager est, qui sub radice montis situs, spectat ad Meridiem.*

Varron prétendoit avec raison que, de toutes les parties du monde connu, aucune n'étoit, de son temps, aussi cultivée que l'Italie *. Les choses ont bien changé dans ce pays depuis ce temps-là. Pour ne parler que du canton de la culture duquel Varron se trouvoit le plus à portée de juger, le terrein admirable que nous avions parcouru depuis Frusinone, est à peine cultivé; celui en particulier qu'occupoit la métairie même de Varron, se trouve en partie abandonné.

Il est vrai que tout ce terrein n'est pas d'une culture aisée. La graisse du sol le rend très-difficile à manier, & il ne pourroit être bien mis en valeur, qu'étant partagé en métairies, & non industrié, comme il l'est, par un petit nombre de Laboureurs que leur habitation dans les petites Villes qui dominent la plaine, éloigne trop des champs qu'ils ont à faire valoir.

Nous avons vû ces Laboureurs au travail. Leurs charrues qui n'ont que

_____
* *Nullam quæ tam tota sit culta.*

le soc, sans roues ni avant-train, sont conduites & dirigées par un seul homme *. Cet homme debout & en équilibre sur un petit siége adapté à la tête du soc, en aidant par sa pesanteur, l'action du coutre, chante ou joue de la flûte, sans désemparer ni quitter son poste, lors même qu'il faut revenir à un nouveau sillon. Au moyen de cette manoeuvre singulière, quand le champ qu'il laboure, est borné par un fossé, par une haye, ou par quelques buissons, on perd, dans le contour, autant de terrein qu'en embrasse la file des Bœufs : perte très-légère dans un pays presque désert, mais qui, dans ceux où une nombreuse population rend le terrein plus précieux, feroit matière à une multitude de procès interminables.

---

* Lorsque deux paires de bœufs suffisent pour labourer, ils les attelent de front. Au reste, ces bœufs n'appartiennent point aux Laboureurs qui les prennent à loyer, suivant leurs besoins.

## LE MONT-CASSIN.

CE canton, où nous vîmes avec étonnement des gens occupés à femer des lins (en Octobre), fait partie des immenses domaines de l'Abbaye du Mont-Cassin. Saint Benoît fonda cette Abbaye en 525 : c'est-à-dire, qu'accompagné de deux Disciples, précédé de deux Anges, & suivi de trois Corbeaux, dont on nous fit voir les descendans *, il vint s'établir dans un hermitage dont étoit en possession un bon Anachorette qu'il engagea à le lui céder.

Quoique dans le sixiéme siécle, quoiqu'aux portes de Rome, la ville de Cassino étoit en partie idolâtre, & l'objet de son culte étoit un Apollon qui avoit un Temple fameux sur

---

* Les Moines de Saint Guillain en Hainault, nourrissent aussi dans leur Monastère un Aigle & un Ours, en mémoire de ce que Dieu se servit de ces animaux, pour indiquer à Saint Guillain le lieu où il devoit bâtir son Monastère. *Délices des Pays-Bas*, Tome II. p. 341.

**LE MONT-CASSIN.** la montagne qu'occupe l'Abbaye. Saint Benoît renversa l'Idole, détruisit le Temple, le remplaça par un Monastère, convertit les Idolâtres, prêcha les Chrétiens que leur Evêque avoit abandonnés, & mourut Seigneur temporel & spirituel du territoire & de ses habitans. Tout cela se passoit dans le temps que l'Italie, devenue la proie des Barbares, obéissoit aux Goths, à Théodat, à Vitigès, à Totila. Le Mont-Cassin renversé en 589, par les Lombards, rebâti en 660, saccagé en 884 par les Sarrazins, se servoit avantageusement de ses désastres particuliers & de la désolation générale, pour amplifier ses possessions, augmenter ses biens, & étendre ses Domaines, *Crevit ruinis:* c'est ce qu'apprennent ses anciennes Chroniques & l'Histoire qui en a été composée d'après ces Chroniques.

Les Papes le comblèrent d'exemptions; &, par un privilége sans exemple avant & depuis, les Abbés obtinrent, en 1326, le titre d'Evêques, dont ils userent & firent toutes les fonctions, de manière que, pour le le bien de la Maison, Urbain V. fut obligé, en 1367, de remettre les choses dans le premier état.

Par une Bulle de 1092, Urbain II. avoit donné à l'Abbaye le titre de *Chef de tous les Monastères\**.

L'Abbé actuellement régulier & triennal, s'intitule dans les Actes: *Patriarche de la Sainte Religion, Abbé du saint Monastère de Cassin, Chancelier & grand Chapelain de l'Empire Romain, Abbé des Abbés, Chef de la Hiérarchie Bénédictine, Chancelier & Collatéral du Royaume de Sicile, Comte & Gouverneur de la Campanie, de la Terre de Labour & de la Province Maritime, Prince de la Paix.*

La personne de l'Abbé actuel à qui nous fûmes présentés, à notre arrivée à San-Germano, n'a rien du faste qu'annoncent ces titres. C'est un jeune homme d'une physionomie noble, douce & agréable, relevée par une candeur qui annonce moins

---

\* *Caput omnium Monasteriorum, quia ex eodem loco, de Benedicti pectore, Monastici Ordinis veneranda Religio, quasi de Paradisi fonte manavit.*

Tome III.         H

l'Abbé que le Novice, & par une politesse franche, aisée & sans apprêt. J'étois recommandé à Dom Pepe, l'un des Procureurs Généraux de la Maison, par M. son frere, Procureur Général de la Religion de Malte en Sicile. Dom Pepe eut tout l'égard possible à cette recommandation, en m'assurant néanmoins qu'il n'avoit de nouvelles de sa famille, que par de pareilles recommandations; qu'il ne la connoissoit point; qu'il ne l'avoit jamais connue, n'ayant, depuis l'âge de dix ans, d'autre pere, d'autre parent, d'autre protecteur & bienfaiteur que Saint Benoît; & que presque tous les gens de condition qui portoient l'habit de Bénédictin, se trouvoient dans ce cas.

J'ai dit que nous vîmes l'Abbé à San-Germano, petite ville d'environ quatre mille habitans, formée insensiblement au pied du Mont-Cassin, des débris des Villes voisines. L'Abbé y réside avec une partie de ses Officiers, dans une maison assez spacieuse pour donner le couvert à tous les passans, depuis le Pape jusqu'au dernier mendiant. Chacun y est logé, traité & nourri suivant son état ou les recommandations dont il est muni. L'Abbé rend chaque jour visite à tous les hôtes qui s'y trouvent, quelquefois au nombre de deux cens, de trois cens, & même d'une plus grande quantité. L'hospitalité, ainsi exercée, étoit le meilleur expédient que l'on pût imaginer, pour réconcilier avec les yeux jaloux les richesses immenses dont jouit Saint Benoît.

Le lendemain de notre arrivée, nous nous mîmes en route pour le Mont-Cassin, après avoir été prendre les ordres du Révérend Pere Abbé. Il nous pria de remettre ce voyage à l'après-dînée, redoutant pour nous un dîner dans une Maison où l'on ne vit que de légumes apprêtées à l'huile. Nous voyant bien déterminés à braver ce mauvais dîner, il nous indiqua, pour faire cette course commodément, les Mulets qui, ayant écurie en bas & en haut, servent à porter & à rapporter les Pélerins, & qui, sur leur bonne foi, vont en renvoi de l'une à l'autre écu-

LE MONT-CASSIN.

rie, lorsque les départs excédent les retours.

Pénétrés des attentions de l'Abbé, mais appercevant le Monaſtère qui paroiſſoit peu éloigné, invités d'ailleurs par la fraîcheur de l'air & par la beauté du ciel, nous nous mîmes en route à pied, nous moquant de ceux que nous vîmes partir à dos de mulet. L'eſcarpement de la montagne eſt un peu adouci par un chemin bien pavé, qui forme un zigzag perpétuel, & dont le plan a quelque reſſemblance avec celui du chemin qui ouvre aujourd'hui l'Alſace du côté de la France, par la montagne de Saverne.

Nous avions déja gravi pendant une heure; le Mont-Caſſin paroiſſoit s'éloigner, & le Soleil montant à l'horiſon, acquéroit une chaleur qu'augmentoit la réflexion du roc immenſe que nous côtoyions. Nous commencions à nous repentir de notre entrepriſe, lorſque nous apperçûmes un Mulet qui deſcendoit en renvoi. Nous voulûmes en vain lui perſuader de revenir avec nous à l'écurie du Mont-Caſſin : il nous esquiva, & suivit pour-lors sa destination.

Nous étions enfin arrivés à l'endroit de la montagne où l'on voit, dans le roc vif, une cavité accidentelle, que l'on dit être l'impression d'un des genoux de Saint Benoît, lorsque, prosterné en cet endroit, il demandoit à Dieu la force dont il avoit besoin pour détruire le Temple d'Apollon, & renverser l'Idole. Nous avions déja vû plus bas une semblable cavité que l'on donne pour l'empreinte de la cuisse d'une Mule que le Diable fit abattre sous Saint Benoît. La raclure des lévres de cette empreinte, est regardée, dans le pays, comme un antidote éprouvé contre la fiévre.

La chaleur augmentoit notre lassitude, & nous désespérions d'arriver : alors se présenta un Mulet qui du bas retournoit en haut. Plus traitable que le premier, il nous permit de le monter alternativement ; & nous arrivâmes enfin au Mont-Cassin, après deux heures de marche continuelle, trempés de sueur & excédés de fatigue & de faim.

On y entre par une voûte longue & obscure, en forme de soûterrein: c'est tout ce qui reste de la première Maison bâtie par Saint Benoît. Cette entrée qui annonce mal une telle Maison, peut être d'une grande ressource, en cas d'incursion d'ennemis que l'on ne voudroit pas recevoir: il suffiroit, pour la condamner, d'y rouler des pierres. Le reste des bâtimens élevés sur un socle ou une contrescarpe continue de dix-huit pieds d'élévation, n'auroit que l'escalade à redouter. Ces bâtimens forment au-dehors un quarré-long de la plus grande étendue, percé pour différens étages disposés avec goût: le tout couronné par une grande corniche qui porte le toît. L'intérieur est distribué en une infinité de cours, de portiques & de péristiles affectés aux usages, besoins & commodités d'une Communauté toujours très-nombreuse.

En y entrant, le hasard nous jetta dans la Boulangerie, où l'on tiroit du four une quantité prodigieuse de petits gâteaux à l'huile, assez mauvais, mais que la faim nous fit trouver admirables. En les mangeant, nous profitâmes de la commodité du lieu pour sécher nos habits, & prévenir, par cette opération, le mal que notre imprudence nous pouvoit occasionner. Un Frere Boulanger nous prêta officieusement la main, en souriant, & disant de temps en temps: *Ah! Francesi!*

LE MONT-CASSIN.

Le milieu de deux cours voisines de la Boulangerie est occupé par deux tronçons de colonnes, l'un de granit, l'autre du plus beau porphyre. Ils ont neuf pieds de circonférence; d'où l'on peut conclure la hauteur de ces colonnes, lorsqu'elles étoient entières, l'importance de l'édifice auquel elles servoient de décoration, & les difficultés de leur transport en ce lieu.

Pour arriver à l'Eglise du Monastère du Mont-Cassin, on traverse trois cours. On monte alternativement d'une cour à l'autre, par des escaliers distribués & ornés avec autant de goût que de magnificence. La troisiéme est, par excellence, appellée *le Paradis*, parce qu'elle est plus haute que les deux autres. Elle a en face, dans toute sa largeur, un escalier de quarante degrés, orné de deux grandes statues de marbre, représentant Saint Benoît & sa sœur Sainte Scholastique. Il est couronné d'un péristile en colonnes de granit, que termine une riche balustrade, dont les massifs portent quatre bustes antiques. Ce péristile sert de façade à un portique encore plus riche, qui forme le parvis de l'Eglise. Vingt colonnes, la plûpart de granit oriental, soutiennent ce portique, sous lequel sont distribuées dix-sept statues en marbre, de grandeur naturelle, annoncées par cette Inscription :

HEROÏBUS BENE MERENTIBUS
CASSINATES,
PROPRIÆ PIETATIS ARGUMENTUM,
MONIMENTUM ALIENÆ.
1646.

Huit Papes, la plûpart choisis parmi les vingt que l'Ordre de Saint Benoît a donnés à l'Eglise, tiennent le premier rang de cette auguste assemblée. Saint Grégoire en mene la file, que termine Benoît XIV. Viennent ensuite six Souverains, dont Charlemagne est le premier, & Dom Carlos, ci-devant Roi de Naples, aujourd'hui Roi d'Espagne, le dernier. La statue de ce Prince est la moins bien traitée. Le pere & la mere de Saint Benoît & le premier Bienfaiteur du Mont-Cassin complettent le nombre, dans lequel les statues de Saint Grégoire le Grand & de Saint Henri, exécutées par le célèbre le Gros, se font avantageusement distinguer.

Dans un des angles intérieurs du portique, on voit une colonne antique d'albâtre transparent, taillée en spirale, portant six pieds de haut, & sommée d'une croix. Une pareille colonne orne à Rome la Bibliothéque du Vatican.

L'intérieur de l'Eglise efface toute la magnificence répandue sur les avenues. C'est un assemblage de tout ce que la Peinture, les marbres & les métaux employés par d'habiles mains, ont de plus brillant : l'œil n'y trouve pas le moindre vuide où il puisse se reposer. Les peintures représentant les miracles & les visions

H v

*Le Mont-Cassin.*

de Saint Benoît, & de ses premiers Disciples, sont pour la plûpart de Lanfranc, de Luc Giordano, du Muro, du Solimène & du Conca. Quant à l'Architecture, elle tient moins du goût Romain que du goût Napolitain, trop prodigue d'ornemens : prodigalité qui se fait sentir sur-tout dans l'emploi des colonnes appliquées aux faces intérieures des arcades qui forment la nef, & qui donne à ce brillant édifice l'air d'une décoration théâtrale, plûtôt que d'un Temple.

Cet édifice détruit successivement par les Lombards & par les Sarrazins, & renversé de fond en comble par un tremblement de terre en l'an 1349, avoit encore essuyé le même malheur dans le seiziéme siécle. Il avoit eu jusqu'alors la forme des Basiliques Romaines, c'est-à-dire, que toute sa partie antérieure jusqu'au Sanctuaire, étoit une nef avec deux collatéraux soutenus & séparés par un double rang de colonnes. Ce sont ces colonnes, de très-beau granit oriental, que l'Architecte a répandues sous les arcades de la nef de la nouvelle Eglise commencée en 1649.

L'autel exécuté sur les desseins de Michel-Ange, est un assemblage des marbres les plus précieux, la plûpart antiques. Au pied de cet autel, est le tombeau de Saint Benoît & celui de Sainte Scholastique, que l'on montre aussi en France dans l'Abbaye de Saint Benoît-sur-Loire. Les deux fonds de la croisée, dont cet autel occupe le centre, sont remplis par deux tombeaux, l'un de Pierre de Médicis, frere de Léon X, l'autre d'un Capitaine nommé Ferramosca: morceaux dans lesquels la plus sçavante exécution répond à la grandeur & à la majesté du dessein.

Le chœur peint en grande partie par le Solimène, & orné de stales sculptées avec le plus grand soin, occupe le fond de l'Eglise, dont le rond-point est rempli par un buffet d'orgues de la plus grande proportion, chargé de figures & d'ornemens, & doré dans toutes ses parties en or moulu.

En sortant de l'Eglise, nous en observâmes les portes. Elles sont toutes couvertes de compartimens de bronze, dans lesquels on lit, en lettres d'argent, le détail des fiefs, des terres & des mouvances qui appartiennent au Mont-Caffin. Ces biens immenses font, pour la plus grande partie, situés dans les Etats de Naples & des Deux-Siciles. Par ces possessions, le Mont-Caffin a une part nécessaire dans les révolutions du Royaume de Naples, & on l'a souvent vû se défendre ou attaquer à main armée. Il n'a point cependant négligé les ressources d'un autre genre, pour en imposer aux Puissances jalouses de ses richesses. Pierre Diacre, en ses Additions à la Chronique du Mont-Caffin, rapporte très-sérieusement une vision d'un Moine de cette Maison, qui avoit vû l'ame de Guérin, Chancelier du grand Comte Roger, plongée dans un lac de feu, dont les flots en fureur le portèrent jusqu'au ciel, pour ensuite le replonger dans le fond de l'abysme : vision assez ressemblante par son intention à ce que quelques Prélats François ont osé consigner à la postérité sur l'état

*marginalia:* LE MONT-CASSIN. — L. 4. ch. 102.

du célèbre Charles-Martel dans l'autre monde.

Les fonds nobles du Mont-Cassin sont toujours sous la main du Souverain, auquel l'Abbaye fournit ce qu'on appelle en France *homme vivant & mourant :* avec la différence que cet homme est représenté par une famille entière, dont la perpétuité, quelque long-temps qu'elle dure, exclut toute mutation & tout droit de relief. La dernière famille vivante & mourante s'étoit éteinte sous le regne de Dom Carlos *, lorsqu'il a quitté le Royaume des Deux-Siciles pour monter sur le thrône d'Espagne. C'est en reconnoissance du bon traitement que ce Prince fit alors au Mont-Cassin, qu'on lui a érigé la statue que l'on voit dans le parvis de l'Eglise. Il agréa, pour représenter l'homme vivant & mourant, une femme qui avoit douze enfans mariés & chefs de famille. Cette

---

* Ce Prince a abdiqué en 1759 la Couronne des Deux-Siciles, en faveur de son troisiéme fils, Ferdinand IV. qui est actuellement régnant.

LE MONT-CASSIN.

femme vivoit encore en 1758. On l'appelloit *la mere de Saint Benoît*; &, par un privilége très-spécial, elle avoit ses entrées dans l'intérieur du Monastère du Mont-Cassin.

La Sacristie n'est pas moins ornée que l'Eglise à laquelle elle est contigue. Ses ornemens consistent en statues, en peintures & en bas-reliefs exécutés & distribués avec goût. Les mêmes ornemens se retrouvent dans le Chapitre & dans tous les lieux claustraux.

Je n'ai vû nulle part des archives aussi avantageusement logées & aussi bien tenues que celles du Mont-Cassin. Elles remplissent trois grandes piéces, dans lesquelles sont répandus quantité de morceaux de peinture & de différens genres de curiosité. Parmi les peintures, nous remarquâmes un Saint Pierre & un Saint Paul, sortis d'un pinceau grec dans le neuviéme siécle, & un portrait original du Dante. Parmi les antiques, nous observâmes une chaise percée, en marbre grec, de la forme la plus exquise, de la plus belle conservation, & guillochée sur toutes les arêtes de ses parties saillantes, d'un goût & d'une finesse de travail qui ne me permirent pas de croire qu'elle eût été faite, ainsi qu'on nous le dit, pour l'usage de la Maison, dans un temps où les bains étoient plus usuels qu'aujourd'hui. Les deux chaises de cette espèce que l'on voit à Rome dans le cloître de Saint Jean de Latran, ne ressemblent à celle-ci que par la forme générale. Si l'on en compare le trait & l'exécution, celles de Rome paroissent avoir été à l'usage de la populace; & celles du Mont-Cassin, à l'usage de quelque Prince aussi magnifique qu'éclairé dans le choix de tout ce qui servoit pour sa personne.

Dans ces archives, il n'est pas un titre, pas un document, pas le moindre papier que l'on n'ait à la main, tant le tout est distribué avec intelligence. L'Archiviste a le titre de Protonotaire Apostolique; & les expéditions qu'il délivre, sont reçues comme authentiques dans toutes les Cours de Rome & des Deux-Siciles. Il a une petite Bibliothéque à son usage, ornée de quelques Livres des premiers temps de l'Imprimerie. J'y remarquai le *Rationale divinorum officiorum* *.

Nous terminâmes la visite de la Maison, par la Bibliothéque & la tour de Saint Benoît. Quant à la Bibliothéque, il ne m'appartient pas d'en parler, après ce qu'en a dit le P. Mabillon **. La tour est au-dessus de la première entrée: c'est de cette tour que Saint Benoît vit l'ame de Saint Germain, Evêque de Capoue, & celle de Sainte Scholastique s'envoler au Ciel, dans un tourbillon de feu. Il avoit là sa cellule, où il est mort. Cette tour que le temps & les Barbares ont respectée, a été depuis liée au corps du bâtiment : il

---

* Cet Ouvrage a été donné au Public par JOHANNEM FUST, *civem Moguntinum*, & PETRUM GERNZHEIM, *Clericum Diœcesis ejusdem, anno millesimo quadringentesimo quinquagesimo - nono, sexto die Octobris.*

** J'observerai seulement que le *Defensor*, que le sçavant Bénédictin place à la tête des *Inedita* de cette Bibliothéque, a été imprimé six fois depuis 1544 jusqu'en 1560. *Iter Italic. pag.* 123.

ne reste de vestiges de sa première forme, que dans l'intérieur de l'appartement jadis occupé par Saint Benoît.

 Cet appartement consiste en trois chambres, dont l'une a été convertie en Chapelle, & qui toutes sont remplies de petits tableaux des meilleurs Maîtres ou de copies d'après eux. J'ai déja observé à l'article de ROME, en parlant des chambres où sont morts Saint Philippe de Néri, Saint Ignace, Saint Stanislas Coska, qu'il est d'usage en Italie d'orner de ces précieux joyaux les lieux qui ont vû mourir des Saints canonisés. Pour donner une idée de la Collection dont il s'agit, il suffit de nommer les principaux Maîtres dont elle rassemble différens petits morceaux, originaux ou copies : sçavoir, Raphaël, Jules Romain, Albert Dure, Luc de Hollande, Marc-Antoine de Caravage, le Josepin, Annibal Carrache, le Guide, le Dominiquin, le Guerchin, Lanfranc, l'Espagnolet, le Calabrois, les Bassans, le Salviati, Salvator Rose, Claude Lorrain, Luc Giordano &

le Solimène : ces trois derniers ont fourni à cette Collection quantité de morceaux très-précieux.

En sortant de l'Abbaye, nous remarquâmes une statue de Saint Benoît tenant un Livre ouvert, sur lequel on lit un privilége singulier, dont, au rapport de Saint Grégoire, Dieu avoit favorisé ce Patriarche. Il est exprimé en ces termes : *Vix obtinere potui ut ex hoc loco animæ mihi cederentur;* c'est-à-dire, ainsi que l'on nous l'expliqua, que tous les Bénédictins qui meurent au Mont-Cassin, sont sauvés. C'est sans doute par une extension de ce privilége, que les Bénédictines de France croyent qu'avant que quelqu'une d'elles vienne à mourir, la Maison en est avertie par le Fondateur du Mont-Cassin : avertissement donné par quelque bruit nocturne qu'elles appellent les *coups de Saint Benoît*.

Des appartemens les plus élevés qui regardent le Nord, nous avions vu avec étonnement que le Monastère n'est qu'aux deux tiers de la montagne dont il porte le nom. La partie du mont qui le commande, nous parut un roc pelé dont la sommité est presque toujours ou couverte de neige, ou perdue dans les nuages.

On nous avoit aussi fait observer de-là l'Albanette, petite maison très-agréablement située à l'Ouest du Monastère, dont elle n'est éloignée que de cinq à six cens pas. L'air y est admirable, & l'Infirmerie y envoie ses convalescens. L'Albanette est célèbre par la retraite de Saint Ignace de Loyola, qui, en 1538, vint y passer quelques mois, & y composa sa Régle *. Malheureusement pour les Jésuites, il ne trouva point dans les Bénédictins la complaisance que Saint Benoît avoit trouvé dans l'Anachorette qui, à

LE MONT-CASSIN.

_____

* *Montem illum contemplationis*, dit un Dominicain dans un Ouvrage intitulé *Tur- tur Animæ*, *aliquot mensibus inhabitavit S. Ignatius, ibique, velut alter Moses & Legislator, secundas religiosarum Legum tabulas fabricavit, primis non absimiles*. Ambroise Caïetan, Bénédictin, a fait un gros Ouvrage, pour revendiquer, sur le fondement de cette anecdote, les Jésuites à l'Ordre de Saint Benoît.

LE MONT-CASSIN.

son arrivée au Mont-Cassin, avoit bien voulu lui abandonner l'hermitage dont il étoit en possession.

Après une journée très-agréablement passée au milieu de tant de belles choses, nous revînmes à San-Germano. Au récit de notre expédition, l'Abbé disoit, comme le Frere Boulanger, mais d'un air & d'un ton plus obligeant que malin : *Ah! Francesi!* & il voulut que nous prissions la journée du lendemain pour nous remettre de nos fatigues.

De San-Germano, nous allâmes coucher à Capoue, à travers des pays sauvages, presque déserts, & qui ont tout l'air de retraites de brigands. Le revers des montagnes que nous avions à la gauche, est précisément ce beau pays arrosé par le Volturne ; pays si fameux dans l'Antiquité, tant par l'huile qu'il donnoit dans le territoire de Vénafre, que par l'abondance inépuisable du canton appellé *Campus stellatus* *, & par les expéditions des Romains

---

* Cicéron l'appelloit *agrum orbis terræ pulcherrimum.*

contre les Samnites & contre Annibal.

LE MONT-CASSIN.

 Inutilement nous voulûmes engager notre *Procaccio* à prendre sa route par ce beau pays : les chemins, selon lui, étoient si mauvais & si rompus, qu'il fallut préférer le Désert à la Terre-promise. Il ne cessoit de nous entretenir du plaisir qu'il alloit avoir en nous recevant chez lui à Capoue, de la bonne chère qui nous y attendoit, des excellens lits que nous y trouverions, & de toutes les belles choses qu'il nous y feroit voir.

## CAPOUE.

CAPOUE, où nous arrivâmes de bonne heure, n'est plus l'ancienne Capoue, cette fameuse rivale de Rome. La dernière, éloignée d'une demi-lieue de la nouvelle, est aujourd'hui ensevelie sous les débris de son antique splendeur. Quantité de ces débris ont été transportés dans la nouvelle *. Les murs de son Hôtel-de-Ville en sont lambrissés : on y voit des mascarons gigantesques qui ornoient les clefs des portiques de l'amphithéâtre, des bas-reliefs trouvés dans ses corridors, enfin des inscriptions, parmi lesquelles j'en remarquai une du haut Empire, consacrée *ex S. C.* en l'honneur d'un *Pescennius*, pour avoir racheté de ses deniers, au profit de ses Concitoyens, un champ dont le nom est effacé : rachat exprimé par le mot *Reciperavit*, qui est employé-là dans

---

* Les matériaux & les ornemens de Caserte se tirent de ces débris.

l'acception sous laquelle l'indique Verrius Flaccus.

Les maisons particulières sont aussi enrichies de ces débris : les deux montans de la porte-cochère de notre *Procaccio*, étoient formés de deux blocs de marbre chargés chacun d'une figure Consulaire en ronde bosse, de grandeur naturelle. Vis-à-vis de cette maison, nous avions une Eglise dont la bâtisse, semblable à celle du Temple de Cassino & de la Cathédrale de Terracine, semble annoncer un Temple antique.

L'intérieur de la Cathédrale, en forme de Basilique, est soutenu & partagé par vingt-quatre colonnes de granit, de différens modules, & par conséquent rassemblées au hasard. Vingt autres colonnes d'inégale grandeur, forment à cette Eglise un vestibule ou portique qui l'annonce avantageusement.

Notre curiosité satisfaite, nous revînmes au logis, en disposition d'y faire honneur à la bonne chère dont le *Procaccio* nous avoit fait fête. Les apprêts consistoient en un drap fort sale, étendu sur trois planches por-

CAPOUE.

tées par deux bancs. Deux vieux *bicchieri* ou aiguières de terre étoient remplies de mauvais vin ; & l'on nous annonça que les verres n'étant point d'usage dans le pays, nous boirions à la ronde dans les *bicchieri*. Un cuisseau de vieux Bouc, une fricassée à l'huile de la lampe, & une salade, formoient le festin, avec du pain aussi mauvais que le vin. Il nous fut impossible de toucher à cette bonne chère, & notre souper se réduisit à quelques fruits que nous dévorâmes sans pain.

Quant au coucher, il consistoit en trois paillasses ayant chacune une espèce de vieux sac pour toute garniture. Mes Compagnons de voyage eurent assez de courage pour s'y arranger ; mais la vermine dont ces lits fourmilloient, les fit bientôt repentir de leur témérité. Plus prudent qu'eux, je m'étois séquestré dans un grenier, où, sur de la paille fraîche, je passai la nuit assez tranquillement. Telles furent pour nous les délices de Capoue.

*NAPLES.*

## NAPLES.

UNE petite journée nous mena de Capoue à Naples, à travers ce pays admirable dont parle Pline sous le nom de *Campi Leborini*, d'où, par *Hist. Lib. 30* corruption, aura été formée la dénomination moderne de *Terra di Lavoro*. Ce canton le plus beau, le plus fertile & le plus agréable de l'Italie *, a fourni à Virgile le modèle de ses Champs Elisées **.

Naples est la Reine de ce beau pays. Nous nous étions mal adroitement reposés sur notre *Procaccio* pour le choix d'une auberge dans cette Ville : il nous y déposa chez un vieux

---

* L'Empereur Frédéric II. arrivant dans la Terre-Sainte, s'écria scandaleusement à la vûe des rochers dont elle est hérissée : » Si le » Dieu des Juifs eût connu la Terre de La-» bour, il n'auroit pas fait tant de tinta-» marre pour sa Terre de Promission. « *Paul Pansa Vit. Innoc. IV.*

** *Ver ibi perpetuum, atque alienis messibus Æstas.*

Tavernier Calabrois, dans une rue qui n'a pour habitans que des Cordonniers & des Savetiers. La crainte de trouver encore pis, nous y fixa.

Naples est aujourd'hui la seule Ville de considération dans un Etat qui fut autrefois couvert de villes & d'habitans. La grande Grèce, dont les ruines font partie de cet Etat, n'existoit plus dès le temps de Cicéron *. Ce pays régi par les Loix des Pithagore, des Zaleucus, des Carondas, des Architas, des Parménide, des Zénon; honoré de la présence des Homère, des Simonide, des Pindare, des Platon, des Virgile; l'asyle des Arts & de la Philosophie; le théâtre de l'Industrie & du Com-

---

* *Magna Græcia nunc non est.* Pro S. Roscio. A quoi il ajoute : *Qui in Salentinis aut in Brutiis habitant, undè vix ter in anno nuntium audire possunt.* Ce qui prouve que dès-lors ce pays étoit aussi mal en communications qu'aujourd'hui, sans néanmoins rien prouver contre les environs de Naples, qui avoient alors de plus belles Villes que les environs de Rome, ainsi que nous l'apprend le même Cicéron, *Orat. contrà Rullum ad Quirites, vers. medium:* Labicos, Fidenas, &c.

merce qu'animoit & nourrissoit une
multitude de ports sur les deux mers;
le centre de la magnificence la plus
noble & du luxe le plus recherché, devenue depuis la proie des Vandales, des Visigots, des Lombards, des Bulgares, des Sarrazins, des Normands, des François qui y eurent successivement des établissemens fixes & solides, a maintenant à peine assez d'habitans pour y soutenir une foible culture.

 Les invasions des Barbares, les révolutions dans le Gouvernement, les prétentions des Papes, le fréquent changement de Souverains, la cessation de commerce avec le Levant & l'Afrique, sont les causes les plus sensibles de l'anéantissement de cet Etat, mais dont il ne seroit peut-être pas impossible de le tirer. Le Roi Dom Carlos avoit commencé à y travailler, en dégageant les Fermes alignées par les Vicerois Espagnols, en affranchissant le Peuple des campagnes de la servitude des grands Barons & du Clergé, qui exerçoient sur ces malheureux le droit de vie & de mort; enfin en accordant aux

I ij

NAPLES.

Villes le plus avantageusement situées, les priviléges qui peuvent en augmenter la population & y animer l'industrie.

La réunion du Royaume de Naples dans sa Capitale, ainsi que l'aggrandissement monstrueux des Capitales des principaux Etats de l'Europe, a eu sa cause primitive dans les manœuvres imaginées par les Fermiers des Droits Royaux, pour harceler les Villageois & les Provinciaux, pour les dégoûter du séjour de la Province & de la Campagne, pour les attirer dans le centre de la tranquillité, de l'abondance & des plaisirs, & ainsi réunis, les avoir tous sous la main, comme des Pigeons dans un colombier, ou des Poissons dans un vivier *.

Rome, sous les Empereurs, avoit dévoré l'Italie. Depuis la conquête des Turcs, Constantinople absorbe la Grèce & une partie de l'Asie. Depuis le regne de Louis XIV, Paris

---

\* *Crustis*
*Excipiunt homines quos in vivaria mittant.*
Horat. Ep. 1. L. 1.

engloutit la France : ainsi les Capitales de la plûpart des Etats de l'Europe sont devenues le *Clamart* * du genre humain, & autant de gouffres où l'espèce humaine va se perdre sans retour.

Après les guerres meurtrières de François I. & de Henri II. au milieu du feu des dissensions civiles, la France avoit une population à laquelle elle n'a pu revenir, depuis l'aggrandissement de Paris. Si, du million d'hommes que cette Ville réunit depuis un siécle, on en avoit chassé tous les vingt ans ceux dont le pere n'y étoit pas né, à peine, à chaque recensement, en seroit-il resté la quatriéme partie : c'est aux dépens de sa population, que la France fournit les excédens. Chaque Ville essuie les mêmes pertes, en proportion de sa grandeur ; & il n'en est aucune, même du second ordre, qui ne pût prouver que la durée commune des familles y est à peine d'un

NAPLES.

---

* C'est le nom du Cimetière commun de Paris, où l'on enterre les morts de l'Hôtel-Dieu de cette Ville.

I iij

siécle, après lequel elles s'éteignent pour faire place à de nouvelles colonies *.

Les premiers Grecs, les Gaulois, les Scythes, dont les nombreux essains ont couvert & renouvellé l'Univers, habitoient des bourgades : leurs fréquentes émigrations annoncent un excédent de population qui a cessé, depuis qu'il s'est formé des Villes dans les pays qu'habitoient ces différens Peuples **.

Pour motif de consolation, nous pouvons, d'après ces observations, regarder Pétersbourg & Pékin comme les plus sûrs boulevards que l'Europe pût désirer contre les émigrations des Peuples du Nord.

Revenons à Naples, & au spectacle absolument nouveau que cette Ville & ses environs offrent aux Voyageurs : les hommes & les Arts

---

* Les Nourrices mercenaires qui allaitent les enfans de Ville entrent pour beaucoup dans les causes physiques de cette extinction périodique.

** *Campestres meliùs Scythæ, Quorum plaustra vagas ritè trahunt domos.*

n'étant là, ni les hommes ni les Arts du reste de l'Italie.

Le Peuple de la Campagne & de la Ville est composé d'hommes vigoureux, robustes, nerveux, bien musclés, pleins de feu & de gaieté, agiles, actifs, extrêmement laborieux, taillés en un mot pour la guerre, & ne ressemblant que par la sobriété aux Italiens que nous avions vus depuis Turin.

Cette race d'hommes se fait gloire de descendre des Grecs, & de leur ressembler. Ils ont la poitrine large & avancée, les épaules bien effacées & rabattues sur l'emmanchement, le col court & très-gros, de l'embonpoint, un fond de belle carnation, l'œil beau & extrêmement vif. Ceux qui connoissent mieux que moi la Grèce, soit antique, soit moderne, prononceront, d'après ceci, sur la ressemblance des Napolitains avec les Grecs anciens ou actuels. La façon de se vêtir leur fournira encore un point de comparaison. Les Napolitains ont le col, les épaules, la poitrine & les bras presque nuds, tandis que les Italiens &

les Lombards sur-tout, ont le plus grand soin de tenir ces parties exactement couvertes. Au reste, je n'ai pu découvrir sur quel fondement M. de Montesquieu dit, quelque part, que trente ou quarante mille hommes de la dernière lie du Peuple, vivent à Naples de poissons morts, pourris & desséchés, que la mer jette à bord. La mer ne donne de poisson à ce Peuple, que celui qu'il se procure par la pêche.

Il est sans doute étonnant qu'un tel Peuple, presque toujours compté pour rien dans les révolutions qui l'ont si souvent fait changer de Maître, n'ait pris part en corps qu'à celle de Mazaniello *. Son indifférence sur les mouvemens politiques, put-elle être à une plus forte épreuve, que, lorsqu'au milieu de la Capitale des Etats de ses peres, l'infortuné Conradin, âgé de dix-sept ans, versa le dernier reste d'un sang

―――――――――――――――

* Dans le cinquante-cinquième de ses Discours sur Tite-Live, *Liv.* 1. Machiavel avoit prédit aux Napolitains l'issue qu'ils devoient attendre de cette révolution.

réprouvé & proscrit par les Chefs de l'Eglise? Je ne pus voir, sans frémir, le lieu où l'on montre encore les vestiges de cette affreuse scène.

Cette indifférence*, stupide en apparence, est l'ouvrage d'un instinct éclairé par l'expérience : *Que m'importe*, disent-ils avec l'Ane de la Fable, *pourvu que l'on ne me fasse porter que ma charge ordinaire*\*\*. Pour achever le portrait de ce Peuple, il suffit d'ajouter que Naples n'a pas l'ombre de police, & que cependant il y arrive rarement de ces désordres & de ces excès que toute la vigilance du Magistrat ne prévient à Paris qu'à force d'attention.

Je ne comprends dans ce portrait, ni la bonne Bourgeoisie, ni la Robe aussi étendue & aussi nombreuse à Naples qu'à Paris, ni la Noblesse. Ces Ordres aussi prudens par système, que le Peuple l'est par

---

\* C'est sans doute sur cette indifférence qu'est fondé le titre de *fidelissima*, que se donne par-tout la Ville de Naples.

\*\* *Quid refert mea, clitellas dùm portem meas.*

instinct, consacrent à l'oisiveté\*, & sacrifient aux plaisirs, tous les avantages d'une heureuse complexion & d'un tempérament tout de feu. Ce sont les plus voluptueux de tous les hommes \*\*.

Sous une apparence de gaieté, d'étourderie & de légèreté, le Peuple & la Bourgeoisie de Naples partagés entre le travail & le plaisir, cachent des vûes profondes & bien suivies, sinon dans chaque tête, au moins dans l'ensemble. Considérés dans cet ensemble, ils forment une démocratie indépendante du Roi & de la Noblesse à laquelle ils se joignent, quand leur intérêt l'exige. Ils ont toujours dans leur parti le bas Clergé, & la plus grande partie des Moines dont Naples fourmille.

Les gens de cette Robe sont les Conseils-nés du Peuple ; & pour

---

\* *In otia natam Parthenopen.*

Ovid. Metam. L. 15

*Otiosa Neapolis.*

Horat. Epod. 5.

\*\* *In hos tota ruens Venus Cyprum deseruit.*

*SUR L'ITALIE.* 263

prouver à quel point Naples *foisonne* en *Conseillers* de cette espèce, il suffit de dire que l'on y compte :

NAPLES.

- 17 Maisons de Franciscains de toutes couleurs.
- 15 de Dominicains.
- 8 de Carmes.
- 9 de Camaldules, Chartreux & Bénédictins.
- 4 de Minimes.
- 3 de Servites.
- 9 de Chanoines Réguliers.
- 2 de Hiéronimites & Basiliens.
- 5 d'Espagnols.
- 6 de Jésuites.
- 6 de Théatins.
- 3 de Clercs Réguliers.
- 2 de Barnabites.
- 1 de l'Oratoire.
- 1 de *Fate-ben-Fratelli*.
- 3 de Servans les Infirmes.
- 3 de Scuole-Pie.
- 2 de Peres de Lucques.
- 33 Monastères de Filles.
- 33 Maisons de Retraite pour Femmes.
- 6 Hôpitaux pour les Malades.
- 1 pour les Pélerins.
- 4 pour les Orphelins.
- 1 pour les Vieillards.
- 1 pour les Pauvres sans asyle.

} *Dirigés pour la plûpart par des Moines qui y sont attachés.*

178 en tout.

I vj

Toutes ces Maisons sont très-riches, soit par d'anciennes fondations, soit par des dons & des donations journalières; & les plus riches étoient, comme ailleurs, celles des Jésuites.

Les Moines mêlés parmi la Noblesse & la Bourgeoisie, éventent à l'envi les successions, & se servent de tous moyens pour procurer à leurs maisons, soit des dons manuels, soit des legs particuliers, lorsqu'ils ne peuvent arracher un legs universel. Il regne entr'eux, à cet égard, la même politique que parmi les amoureux bannaux; c'est-à-dire que, quand l'objet de leurs attentions s'est déterminé pour quelqu'un d'un tel Ordre, les autres Ordres ne troublent point sa possession, & ne se mettent sur les rangs, qu'en cas de rupture.

De-là, ces richesses qui brillent dans la décoration de leurs Eglises, dans les fêtes brillantes & très-coûteuses qu'ils y donnent fréquemment; enfin dans l'énorme quantité d'argenterie dont regorgent leurs sacristies. Les Eglises de Naples sont peut-être auſſi riches en ce genre, que toutes les Egliſes d'Italie enſemble.

Chaque Monaſtère a une Pharmacie bien tenue, & qui lui rapporte beaucoup. La plûpart des Moines font le métier de Médecin. Les Pratiques de ces Médecins forment le fond de la Pharmacie de leur Maiſon, dont le courant roule ſur les familles qui y viennent à confeſſe.

D'ailleurs chaque Pharmacie eſt connue par quelque reméde ou friandiſe que l'on ne fait point ailleurs auſſi bien; & à cet égard elle a une vogue aſſurée, au moins pour les Etrangers & pour ceux qui ne ſont eſclaves ni de leur Médecins, ni de leur Confeſſeur. Les Minimes, par exemple, qui ont leur Maiſon vis-à-vis le Palais, excellent pour les *diabolos*, eſpèce d'anis à l'uſage des *Vieillards* qui veulent ſe tirer du *Calendrier*. Cette drogue ſe vend au poids de l'or. Il y a apparence que la Pharmacopée de Montpellier n'en a pas la recette; car je vis un Chanoine de cette Ville en acheter pour cinq louis d'or.

NAPLES.

La Noblesse forme un Corps lié par des vûes & des intérêts communs, distribué autrefois en trente Siéges, & aujourd'hui en cinq seulement, dont les Députés partagent le gouvernement municipal avec le Peuple représenté par un Élu qui est de son choix.

Les deux Classes, la Noblesse & le Peuple, forment à Naples les Etats-Généraux ou le Parlement de la Nation. Le Clergé n'y fait point Corps : distribué sous les deux Classes dominantes, il est répandu & confondu dans la Noblesse ou dans le Peuple. Il en est ailleurs autrement, parce qu'ailleurs toutes les révolutions ont commencé par le haut Clergé qui s'en est servi, d'abord pour se donner un état, & ensuite pour l'assurer & l'augmenter. D'ailleurs la multiplicité & même le peu d'opulence en général des Evêchés des Deux-Siciles n'ont pû leur donner la considération & la prépondérance qu'un petit nombre de Prélats, unis par l'intérêt de Corps, ambitieux, riches & puissans, acquièrent nécessairement, sur-tout dans les troubles qui précédent, annoncent & préparent les révolutions. Enfin les Deux-Siciles étant restées encore unies à l'Empire Grec longtemps après le dénombrement de l'Empire d'Occident, l'Eglise y avoit été constamment entretenue par les Empereurs, dans cette subordination qui ne lui coûtoit rien, lorsqu'elle écoutoit Jesus-Christ, lui disant: *Nescitis cujus spiritûs estis.*

Les Siéges où s'assemble la Noblesse, sont de grands sallons isolés & fermés, dans toute leur enceinte, par des grillages de fer, à travers lesquels on peut voir tout ce qui s'y passe. J'ignore si cette disposition singulière est du choix de la Noblesse, si elle a été prescrite par le Souverain, ou exigée par le Peuple.

Le Cardinal Spinelli a éprouvé, en 1750, ce que peut la réunion de ces différentes factions. Ce Seigneur né d'une des premières Maisons de Naples, homme de tête & de Cabinet, chéri de Benoît XIV, jouissant, comme Archevêque de Naples, d'une considération à laquelle aucun de ses prédécesseurs n'avoit osé prétendre, commençoit à attirer sur lui les regards & la confiance de son Souverain. Quelques Ministres craignant que cette confiance n'allât trop loin, mirent en jeu une Sentence de l'Officialité de ce Prélat, qui condamnoit un Prêtre à rétracter quelques propositions malsonnantes, & on s'en servit pour faire craindre au peuple l'établissement de l'Inquisition qu'il n'a jamais connue que de nom, & qu'il regarde comme l'instrument capital de la tyrannie.

Un bulletin adressé sur ce sujet à un Notaire affidé, alluma un incendie qui, en peu de jours, gagna tout le Royaume. La populace allarmée de la crainte du *Sant-Affice*, (c'est ainsi qu'elle appelle l'Inquisition), étoit journellement grossie & renforcée par des troupes de paysans que la même crainte attiroit de toutes les parties du Royaume, & qui venoient offrir leurs secours à leurs Seigneurs & à leurs Patrons. Enfin tous ces gens réunis investirent le Palais; & le Roi que l'on avoit eu soin de ne point prévenir sur cet attroupement, étant sorti à l'ordinaire, toute la place retentit du cri concerté : *point de Sant-Affice*. Sa Majesté fit dire au Peuple, qu'Elle s'informeroit des objets de ses demandes & de ses craintes, & qu'Elle feroit justice. L'affaire portée à un Conseil extraordinairement assemblé au retour du Roi, fut renvoyé à l'examen & à l'avis des Siéges qui la discutèrent avec apparat, investis dans le cours de cette discussion, par des pelottons de peuple qui, environnant les Nobles à la levée de chaque Siége, leur demandoient froidement, *Metterem' il fuoco?* Cette émeute naissante donna une si chaude allarme, que le Cardinal, abandonné par le Roi, fut obligé de quitter Naples, de remettre son Archevêché entre les mains de Sa Majesté; & de se retirer à Rome, où nous l'avons vu jouissant d'une consideration particulière à l'abri des allarmes & des révolutions.

Le préjugé contre l'Inquisition, entretenu dans ce Peuple par la crainte qu'il eut dans tous les temps de la domination Papale dont il a été souvent menacé, est à cet Etat, ce que sont à la France les Libertés de l'Eglise Gallicane. Il est sans doute étonnant qu'aux portes de Rome, dans un Etat Catholique, feudataire de Rome, & long-temps dominé par les Rois Catholiques, cette crainte salutaire ait eu son effet; mais il l'est encore plus que ce préjugé doive, ainsi que les Libertés de l'Eglise Gallicane, son établissement & sa perpétuité, moins aux Souverains, qu'à la Nation, c'est-à-dire, à des Théologiens & à des Jurisconsultes * qui

---

* Ainsi les découvertes les plus importantes, en matière de Gouvernement, doivent leur origine & leur promulgation, non à gens soudoyés,

*Nummo contenti qui suum officium faciunt;*

Terent. Adelph.

mais à des hommes isolés, qui, ne travaillant que pour eux-mêmes & pour la postérité, ont bravé le jugement & souvent les persécutions de leur siècle. Ce que pensoit un vrai François des Historiographes à gages, s'applique à tous les Écrivains soudoyés: *Quid expectari,* disoit-il, *ab istiusmodi genere hominum debeat, qui mercede conducti;*

l'ont introduit & fomenté, souvent malgré le Souverain qui sçut quelquefois s'en servir utilement.

Un objet encore plus singulier en ce genre, est le Tribunal de la Monarchie de Sicile. On sçait que, par ce Tribunal, le Roi exerce sur la Sicile l'autorité qu'il prétend lui appartenir, en qualité de Légat-né du Saint-Siége & de Représentant perpétuel du Pape. En vertu de cette autorité, établie sur une Bulle assez équivoque d'Urbain II, (Bulle que Leibnitz a placée à la tête des Piéces rassemblées dans son *Corps diplomatique*), le Roi de Sicile, par lui-même ou par ses Délégués, juge & punit, excommunie & absout tous Laïcs, Moines, Prêtres, Prieurs, Abbés, Evêques, Archevêques & Cardinaux mêmes. Ses Jugemens sont sans appel en toutes matières Ecclésiastiques & Bénéficiales : il ne

---

*scriptitant, tu ipse judica. Ridiculi in eo sunt & Principes & mercenarii illi Scriptores : illo enim ipso titulo profitentur se ad mendacia coemptos.* Bongars. Lett. à Camerar. 155.

NAPLES.

reste à la Cour de Rome, que le droit de prévention qu'elle n'exerce jamais qu'en des temps de trouble. Enfin le Président du Tribunal de la Monarchie est intitulé, dans toutes les Requêtes & Suppliques qui lui sont présentées, *Beatissimo Padre:* titre plus étonnant encore que l'autorité qu'il annonce.

On imagine aisément quelles tentatives ont dû faire les Papes, pour l'abolition d'une *Monarchie* plus odieuse pour eux dans un Roi Catholique qui s'avoue leur feudataire, & dans les Reines qui peuvent venir de leur chef au Royaume de Sicile, que la Suprématie des Rois & des Reines d'Angleterre. La Nation, souvent aidée, quelquefois abandonnée du Souverain, a constamment ou éludé, ou repoussé, par ses Jurisconsultes & ses Théologiens, les coups des Papes* les plus

---

* Paul V. attaqua vivement ce privilége, par la plume du Cardinal Baronius, qui inséra au *Tome XI. de ses Annales*, une longue discussion sur cet objet. Elle fut réfutée par le Cardinal Ascagne-Cologne, & Baro-

entreprenans ou les plus inquiets, contre une prérogative que les Papes mêmes les plus paisibles regardent comme hérétique, schismatique, exécrable.

C'est sous ces qualifications, qu'en 1715, Clément XI. abolit le Tribunal de la Monarchie. Victor-Amédée régnoit, depuis 1713, sur la Sicile. Tout annonçoit que ce Royaume lui échapperoit bientôt, pour rentrer dans la Maison d'Autriche. Il étoit à présumer qu'un Souverain passager ne s'intéresseroit que foiblement au maintien d'une prérogative dont d'autres devoient jouir. Mais le Tribunal fit pour soi-même

───────────────────────

nius répliqua. Quant à la question de fait, l'avantage paroissoit du côté de Baronius; mais sur la question de droit, ses argumens concluoient d'autant moins, qu'ils étoient presque tous tirés de l'autorité suprême du Pape sur le temporel des Rois : autorité qui, donnant en preuve ce qu'il falloit prouver, étoit l'épée & le bouclier de ce même Pape Paul V. dans la guerre qu'il soutenoit alors contre la République de Venise, contre l'Angleterre, contre le Tiers-Etat de la France, & contre l'Espagne, à cause du Royaume de Sicile.

NAPLES.

tout ce qu'auroit pu faire le Souverain le plus jaloux de son autorité. Accablé de Bulles, de Brefs, de Rescrits, de Lettres monitoriales, il sçut faire entrer dans sa querelle les Puissances dont elle intéressoit indirectement les droits : la Bulle d'abolition fut supprimée par Arrêt du Parlement de Paris.

L'affaire fut enfin terminée sous Benoît XIII. par le fameux Cardinal Coscia, qui, passant titre à l'Empereur, devenu en 1720, Roi des Deux-Siciles, ménagea à sa Cour un dernier échapatoire, en faisant signer la Bulle de transaction par deux Soudataires, sur le refus du Dataire & du Vice-Chancelier de revêtir de leurs seings un Acte qui canonisoit une autorité jusqu'alors regardée à Rome comme *l'abomination de la désolation dans le lieu saint.*

Le Peuple Napolitain commence, en faveur de Dom Carlos, à renoncer à son indifférence pour les Souverains qui le gouvernent; non qu'il y ait entre ce Prince & ses Sujets de tout état, communication, acointance ni familiarité : jamais Souverain n'en fut aussi éloigné que Dom Carlos. Il donne à la Reine tout le temps qu'il passe au Palais : la pêche remplit ses matinées ; la chasse, ses après-dînées ; son Conseil, les heures intermédiaires. C'est toujours au plus grand galop qu'il traverse Naples quatre fois par jour, lors de ses séjours dans cette Ville. Les Napolitains disent à ce sujet, que, lorsque Philippe V. passa en Espagne, Louis XIV. lui conseilla cette allûre impétueuse que les enfans ont conservée. Ni les pluies, ni les plus excessives chaleurs ne dérangent ces exercices, qui ont fait au Roi un tempérament à toute épreuve.

C'est par le choix de ses Ministres, c'est par la manière de travailler avec eux, c'est par l'habitude qu'il a acquise de voir tout d'un coup d'œil, & de le bien voir, que ce Prince a gagné la confiance & le cœur de ses Sujets. Ils voyent en lui tout ce que le Protocole * de la Politique Ita-

_____

* *La prima conjettura, porte ce Protocole, (cap. 22.) che si fà d'un Principe e del cervel suo, è vedere gli uomini che lui*

lienne exige pour le choix des Ministres, & pour la manière dont le Souverain doit traiter avec eux & en tirer parti.

Le Prince Royal, Héritier présomptif de la Couronne, a atteint l'âge de douze ans, dans un état de foiblesse que l'âge augmente, loin de le diminuer. Toutes les après-dînées, la Reine passe à l'appartement de ce Prince, le caresse, l'embrasse, pleure, & se retire. Dans tous les événemens qui le peuvent appeller au trône, ce Prince y montera-t-il, malgré son état ? Si cet état l'en

---

*d'intorno : quando sono sufficienti e fideli, sempre si può reputarlo savio.... Ma come il Principe possa conoscere il Ministro, ci è questo modo che non falla mai. Quando tu vedi il Ministro pensar più à se che à te, e che in tutte le attioni vi ricerca l'utile suo, questo tal cosi fatto mai non fia buon Ministro, ne mai te ne potrai fidare.... D'altra parte, il Principe per mantenersi buon il buono, deve pensare à lui, honorandolo, facendolo ricco, abligandoselo, participandogli li honori e carichi, &c. &c. &c.* C'est ainsi que se conduit le Roi de Naples avec ses Ministres, & ses Sujets jugent de lui par eux.

exclut

exclut, quelle forme donner à une exclusion qui n'a point d'exemple, & qui, remettant le successeur au choix du Roi régnant, ou au choix de la Nation, ouvriroit un vaste champ aux raisonnemens & aux conséquences?

Un Poëte Italien disoit des Napolitains, ses contemporains:

*In Napoli il dir molto e l'haver poco.*
Mauro Capit. della Fava.

Je n'ai pas assez séjourné à Naples, pour être instruit à fond de la vie, soit privée, soit de société que l'on y mene. Je sçai seulement que l'on y dort plus qu'en aucun autre pays de l'Italie; que l'on y consomme une prodigieuse quantité de chocolat que chaque particulier fait fabriquer chez soi, à la dose qui lui convient le plus; que les conversations ou sociétés générales y sont au ton des autres Villes d'Italie; que, dans les sociétés particulières, le propos est à la Grecque, c'est-à-dire, très-gai & fort libre; que la galanterie est aussi commune & aussi

NAPLES.

peu discrette dans les premiers rangs; que rare & mystérieuse dans la Bourgeoisie; qu'à la suivre dans le Peuple, les extrémités se touchent; qu'en général la continence est à Naples la vertu la moins commune; que l'amour qui n'est souvent ailleurs qu'air, fatuité, fantaisie, y est un des plus urgens besoins; enfin que le Vésuve qui commande cette Ville, est l'emblême le plus exact sous lequel on puisse à cet égard la représenter.

D'autres besoins que la Police & une certaine pudeur répriment ailleurs, sur-tout dans les grandes Villes, sont à Naples au-dessus de toutes loix. Le soufre, mêlé à tous les végétaux & à tous les alimens, l'usage continu du chocolat, des liqueurs les plus fortes, & des drogues des plus échauffantes, occasionnent des explosions & des éruptions, qui ne souffrent ni délai ni ménagement. Les cours des Palais & des Hôtels, les porches des maisons particulières, leurs escaliers & leurs palliers sont autant de réceptacles pour les besoins de tous les passans, les gens en carrosse descendent souvent eux-mêmes pour s'y mêler aux gens de pied : tout Citoyen prenant chez les autres la liberté qu'il permet chez lui *.

Ajoutez à cette liberté générale, le peu de soin de chaque Propriétaire ou Locataire pour tenir au moins nettement son hôtel, sa maison, ou son pallier : vous aurez une idée de la malpropreté & de l'infection répandue dans une Ville où l'on compte cinq à six cent mille ames.

J'ai dit qu'à Naples les hommes & les Arts ne sont ni les hommes ni les Arts du reste de l'Italie. Je crois l'avoir prouvé, quant aux hommes : à l'égard des Arts, je vais, sinon le prouver, au moins l'indiquer, sauf l'appel aux Artistes.

L'architecture des édifices sacrés & profanes, publics & particuliers, n'est plus l'architecture Romaine. Elle est par-tout chargée de bossages & de ressauts d'une proportion gigantesque, & d'une énor-

---

* *Veniam petimusque damusque vicissim.*

me pesanteur qui saisit l'œil d'autant plus désagréablement, que toutes ces parties saillantes sont, ou d'une pierre grise qui tranche avec le fond des bâtimens, ou enduites d'une grosse couleur en gris-sale dans les bâtimens où elles ne sont qu'en stuc. Toutes les portes d'une hauteur démesurée, sont chargées de balcons, ou soutenus par des consoles plus grosses que ce qu'elles portent, ou suspendus en l'air de manière à faire croire qu'elles ne s'y soutiennent que par miracle, tant sont pesans tous les détails de leur composition.

La plûpart des Eglises les plus riches & les plus brillantes, n'offrent au-dehors, ainsi que dans le reste de l'Italie, qu'un mur nud qui attend un portail ; & ces murs d'attente font un prétexte éternel pour mendier au profit de la pauvre Eglise, à laquelle manque une décoration nécessaire. En un mot, ces Eglises attendent toujours un portail, par les mêmes raisons qui font durer, depuis plus de quarante ans, la bâtisse de celui de Saint Sulpice à Paris.

Quant à l'intérieur de ces Eglises, plus riche & plus brillant que beau, il est par-tout d'une décoration & d'une distribution uniforme: ce sont deux croisées coupées dans leur point de réunion, par une coupole. Qui en a vu une, les a toutes vues.

Les marbres & les plus brillantes peintures ornent cet intérieur : s'ils sont remplacés ou coupés par de la dorure, c'est avec une profusion qui lasse l'œil, sans l'amuser. Telle étoit la nouvelle décoration de l'ancienne Eglise des Religieuses de Sainte Claire, que je vis terminer pendant mon séjour à Naples. Pour trouver un fond à la dorure que l'on y vouloit faire entrer, on avoit chargé une partie de l'Eglise, de ces jalousies en losange dont nous devons l'idée aux Arabes ; & ces jalousies avec leurs losanges du plus pesant relief, étoient chargées de la dorure la plus recherchée & la plus éblouissante : décoration digne du siécle du Roi Robert, auquel remonte la construction de cet édifice.

Ce n'est pas que les Architectes

ayent manqué d'occasions de déployer leurs talens dans une Ville où l'on compte plus de trois cens Eglises, en y comprenant les Chapelles particulières de Confrairies, Associations & Congrégations plus accréditées, ainsi qu'à Rome, & plus fréquentées que les Paroisses qui sont au nombre de trente.

Quelques fontaines répandues dans la ville de Naples, celles mêmes qui ornent la grande place du Port, se ressentent de ce mauvais goût, malgré l'intention de ceux qui les ont fait élever: intention qui ne s'annonce que par le choix des marbres qui y ont été employés.

Il en est de même de l'argenterie de toute espèce que possèdent les Eglises. Elle est toute en plaques & en miroirs éxécutés avec le plus grand soin sur des desseins où la forme est sacrifiée au brillant.

Mais le goût Napolitain * ne

---

* Pour louer quelque morceau bien exécuté suivant leur goût, les Auteurs des Descriptions de Naples, disent : *Una cosa stravagantemente lavorata.*

brille nulle part avec autant d'avantage, que dans la conſtruction des pyramides ou obéliſques élevés dans les places qui avoiſinent les principales Egliſes. Conſtruits avec la plus grande dépenſe, aſſemblage bizarre des marbres les plus rares, ils enchériſſent à l'envi ſur tout ce que le plus lourd gothique eut jamais de plus indécis. On en achevoit un devant la grande Egliſe des Jéſuites, aux dépens des contributions qu'avoit recueillies un Pere de la Maiſon, très-connu à Naples, par de petites Oraiſons qu'il vendoit au Peuple de la Campagne, à qui il avoit perſuadé que les bulletins ſur leſquels étoient imprimées ces Oraiſons, avalés par les Poules, avoient une vertu merveilleuſe pour augmenter leur fécondité. Ce nouvel obéliſque, plus chargé & plus brillanté que tous les anciens, eſt le triomphe complet du mauvais goût. Autour de ces monumens, la fête des Saints auxquels ils ſont conſacrés ou dédiés, eſt célébrée, pendant pluſieurs ſoirées, par des illuminations, des ſérénades & des feux d'artifice qui attirent à ces fêtes nocturnes tout le Peuple de Naples.

Le Château neuf, commencé par Charles d'Anjou, est un des plus vieux bâtimens de Naples. La porte par où l'on y entre, resserrée & écrasée par deux énormes bastions, est un arc de triomphe en marbre, élevé en 1494, pour célébrer l'entrée du Roi Alphonse d'Arragon à Naples. Ce monument est couvert de trophées & de bas-reliefs qui ont mérité, par leur excellence, que les Lombards & les Florentins s'en disputassent l'honneur : c'est une des choses de Naples la plus belle & le plus mal en vûe. Un des bastions de ce Château qui fait face au port, fut construit, dans le dernier siécle, par un des Vicerois Espagnols, des deniers d'un impôt levé *ad hoc* sur les Courtisanes. Pour apprendre à la postérité l'obligation que leur eut l'Etat dans cette occasion, les Tailleurs de pierre ont eu soin de tracer grossièrement au marteau, une ovale alongée, sur chacune des pierres qui forment la grande face extérieure de ce bastion très-élevé.

Le Palais qu'habite le Roi, bâti par les Vicerois Espagnols, sur les desseins du Chevalier Fontana, célèbre Architecte Romain, sort de la classe générale des bâtimens de Naples. Il occuperoit un rang distingué parmi les édifices de Rome.

Un de ces Vicerois a fait faire en marbre, vis-à-vis de ce Palais, un Colosse de marbre, auquel on a adapté une tête colossale de Jupiter, trouvée dans les ruines de Pouzoles. La partie antérieure de cette statue est couverte d'une peau d'Aigle, sur laquelle est gravée une très-prolixe inscription en l'honneur du Viceroi auquel Naples doit cet embellissement, qui, dans le vrai, est une des plus horribles choses dont Naples se puisse vanter. On peut y joindre une Vierge colossale aussi en marbre, que l'on voit au Couvent des Chartreux dans le voisinage de l'appartement du Prieur. On la dit néanmoins du célèbre Bernin, qui ne la comptoit pas sans doute parmi les titres de sa réputation.

Cette Maison des Chartreux est située au pied du Château S. Elme.

NAPLES.

Elle découvre, à vûe d'oiseau, la plus belle partie de Naples. L'Italie a peu de Couvens auſſi bien rentés\*, auſſi avantageuſement ſitués, & auſſi riches en chefs-d'œuvres de Peinture de toutes les Ecoles. Les Etrangers y ſont communément bien reçus. Nous y paſſâmes une journée, & nous y eûmes, en marée, un bon dîner, que nous payâmes comme nous l'euſſions payé chez un Traiteur, parce que ni le Prieur, ni aucun des Officiers de la Maiſon ne l'honora de ſa préſence. La partie de cette Maiſon la plus avancée ſur la Ville, a un belvéder, d'où nous entendîmes avec étonnement une

---

\* La plus grande partie des biens de cette Maiſon provient de la très-riche fondation faite par Jeanne I, amplifiée & confirmée par Jeanne II, en faveur de l'Hôpital de l'*Incoronata*, du ſoin duquel les Chartreux furent chargés par ces deux Princeſſes. Ainſi » qu'il eſt arrivé ailleurs, dit-on, les biens » de la fondation ſubſiſtent encore ; mais » l'Hôpital n'exiſte plus depuis long-temps, » & les lieux deſtinés à recevoir les malades » forment aujourd'hui de vaſtes celliers à » l'uſage de la Chartreuſe. « *Summonte* P. 2. L. 4. p. 620. *Giannone* L. 25. c. 10. §. 1.

partie de tout ce qui se disoit dans les places & dans les rues de Naples qui se trouvent à portée. Ce ne sont ni discours ni propos suivis; mais c'est un cliquetis de paroles très-distinctes, qui me représenta cette Isle imaginée par Rabelais, où les *Liv. 4. a 56,* paroles gelent, & où, en venant à dégeler, elles forment un pareil cliquetis.

Pour terminer l'article de l'Architecture, disons un mot des maisons de Naples. Ces maisons bâties d'une espèce de tuf très-léger, élevées jusqu'à sept & huit étages, sont toutes terminées en plate-forme, sans toit ni couverture. Cette construction leur donne, non l'air du Louvre, du Palais Bourbon, ou de l'Observatoire de Paris, mais de maisons incendiées dont le faîte a péri par les flammes. La ressemblance en est d'autant plus exacte, que le haut de ces maisons est plus noirci que leurs parties moyennes, par les fumées & par les vapeurs aériennes. Au reste, cette construction tient moins au climat où il pleut autant que par-tout ailleurs, qu'à la commodité de la *Pouſ-*

NAPLES. *folane* que fournissent tous les environs de Naples. Cette matière, composée de parties dissoutes par le feu & de petits cryftaux très-âpres au toucher, mêlée avec de la chaux de marbre ou de coquillage, forme un enduit que l'eau affermit, au lieu de le détruire. Lorsqu'on l'a étendue sur une plate-forme, on l'y tient sous l'eau, pour qu'en s'incorporant avec la chaux, la Pouffolane foit en état de résifter au soleil, qui, fans cette précaution, la feroit retourner en pouffière. Si, au lieu de ciment, on eût employé ce fable pour lier les cailloux dont est pavée la plate-forme de l'Observatoire de Paris, peut être ce magnifique monument du regne de Louis XIV. auroit-il duré plus d'un fiécle, dans l'état où il étoit forti des mains de M. Perrault.

Naples fut infiniment plus heureufe en Peintres qu'en Architectes. Devenue colonie de l'Ecole de Boulogne, par les travaux dont le Lanfranc, le Dominiquin, le Guide, & autres grands Maîtres, l'ont décorée, elle a produit des Artistes qu'à bien des égards leur Métropole auroit pu revendiquer, si le goût national pour le brillant & pour le *ſtravagante*, ne les avoit fait ſortir du cercle dans lequel les Carraches avoient renfermé leur art.

Suivant la méthode que je me ſuis preſcrite, & que j'ai ſuivie juſqu'à préſent, il me ſuffira de noter ici quelques-uns des tableaux qui m'ont le plus affecté, au milieu de la foule des chefs-d'œuvres en ce genre que Naples réunit.

Je placerai au premier rang les douze Prophètes peints par l'Eſpagnolet, dans les lunettes des arcades qui forment la nef de l'Egliſe des Chartreux. L'ingratitude des eſpaces qu'ils occupent, a mis le Peintre dans la néceſſité de les repréſenter tous à demi-couchés ; mais il a ſçu tirer de cette néceſſité même, une variété d'attitudes, dont chacune eſt liée au caractère de chaque perſonnage. Tous ces perſonnages ſont des vieillards mélancoliques, penſeurs, extatiques : nouvelle uniformité, nouvelle difficulté à vaincre, & qui a été vaincue de manière qu'il y a entr'eux la même diversité d'air, de physionomie, de caractère, que d'attitude, & qu'elle est relative au genre des écrits qui nous restent de chacun de ces Prophètes. Jamais ames sublimes n'ont été saisies & rendues avec autant de force ni autant de vérité. Le pinceau s'est prêté à l'intention de l'Artiste : l'Espagnolet s'est surpassé lui-même dans la partie du coloris qui conserve toute la vigueur qu'exigeoient de pareils sujets. Je terminerai ce détail, en avouant, sans doute à ma honte, que tout ce que le Vatican a de plus précieux, ne m'avoit pas autant affecté que ces Prophètes.

Un Saint François du Guide, chez les Peres de l'Oratoire, peut entrer en société avec eux, ainsi qu'un tableau du même Peintre qui, dans le genre opposé, y a représenté nuds Jesus-Christ & Saint Jean dans la fleur de l'adolescence.

Luca Giordano remplit le second âge de l'Ecole Napolitaine. Ce fameux Peintre a produit lui seul autant de bons morceaux dans tous les genres, qu'il en est sorti de certaines Ecoles *. Il n'eut à Naples de rival digne de lui, que le Massimo. Les Législateurs en Peinture disent beaucoup de mal de ce grand Maître, de son incorrection, de son indécision, de ses libertés; & lui associant le Solimène & les Maîtres du troisiéme âge, ils leur adressent ces paroles : *Vos primi* Picturam *perdidistis.*

Je ne citerai qu'un Tableau de Luca Giordano. C'est une Vierge *del Rosario*, dans l'Eglise des Dominicains, voisine du Palais. Je suivis, dans cette Eglise, une Neuvaine qui s'y célébroit par la réunion de tout ce que Naples avoit de meilleur en Musique; mais cette Musique m'intéressoit & m'occupoit moins que le Tableau du Rosaire. Il y a représenté la Vierge environnée d'Anges & portée en triomphe, sous un dais qui sort de la toile & en paroît détaché : Saint Dominique & une Jacobine lui font cortége. Les personnages, le daix, ses pentes agitées par l'air, tout est en mouvement. Tel

* *Solus Academiam facit.*

est en général le caractère des ouvrages de ce Maître. Sous un coloris aussi vigoureux que varié, tout y respire, tout paroît s'y mouvoir. A juger de ces ouvrages par leur effet, on leur pardonne aisément les libertés que s'est permises le Giordano, pour assurer cet effet : *dulcibus abundat vitiis*.

Dans une Eglise voisine du *Siége* qui tient à la grande place, je vis un Tableau du Solimène, que je noterai ici, moins pour l'exécution qui en est brillante, que pour la singularité du sujet*. On y voit Jesus-Christ & Saint François. Notre-Seigneur ouvre sa poitrine, où l'on voit sur son cœur, comme dans un miroir,

---

\* Une Eglise de Bénédictins en offre un non moins singulier, parmi les portraits des Papes que l'Ordre de Saint Benoît a donnés à l'Eglise : c'est le portrait de Grégoire VII. Le Peintre a représenté ce Pape tenant de la main gauche le bâton pastoral avec des poissons, & de la droite, il est armé d'un fouet énorme, dont il paroît prêt à frapper. L'emblême s'explique par la suite des accompagnemens : car on voit Grégoire VII. fouler aux pieds un amas de sceptres & de couronnes Royales & Impériales.

Saint François qui rend la pareille à Jesus-Christ, dont le portrait paroît aussi exprimé sur le cœur du Saint.

L'Italie est semée de ces idées extravagantes, exécutées souvent par les plus grands Maîtres, dans de petits tableaux que leur commandoient de vieilles illuminées. J'en connois un du Dominiquin, d'un pied de haut, sur un demi-pied de large, où ce Maître a peint sur cuivre une Sainte Catherine de Sienne dans une pamoison extatique. Deux Anges adolescens la soutiennent, & Jesus-Christ, porté sur un nuage léger, lui tire le cœur de la poitrine, à travers son habit de Jacobine. Le fond de ce tableau est rempli par un très-joli paysage. Le Dominiquin n'a rien fait de plus beau en petit. Toutes les têtes marquées au coin du Maître, sont du fini le plus précieux: tous les détails, de la plus grande vérité. Quant au coloris, c'est le plus suave & le plus moëleux que le Dominiquin ait jamais employé: la perfection de toutes les parties ne laisse de regrets que sur le choix du sujet.

NAPLES.

En matière de Peinture, Naples offre un vaste champ aux regrets des Artistes & des *Dilettanti*. Tout le monde sçait qu'elle étoit l'abondance & le choix des collections formées en ce genre par la Maison de Farnèse : Maison qui, pendant la moitié du plus beau siécle de l'Italie, avoit régné en souveraine, & en souveraine éclairée sur les Arts, sur les Sciences & sur les talens. Les Princes de cette Maison, aussi jaloux de ces richesses que de leur souveraineté, en avoient orné leurs Palais de Parme & de Plaisance.

Le dernier de ces Princes étant, de nos jours, mort sans enfans, ses Etats héréditaires ont passé successivement à Dom Carlos & à Dom Philippe, du chef d'Elisabeth Farnèse, leur mere, Reine d'Espagne, mariée à Philippe V, & dernière du nom de Farnèse. En exécution du Traité de Vienne, conclu en 1739, Dom Carlos passant au Royaume des Deux-Siciles, remit les Duchés de Parme & de Plaisance à Dom Philippe, mais en se réservant, par préciput, le mobilier. Les collections de tableaux, de médailles, de livres, &c. faisoient la partie la plus précieuse de ce mobilier. Tout fut précipitamment emballé & voituré à Naples, où les Palais du Roi déja remplis, ne pouvoient recevoir ces nouvelles richesses. Ce Prince faisoit alors bâtir à *Capo di Monte*, (colline délicieuse qui commande une partie de Naples, son port & ses deux bayes), un Palais de la plus grande magnificence, sur les desseins de Van-Vitelli, Architecte Romain. Ce Palais fut désigné pour recevoir le mobilier de Parme; & en attendant qu'on pût l'y loger convenablement, les caisses de livres & de tableaux furent entassées dans les premières piéces du rez-de chaussée qui se trouvoient terminées. Le Palais en partie achevé, on vint à s'appercevoir qu'il pourroit manquer d'eau. L'hydraulique ne fournissoit alors aucune ressource pour lui en procurer, quoique toutes les maisons de campagne qui peuplent ce beau lieu, n'en manquent pas, & que la Toscanella qui le domine, soit célèbre par une cîterne inépuisable de la plus belle & de la meilleure eau. Sous ce prétexte, ou pour quelque raison qu'il couvroit, le Palais de *Capo di Monte* fut abandonné*.

Toutes les attentions se réunirent sur ce nouveau Palais, & les caisses de livres & de tableaux restèrent où elles avoient été jettées à leur arrivée de Parme.

Les tableaux étoient nouvellement déballés, lorsque nous les vîmes à *Capo di Monte*. Ils avoient souffert dans cette attente, tout ce qu'il étoit possible qu'ils souffrissent, sans pouvoir espérer un avenir plus heureux. En effet, jettés au hasard sur des murs d'appartemens inhabités, exposés à l'humidité & aux injures de l'air auxquelles est ouvert un Palais qui n'offre que des ruines, rien ne peut les sauver d'une destruction à laquelle concourent, depuis vingt ans, tant de causes réunies. Celle de la Bibliothéque est sans

---

\* *Ferramenta* Casertam *Gesserunt Fabri.*

Horat. Ep. 1. L. 1.

doute consommée : on nous dit qu'elle gissoit encore aux rez-de-chaussée, dans les ballots qui l'avoient apportée de Parme.

Naples offre peu d'antiquités. On ignore même la position de la *Paléopolis* & de la *Néapolis*, entre lesquelles, suivant Tite-Live, le Consul Publius prit poste dans sa campagne contre Annibal. Des anciens monumens de Naples, le plus entier & le plus vénérable est le tombeau de Virgile. Ce tombeau que Misson, ainsi que le P. de Montfaucon, & tant d'autres, ont fait graver, sous la forme d'une pyramide presque ruinée, est une lanterne d'environ vingt pieds d'élévation, soutenue par des arcades à jour, dont les massifs furent autrefois ornés de colonnes. Cet édifice occupe un terre-plein coupé à mi-côte dans le flanc oriental de la montagne du Pausilippe, d'où il découvre les deux bayes de Naples, le port, les châteaux, & une partie de la ville dans sa longueur ; il a en face le Mont-Vésuve. C'est sans doute par la raison qu'il devoit être vu de tous ces endroits, qu'on lui a donné plus de hauteur que n'en auroit exigé sa base, s'il eût été bâti dans le plein-pied. Il domine l'entrée de la fameuse grotte du Pausilippe; & au moyen des excavations que l'on pousse journellement dans cette partie de la montagne, il la domine au point, qu'à peine est-il actuellement éloigné de deux pieds du bord d'un précipice de trente toises à pic, ensorte que ces excavations, si on les continue, entraîneront incessamment sa ruine.

La surface extérieure de la coupole qui le termine, offre un prodige que les Poëtes Napolitains ont chanté à l'envi: c'est un laurier dont elle est exactement couronnée. Cet arbuste n'a de nourriture que celle que cherchent ses racines dans les jointures des pierres. Tous les Voyageurs en détachent, ou plutôt en arrachent des branches, au moyen d'une corde à l'extrémité de laquelle on attache une pierre. Le flanc de la montagne où ce tombeau est situé, loin d'avoir des arbustes de cette espèce, n'est couvert que d'ifs

& de sapins. Cependant le laurier de Virgile, toujours vigoureux, toujours renaissant, se perpétue, répare ses pertes journalières,

Croît & s'éleve encore au sommet du Parnasse.

Il n'avoit, dans le seiziéme siécle, qu'une tige unique qui occupoit le milieu de la coupole, où elle avoit sans doute été plantée par quelque Napolitain admirateur de Virgile. Vers le commencement du dernier siécle, un sapin de la partie collatérale de la montagne, renversé par le vent, donna de sa cîme sur cette tige qu'elle étouffa. La Nature semble avoir voulu réparer cet accident, en marcottant elle-même les racines comprimées qui se sont étendues sur toute la surface de la coupole.

En portant toute la précision géographique dans l'explication de quelque vers de Stace, le sçavant Cluvier a prétendu que le tombeau de Virgile n'est point le monument dont il s'agit, & qu'il faut le chercher à l'Orient de Naples, dans le voisinage du Vésuve : ce sentiment est adopté par Adisson. Mais Stace a seulement voulu caractériser Naples, par le tombeau de Virgile & par le Vésuve vis-à-vis duquel il est placé, & qui lui forme un point de vûe direct *.

D'ailleurs Donat, dans la vie de Virgile, dit formellement que ses os transportés à Naples, par l'ordre d'Auguste, *furent inhumés sur le chemin de Naples, à Pouzoles, entre le premier & le second milles* **.

Quant à l'antre ou caverne qui, traversant le Pausilippe dans l'étendue d'un demi-mille, met de plein-pied la plage de Chiaïa avec celle de Pouzoles, l'incertitude des monumens & des Ecrivains*** sur la

---

* *Maronei sedens in margine templi, Sumo animum ac magni tumulis accanto Magistri....*

*........Fractas ubi Vesbius egerit undas.*

** *Sepulta fuere in viâ Puteolanâ, intrà lapidem secundum.*

*** Varron, ( *de Re rust. L. 3. cap. 17.* ) semble l'attribuer à Lucullus, & Strabon, ( *L. 5.* ) à un Cocceius. Mais Jean Villani, après avoir parlé avec éloge du goût des premières colonies Grecques pour les travaux de

SUR L'ITALIE. 241

date de cette grande entreprise, semble autoriser à la renvoyer, ainsi que les catacombes creusées sous les montagnes qui dominent Naples vers l'Orient, à ces siécles qui ont couvert la grande Grèce, la Sicile, la Phénicie & la plûpart des Isles de la Méditerranée, de travaux de cette espèce *. Au reste, la grotte ou ca-

NAPLES.

---

cette espèce, dit (*Chron. L.* 1. *c.* 30.) que Virgile ouvrit cette grotte d'un coup de baguette, par art magique. Enfin le Juif Benjamin de Tudelle, (*Itiner. Hierosol.*) en fait honneur à Romulus, qui vouloit, dit-il, se ménager cet asyle, contre l'incursion dont le menaçoit l'armée de David, commandée par Joab. Au reste, cette grotte n'est qu'un ouvrage d'enfant, si on la compare aux catacombes : il faut les voir, pour se former une idée de leur immensité. Dans ces pays alors couverts d'habitans, & par cette raison même très-peu boisés, la disette de pierres pour bâtir, fut le premier objet de ces excavations, dont on tiroit ensuite parti pour l'utilité publique, en faisant, comme dit le Proverbe, *de la terre le fossé*. Avant que de quitter ces objets, j'ajouterai que la position des catacombes me paroît indiquer celle de la *Paltopolis*, fondée par Hercule, suivant Diodore de Sicile.

* Voyez à l'article de ROME, Tome II, les observations sur les Cloaques.

verne du Pausilippe est tirée en ligne exactement droite. A la fin d'un des derniers jours d'Octobre, étant placé à son orifice occidental, je vis le Soleil couchant remplir & fermer, pendant deux minutes, son orifice occidental, toute la grotte formant, dans sa continuité, une espèce de tube éclairé par le Soleil : phénomène d'après lequel les Astronomes peuvent facilement déterminer la projection de la grotte.

Pour éviter les répétitions, je ne dirai rien de Cumes, de Pouzoles, ni même d'*Herculanum*. Dans les ruines de cette Ville, je me hasardai à visiter un boyau nouvellement ouvert & poussé assez loin. J'étois à la tête de plusieurs Curieux, tous munis d'une chandelle allumée. Dans la partie la plus fraîchement excavée, je m'apperçus que les cendres dont est formé tout ce terrein, se détachant d'elles-mêmes des parties supérieures du boyau, me tomboient sur la tête, & couloient le long des parois, comme le bled à travers une trémie. Cette observation me fit une impression que je communiquai aux

Curieux qui me suivoient, &, sans avoir tenu un long conseil, nous nous retirâmes plus prestement que nous n'étions entrés. Nous vîmes dans ce boyau, le plancher parqueté en mosaïque, & les murs d'une maison à travers laquelle on poussoit la fouille sur une largeur d'environ quatre pieds. Un mur qu'elle côtoyoit, étoit bâti en tuf ou pierre ponce, avec des chaînes de brique; d'où sortoient de deux tiers de leur diamètre, d'anciennes colonnes de la même matière, le tout recouvert d'un fort enduit de poussolane, lavé d'un blanc de chaux: c'est-à-dire, qu'*Herculanum* étoit bâti comme Naples l'est aujourd'hui.

On doit au hasard les découvertes que procurent ces fouilles, la mobilité du terrein empêchant de les pousser & de les étendre dans toutes les parties de la ville soûterreine. On imagine aisément tous les dangers qu'entraîne cette mobilité, au milieu d'éboulemens aussi fréquens qu'impossibles à prévenir. Malgré ces obstacles, on trouve tous les jours des richesses du prix des quelles ceux qui n'ont pas vu Portici, ne feront en état de juger, que lorſque les Graveurs employés par le Roi de Naples, après avoir épuiſé les articles de Peinture, s'exerceront ſur ceux de Sculpture. C'eſt ſur-tout par ces derniers que l'on connoîtra à quel point les anciens portoient la magnificence & le goût pour les Arts. La crainte des effets de l'air ſur des peintures enfouies depuis ſeize ſiécles, a déterminé ſagement à commencer par ces peintures, la deſcription des monumens d'*Herculanum*. Sur la recommandation de M. le Comte de Gazzola, Grand-Maître de l'Artillerie de Naples, & ſur celle de M. le Marquis Fraggiani, Préſident du Tribunal de la Monarchie, Sa Majeſté Sicilienne m'a honoré de ce très-précieux Recueil, lequel, avec ſa ſuite, formera la principale décoration de mon Cabinet.

On connoît déja, par diverſes Relations, les principaux morceaux de Sculpture tirés des ruines d'*Herculanum*. Je ne puis paſſer ſous ſilence un Mercure que je vis dans un des boyaux d'où il attendoit qu'on le tirât. Cette statue en bronze, de grandeur naturelle, représente le Messager des Dieux, arrivant d'un long voyage & ôtant ses talonières. L'extrême fatigue est exprimée dans son attitude & dans toutes les parties de son corps, qu'aucun vêtement ne couvre : elle se peint jusques dans ses sourcils, que les muscles frontaux laissent tomber. Pline le jeune disoit, au sujet des belles choses de ce genre : *Je juge de ces belles choses suivant ma portée très-bornée en tout ; mais qui l'est infiniment sur les connoissances de ce genre*\*. En m'appliquant ce que Pline disoit de lui-même, j'attendrai avec le Public la suite de la description d'*Herculanum*. Elle me présentera les raisons de mon admiration pour quantité de morceaux que tout le monde peut admirer, mais qu'il n'appartient qu'aux Maîtres de décrire.

Les mêmes motifs me réduiront à l'histoire de la découverte récente

---

\* *De illis judico quantùm ego sapio, qui fortassis in omni re, in hâc certè, per quàm exiguum sapio.* **Epist. L. 3.**

des restes de l'ancien *Pæstum* : découverte plus singulière, à certains égards, que celle d'*Herculanum*.

Cette Ville bâtie par les anciens Doriens, suivant Solin, & par les Sybarites, suivant Strabon, occupoit dans l'ancienne Lucanie, aujourd'hui *la Basilicate*, le fond d'un petit golfe qui fait partie de celui de Salerne, à une lieue de l'embouchure de la rivière de Silo ou Silare qu'elle avoit à l'Ouest : position à laquelle elle dut le nom de *Posidonia* que lui imposerent ensuite les Grecs. Elle fut célèbre, sous les Romains, par ses Roses que Virgile, Ovide & Properce ont chantées. Ses édifices, monumens de l'antique magnificence de ses premiers Fondateurs, étoient sans doute du même temps qu'un fameux Temple dédié à Junon Argienne, que Strabon place à l'embouchure même du Silo, en lui donnant Jason pour Fondateur. Les causes de la dépopulation & de l'anéantissement de la grande Grèce, s'étendirent à cette Ville ; &, depuis plusieurs siécles, ses murs & son territoire étoient devenus un désert aussi peu connu des Navigateurs, que des habitans des pays adjacens.

Vers l'année 1725, un jeune Eléve d'un Peintre de Naples étant en vacances à Cappaccio, sa patrie, la chasse ou la promenade le conduisit sur des collines qui environnent l'ancien territoire de *Pæstum*. Il n'y apperçut pour toute habitation, qu'une métairie couverte de paille & tenue par un Métayer qui, cultivant les meilleures parties du terrein, tenoit les autres en réserve pour la pâture de ses bestiaux : les ruines de l'ancienne Ville faisoient partie de cette réserve. De la colline d'où on les découvroit, ces ruines avoient frappé les yeux du jeune Eléve, qui, s'en étant approché, y vit avec étonnement des remparts & des portes encore subsistantes en partie, des rues dont on pouvoit suivre l'alignement, des édifices publics & des Temples dont le temps avoit respecté la solidité. Tous ces édifices élevés sans doute par les Doriens, Fondateurs de *Pæstum*, annonçoient la plus haute antiquité, par la ressemblance de leur construction & de leurs proportions avec les reſtes de l'ancienne Architecture Egyptienne, qui ſubſiſtent encore dans la haute Egypte.

En revenant à Cappaccio, l'Artiſte conſulta la tradition du voiſinage ſur ces monumens, & il apprit: que, de mémoire d'homme, ce terrein étoit inculte & abandonné; que, depuis dix à douze années, le Métayer dont il avoit vu l'habitation, s'étoit aviſé de s'y établir; qu'ayant fouillé les mazures qui environnent cette habitation, il y avoit trouvé des tréſors qui l'avoient enrichi, & mis en état de prendre à cens ce terrein vague & inhabité. De retour à Naples, le jeune Eléve s'empreſſa de faire part à ſon Maître de cette découverte. L'enthouſiaſme avec lequel il en parloit, excita la curioſité du Peintre, qui alla ſur les lieux, & y trouva d'autant plus de quoi la ſatisfaire, que ſes yeux étoient plus exercés ſur les objets de ce genre. Enfin *Pæſtum* ſortit de l'obſcurité à laquelle il étoit condamné depuis ſi long-temps. Les Curieux y abordèrent en foule: on peignit ſes ruines sous les aspects les plus intéressans. M. le Comte de Gazzola, Grand-Maître de l'Artillerie, en fit lever sous ses yeux les plans & les élévations : il occupoit les meilleurs Artistes de Naples à les graver chez lui ; enfin il conduisit sur ces ruines, le Roi lui-même, qui les assigna pour rendez-vous d'une grande partie de chasse *.

Je ne parlerai du Vésuve, que pour me rappeller l'excellence du raisin qui, croit au milieu des débris de ses éruptions, & qui donne le vin connu sous le nom de *Lacryma Christi*, & la bonhomie d'un vieillard qui nous en fit les honneurs. Ce vieillard habitoit à mi-côte une caverne formée par des lits de lave jet-

---

* Ce récit, littéralement traduit, remplit le premier Chapitre de la Description qu'un Anonyme vient de publier en Anglois des ruines de *Pæstum* sous ce titre : *The Ruins of Pæstum*. Cette description est ornée de quatre planches bien gravées par Miller, d'après les tableaux & les desseins que nous en avions vus à Naples. On y a joint des copies figurées de quelques Inscriptions trouvées parmi ces ruines.

tés irrégulièrement. En montant à lui, sans le voir, nous mangions du raisin avec toute l'avidité que peuvent donner la chaleur & la fatigue pour un mets très-agréable. Son apparition subite l'avoit suspendue, lorsqu'il nous dit, de l'air & du ton de la meilleure amitié : *Mangiate, Fiôli, mangiate.* Nous crûmes que cette politesse avoit son principe dans l'espérance de la *buona mancia*, & nous en usâmes en gens accoutumés à de pareilles politesses; mais nous vîmes, avec le plus grand étonnement, ce bon vieillard refuser obstinément ce que nous lui offrîmes, & n'accepter, sur nos instances réitérées, qu'une petite monnoie qu'il garderoit, nous dit-il, très-précieusement, en mémoire du bonheur qu'il avoit eu de servir des François.

Le goût des hautes Sciences a gagné Naples. Nous assistâmes à un exercice particulier, dans lequel le fils aîné du Prince de la Rocella, à peine âgé de quatorze ans, développa les découvertes de Newton, avec la profondeur d'un grand Géomètre, l'aifance & la netteté d'un homme d'efprit, les graces & toute la vivacité de fon âge.

Un autre Prince s'eft occupé d'expériences qu'avoient tentées en France M. du Fay & M. le Comte de Caylus. Il eft parvenu à donner au marbre blanc une teinture fixe de couleur quelconque : teinture qui pénétre toute la maffe, quel qu'en foit le volume. Nous vîmes un chapeau de Cardinal ainfi teint. A côté, étoit un morceau brut de pareil volume, & qui avoit paffé par la même opération : on le caffa en notre préfence, & toutes les parties internes étoient d'un auffi beau rouge que la fuperficie du bloc. Une chofe encore plus merveilleufe en ce genre, eft un cube auffi de marbre blanc, de deux pieds de furface en tout fens. Sur l'une, eft peinte une Vierge qui fe retrouve fur toutes les lames que la fcie détache du bloc. C'eft ce même Prince de *San-Severo* qui a retrouvé le fecret des lampes inextinguibles des Anciens. On nous a affuré qu'une de ces lampes, allumée dans un foûterrein hermétiquement

NAPLES.

fermé, brûloit depuis dix-huit mois, sans que l'on eût renouvellé la matière qui entretenoit sa lumière. Cette lumière éclaire le caveau d'une Chapelle où font inhumés les ancêtres du Prince, dont toutes les découvertes en Chymie, ont pour but les ornemens de cette Chapelle qui n'en est déja que trop chargée. Parmi ceux qu'il y veut ajouter, nous vîmes dans son Palais, une statue de grandeur naturelle en marbre blanc, représentant l'homme dans les liens du péché. Ces liens sont un grand filet qui enveloppe la figure, laquelle paroît s'y débattre. Ce filet, ses mailles, les nœuds qui les unissent, sont tirés du bloc même, avec un travail infini & qui eût pu être mieux employé. En effet, il n'en résulte qu'un ouvrage d'autant plus gothique, que la figure n'est point aussi belle qu'elle auroit pu l'être, si le filet n'eût pas absorbé toutes les attentions de l'Artiste. Ce morceau singulier qui ne seroit point beau à Rome, pourra figurer parmi les curiosités de Naples.

Je ne répéterai point ce que tout

le monde sçait, c'est-à-dire, que Naples est le centre de la meilleure Musique de l'Italie, & le *non plus ultrà* de l'exécution. Elle est en ce genre à toute l'Italie, ce que fut Athènes à l'ancienne Grèce, pour l'Eloquence & la Philosophie; mais la Musique s'y ressent un peu, ainsi que les autres Arts, du goût du terroir pour le *Capriccioso* & le *Stravagante*.

L'émulation des Musiciens a un puissant aiguillon dans l'Opéra de Naples, c'est-à-dire, dans le spectacle le plus brillant, le plus grand, le plus magnifique de l'Italie, & sans doute de toute l'Europe. Mes Compagnons de voyage en virent l'ouverture qui se fit le jour de la Saint Charles, fête du Roi.

Le Théâtre consacré à ce spectacle, est immense. Il a six rangs de loges, dont chacune est une chambre meublée de tables, glaces, tapisserie, canapés, lustres, &c. Celle du Roi est un sallon en face du théâtre, sallon assez grand pour recevoir commodément la Famille Royale & une partie de la Cour. L'Orchestre peut contenir deux cens personnes,

Le Parterre qui occupe tout le plein-pied de la salle, est rempli de banquettes fixes comme celles de nos Amphithéâtres qui n'ont point lieu en Italie. Les décorations ne sont point en feuilles de paravent : elles représentent une place publique, l'intérieur d'un Temple ou d'un Palais, le tout en trois grands morceaux qui remplissent les deux flancs & le fond de la scène : morceaux dans lesquels les plus habiles Peintres déployent toute la magie de la perspective.

Le spectacle est varié par des marches, des batailles, des triomphes : le tout exécuté en grand, & dans le plus grand. Les batailles se donnent entre de nombreuses troupes de Maîtres d'Escrime, qui, distingués par de riches uniformes, ont l'air de se battre réellement, le cliquetis de leurs armes se mêlant en mesure au jeu de l'Orchestre. Ces batailles sont mêlées de Cavalerie montée sur des Chevaux des écuries du Roi & des premiers Seigneurs de Naples. Dans les triomphes, le char est traîné par les plus beaux Chevaux du Roi, caparaçonnés aux frais des Entrepreneurs. Les entre-actes sont remplis par des Ballets fort communs, sans liaison ni rapport à la Piéce, & d'autant plus disparates, qu'ils s'exécutent sur des airs François dont le mouvement plus marqué que celui des airs Italiens, les rend plus propres à cet objet.

L'entreprise de ce Spectacle appartient à une Compagnie d'honnêtes gens de tous états, qui, renouvellée chaque année, avec l'agrément de la Cour, avance les fonds, & fait toute la recette & la dépense à son compte & à ses risques. La Piéce de l'année se débite imprimée, & on y lit à la tête, le nom du Poëte, celui du Musicien, les noms des Acteurs, enfin ceux des premiers Symphonistes, du Décorateur, & du Tailleur même.

L'Opéra de 1758 étoit le *Démophoon* de l'Abbé Métastasio, mis en Musique pour cette année, par le célèbre Saffone : car les Opéras sont en Italie ce que sont en France les Motets, les Musiciens travaillant à l'envi sur les mêmes paroles. Tout

NAPLES.  Naples assuroit que le Démophoon déja mis en Musique par plusieurs *Virtuoses*, n'avoit point encore été traité aussi supérieurement. On sçait que ce Drame ressemble beaucoup, pour le sujet & pour l'intrigue, à l'*Inès de Castro* Françoise. On applaudit généralement au Duo, qui terminoit le second Acte, & à d'autres morceaux de ce genre; mais les larmes se mêlèrent aux applaudissemens dans l'Ariette connue: *Misero Pargoletto*, que Timante adresse à son fils qu'il tient dans ses bras. L'expression de toute cette Ariette étoit celle de la Nature. Les François présens à ce spectacle, oublièrent eux-mêmes l'air gauche du *Soprano*, qui remplissoit le rôle de Timante, & la dissonance de sa voix avec l'énormité de sa taille, de ses bras, de ses jambes, pour mêler leurs larmes à celles des Napolitains. On sçait qu'aux Opéras d'Italie, lorsque l'Ariette plaît, le battement de mains qui en accompagne la fin, est un signal pour la recommencer. Alors l'Orchestre revient au prélude, le *Castrato* se repromene circulairement, & reprend l'Ariette qu'un nouveau battement de mains fait recommencer. Cela se répete quelquefois jusqu'à cinq ou six fois; & c'est dans ces reprises, que le Chanteur épuise toutes les ressources de la Nature & de l'Art, par la variété des nuances qu'il répand sur les tons, sur les modulations, & sur tout ce qui tient à l'expression. Quelque légères que soient ces nuances, aucune n'échappe aux oreilles Italiennes: elles les saisissent, elles les sentent, elles les savourent avec un plaisir appellé en Italie, *l'avant-goût des joies du Paradis*, qui en aura sans doute d'équivalentes pour les Nations dont les organes sont moins sensibles à l'expression harmonique*.

L'Opéra joue à Naples, depuis la Saint Charles jusqu'au Carême, à trois représentations par semaine. Les autres temps de l'année sont remplis par l'Opéra-Bouffon & par

---

* D'après ce sentiment, le Tassoni dit dans ses Considérations sur Pétrarque: *A chi l'harmonia non piace, indemoniato o bestiale, è de dire che sia*. Soprà la Sestina 8. pag. 323.

une Comédie, qui n'est point celle que l'on trouve dans le reste de l'Italie, & que les Italiens portent dans les pays Etrangers où ils ont des Théâtres. La plûpart des sujets de la Comédie Napolitaine sont le plus communément un mélange de tragique & de comique, dans le goût de Lope de Véga & des Comiques Espagnols : goût qui, ainsi que quantité d'usages & d'autres goûts, est à Naples un reste de la longue domination que l'Espagne y a exercée. Les premiers Personnages y sont des Rois & des Reines, des Princes & des Princesses. Les rôles bouffons sont remplis par une *Dianina*, par un *Polichinello*, & par un Dom *Fastidio de' Fastidii*.

Toutes les intrigues roulent sur la *Dianina*. Celle qui remplissoit ce rôle pendant mon séjour à Naples, âgée de dix-sept ans, jolie Danseuse, bonne Musicienne, Chanteuse agréable, joignoit aux graces de la figure, la prestesse, le naturel & toute la finesse qu'exige le rôle de Soubrette.

Le *Polichinello* est un paysan Calabrois, devenu Valet dans sa vieillesse, & qui a conservé dans ce nouvel état, la franchise, la naïveté & toute la balourdise du premier. Une vieille calle fait sa coëffure, un sac percé par le fond lui forme une espèce de tunique arrêtée à la ceinture par une grosse corde ; il a pour chaussure, de grosses guêtres de treillis & d'énormes sabots. Il ne parle que le Napolitain & le Napolitain Calabrois. Ce grossier Idiome sert de passe-port aux plus grosses ordures qui sont l'appanage de son rôle : ordures à la faveur desquelles Naples rit plus en une soirée, que tout le reste de l'Italie dans le cours d'une année. Les Etrangers qui ne peuvent partager ce plaisir, sont aisément reconnus à leur sérieux. Je me trouvai, pour la première fois, à ce spectacle, entre six hommes qui ne rioient point : je leur en demandai la raison, ils me répondirent qu'ils avoient le malheur d'être les uns Toscans, les autres Romains ou Vénitiens.

Dom *Fastidio de' Fastidii* étoit admirablement joué par un homme à jambes grêles, gros ventre, col long & décharné, grande bouche, joues creuses & nez d'une énorme longueur. Habillé à l'Espagnole, il est coëffé d'une perruque noire, partagée en deux boudins perpendiculaires qui lui battant sans cesse sur les oreilles de l'arrière à l'avant, remplissent le vuide que la longueur & le nud de son col laissent entre sa tête & ses épaules. C'est le Masque le plus comique que l'art pût imaginer. Toutes les grandes affaires sont du département de ce Personnage, qui, plein de grandes sentences, de grandes phrases & de grands mots, ouvre toujours son avis par un *Concio-sia-cosa-che*, & par une période à quatre membres qu'il ne conduit jamais à fin, soit parce que *Polichinello* lui coupe imprudemment la parole, soit parce qu'il s'embrouille & se perd lui-même dans les idées dont la réunion doit constituer sa période. En restant court, il continue de mâcher à vuide, avec un redoublement de gravité. Presque toujours Conseiller d'Etat, mari & pere, il reçoit des coups de bâton, il est Cocu authentique & solemnel, & sa chère fille est grosse ou enlevée, sans que tous ces accidens diminuent rien de son contentement de lui-même, de sa confiance en ses lumières, & de son inépuisable loquacité.

Les Acteurs Napolitains, ainsi que ceux de la plûpart des Villes d'Italie, ne font pas métier du théatre: ils sont ou Artisans ou Marchands. Dom *Fastidio* étoit un honnête Orfévre : je l'ai vu travaillant à sa boutique, comme s'il n'avoit jamais paru sur le théatre. La *Dianina* devoit épouser un Jouaillier dans les premiers jours de Novembre. Comme les théatres ne sont ouverts que dans certains temps de l'année, l'état de Comédien n'est qu'un état passager: il ne pourroit nourrir les fainéans qui s'y consacreroient uniquement. Les mœurs publiques gagnent à cet arrangement, & le théatre n'y perd rien, tous ceux qui s'y montrent jouant pour eux-mêmes autant que pour le Public. Nos Acteurs Napolitains faisoient leurs répétitions sur un petit théatre voisin de la place du Château-neuf, & appellé *il Teatro della Cava*. Il étoit en effet conſtruit dans une véritable cave fort puante & très-humide. Le prix des places dans les loges y étoit d'environ dix ſols, monnoie de France. Ces répétitions étoient ſuivies par le Peuple, qui avoit la Comédie pour deux ou trois ſols, & par les Etrangers qui vouloient voir & le Peuple & des Acteurs en demi-deshabillé, riant eux-mêmes des plaiſanteries que leur inſpiroient l'occaſion ou le haſard.

J'ai déja obſervé quelque part, que, dans tous les ſpectacles d'Italie, les rôles d'homme, & ſur-tout d'Amoureux, ſont aſſez communément remplis par des femmes, tandis qu'à Rome, ſuivant l'uſage des anciens Romains, tous les rôles de femme ſont remplis par des hommes: ce qu'ils appellent *far da Donna*.

De ce que j'ai déja dit de la richeſſe des Egliſes de Naples en argenterie, en peintures & en ornemens plus de luxe que de goût, on a pu conclure que, même à l'égard de la Religion, Naples fait en Italie une claffe à part. Les exercices n'en font nulle part auffi pompeux ni auffi bruyans. Les Octaves font la partie la plus brillante de ces exercices. Les huit jours qui fuivent la fête patronale de chaque Eglife, foit régulière, foit féculière, font une folemnité continue qui réunit foir & matin tout ce que Naples a de meilleur en Mufique vocale & inftrumentale. Vû la multitude d'Eglifes que renferme Naples, les Octaves qu'elles célèbrent, font, de toute l'année, une fête perpétuelle pour les dévots, pour les Amateurs de Mufique, & pour la plûpart des Muficiens qui y trouvent le fond de leur fubfiftance.

La folemnité de la Fête-Dieu efface en fomptuofité ces folemnités hebdomadaires: tout l'Opéra paffe alors dans les Eglifes les plus opulentes, avec fes voix, fes inftrumens, fes décorations, fes machines, fes illuminations. Et comme l'Octave de cette fête ne peut fuffire au nombre des fpectacles & à la curiofité du Peuple, on l'étend & on la prolonge de manière qu'un spectacle ne nuise point à l'autre. J'ai vu dans la grande Maison des Jésuites, le magasin des machines qu'ils élevent dans leur Eglise pour cette fête ; il étoit plus rempli que celui de beaucoup d'Opéras. Pour me donner une idée de ce spectacle, on me dit que le *Santissimo* placé sur des nues qui l'élevent presque à la voûte de l'Eglise, descend de lui-même pour la bénédiction, en traversant les nuées qui s'écartent, & en recevant, à son passage, les respects d'Anges & d'autres Personnages, dont une partie se détache pour lui faire cortége. Que peuvent penser les Grecs, en voyant un spectacle de cette espèce, eux qui ne sçavent garder l'Eucharistie, que dans une petite bourse de cuir accrochée au mur de la sacristie de leurs Eglises ?

Nos Gazettes se bornent simplement à parler de la liquéfaction du sang de Saint Janvier\*, Patron du Royaume des Deux-Siciles ; mais

---

\* Il y a à Naples un Ordre de Chevalerie sous l'invocation de ce Saint, dont le Roi est le Grand-Maître.

ce miracle, fort commun à Naples, s'y répete en différens temps & en diverses Eglises, pour le sang de Saint Etienne, de Saint Pantaléon, de Sainte Patrizia, de Saint Wit, de Saint Jean-Baptiste ; enfin pour le lait de la Vierge, dont les Révérends Peres Minimes possédent deux phioles où il se liquéfie toutes les fêtes de Notre-Dame *.

Lorsqu'en 1702, Philippe V. Roi d'Espagne, conduit par le Maréchal d'Estrées, alla prendre possession de la Couronne des Deux-Siciles, Naples se trouvoit sourdement partagée entre ce Prince & l'Archiduc Charles **, son Compétiteur, lequel avoit dans son parti beaucoup de gens d'Eglise. La fête de Saint Janvier approchant, le bruit se répandit que la liquéfaction ne se feroit point ; ce qui étoit plus

---

\* Voyez sur ces merveilles, l'Ouvrage Latin du Jésuite Pietra-Santa, sous le titre de *Thaumasia*.

\*\* Depuis Empereur d'Allemagne, sous le nom de Charles VI. dit *le Sage*, & pere de l'Impératrice-Reine de Hongrie & de Bohême.

Tome III. M

que suffisant pour faire dans le peuple une sensation peu avantageuse à Philippe V. Sur ce bruit, le Maréchal d'Estrées ayant mandé les Grands-Vicaires, le Doyen & le Syndic de la Cathédrale : « Il m'est » revenu, leur dit-il, que cette an- » née le miracle ne se fera point. » Arrangez-vous : si les choses ne se » passent pas, comme il convient, » dans la nuit qui suivra la fête, » vous verrez le feu aux quatre coins » de votre Ville & à la maison de » chaque Chanoine. » Conformément à cette menace, le miracle se fit à l'ordinaire.

M. Adisson, dans son *Voyage d'Italie*, & d'après lui M. de Voltaire dans son *Histoire universelle*, appliquent à ces liquéfactions, le passage de la cinquiéme Satyre d'Horace\*, où ce Poëte rapporte un miracle du mê-

---

\* *Ignatia lymphis
Iratis extructa dedit risusque jocosque,
Dùm flammâ sine, thura liquescere limine sacro
Persuadere cupit.*
  Horat. Lib. 1.

me genre qu'on lui fit voir dans le même pays.

La Flandre a long-temps joui d'une semblable merveille. Au retour de la Terre-Sainte, Thierry d'Alsace avoit donné à l'Abbaye de Saint Basile de Bruges, une phiole remplie du sang de Notre-Seigneur, aujourd'hui adoré dans une Chapelle très-ornée, sous le nom du *Saint-Sang*. Depuis 1148 jusqu'en 1310, ce sang ferme & caillé pendant toute la semaine, devenoit, chaque Vendredi, liquide & bouillant depuis la pointe du jour jusqu'à trois heures de l'après-dînée, & cette heure passée il reprenoit sa première forme.

Les Moines de Saint Amand font tous les ans, à la troisiéme fête de la Pentecôte, une Procession solemnelle, en mémoire de l'ébullition miraculeuse du sang de plusieurs de leurs anciens Confrères martyrisés par les Normands, vers le commencement du neuviéme siécle*.

___

* Voyez les *Délices des Pays-Bas*, Tome II. p. 53. & 252.

NAPLES.

Les Napolitains, & en général les Italiens inftruits, penfent fur tout cela comme Horace, mais fans fe permettre d'en parler comme lui *. Leur conduite & leurs difcours fur tous les objets qui tiennent à la croyance, même la plus populaire, ont pour régle le danger de paffer en Italie pour mécréant, & le peu d'inconvénient qu'ils trouvent à fe donner pour trop crédules.

Le même M. Adiffon que je viens de citer, a vu le port de Naples dans cette belle defcription que Virgile a tracée du port de Carthage **. La reffemblance eft en effet tout-à-fait frappante. Virgile, en donnant cette defcription, pouvoit avoir fous les yeux les deux bayes de Naples; enfin les *Sylvæ, decora alta, corufcæ* repréfentent, d'après nature, la pofition du tombeau du Poëte. Mais Macrobe

*Saturn. L. 5. c. 3.*

---

\* Voyez le Chapitre 13. du quatriéme Livre de la Logique de Port-Royal.

\*\* *Eft in feceffu longo locus, infula portum Efficit objectu laterum, &c.*

Æneïd. L. 1.

prétend que cette description est une pure imitation de celle qu'Homère, au treiziéme Livre de l'Odyssée, a tracée du port d'Itaque. En effet, ces deux descriptions offrent les mêmes objets, les uns plus détaillés dans Virgile, les autres, tel que le fameux antre des Nymphes, plus développés dans Homère.

L'air de Naples, la mauvaise chère de notre auberge, & le vin que nous n'avions que l'épée à la main, quoique le meilleur soit à Naples au plus vil prix, influèrent sur ma santé. L'air & les alimens qui occasionnent chez les Napolitains ces explosions & ces éruptions dont j'ai parlé, n'agissant sur moi qu'à demi, y faisoient l'effet d'une médecine dont l'action concentrée tourmenteroit un malade sans le soulager. Malgré les offres très-obligeantes d'un Corsaire Anglois qui vouloit absolument nous passer en Sicile, je repris la route de Rome par une commodité qui se présenta inopinément, & même sans prendre congé de M. le Comte de Gazzola, lequel, en apprenant mon départ, loua ma pru-

NAPLES.

dence, en ajoutant que, de vingt Étrangers qui forçoient nature pour demeurer à Naples, il en périssoit communément six ou sept. Deux des Abbés François venus à Rome pour le Conclave, étoient alors dangereusement malades à Naples. Quelque attrayante que soit cette Ville pour un Étranger, il peut dire, à la vûe des dangers qu'entraîne son séjour : *Je n'achete pas si cher un repentir* \*.

Il me reste à observer sur Naples, 1°. que les Princes y sont aussi vulgaires que les Marquis le sont à Paris : que les équipages font la plus grande partie du luxe de ces Seigneurs : que les carosses à quatre ou six Chevaux sont beaucoup plus communs à Naples qu'à Paris : que les attelages en Mules ou en Chevaux, sont du plus beau choix : que la longueur des traits est une des principales marques de grandeur & de distinction : enfin que la livrée composée de très-beaux hommes richement vêtus, traîne des épées d'u-

---

\* *Tanti pœnitere non emo.*

ne longueur énorme, tandis que celle du Maître, en forme de poignard, est portée à la boutonnière par le premier Valet-de-pied.

2°. Que l'état du Royaume de Naples, sous les Goths & ensuite sous les Lombards, offre un exemple illustre des ressources que peut tirer la Religion elle-même d'une sage tolérance. Théodoric & ses Successeurs, Ariens comme lui, les Lombards, d'abord Payens & ensuite Ariens, laisserent une entière liberté de conscience, & le Peuple des Villes, mi-parties d'Ariens & de Catholiques, vivoit paisiblement sous un Evêque Catholique & un Evêque Arien. Les Rois Lombards, devenus Catholiques, eurent pour les Ariens l'indulgence que les Catholiques avoient trouvée dans les Ariens. Toute la force de l'Eglise étoit une force de persuasion qu'exerçoient de saints Prélats, par leurs discours, mais encore plus par leur exemple. Cette force séparée de tous moyens de coaction eut une telle efficacité, qu'après avoir attiré à l'Eglise les Souverains, elle lui

NAPLES.

gagna tous les Lombards qui ne firent plus qu'un même bercail avec les Peuples qu'ils avoient subjugués: tant a de force la Religion, quand on sçait s'en rapporter à elle-même sur ses propres intérêts. Les grands Papes, parmi lesquels il suffit de nommer Saint Grégoire & les saints Prélats, dont le courage & la patience opérèrent cette révolution, connoissoient le pouvoir de la Religion. Ces pieux & saints Personnages lui faisoient l'honneur de penser, *qu'elle est plus forte que tous les expédiens humains, que les armes mêmes: ils attendoient tout de sa sainte Majesté, & de ses droits imprescriptibles sur le cœur de l'homme, quand on sçait les faire valoir.*

3°. Que le Royaume de Naples est encore régi par les Loix qu'y portèrent les Normands dans l'onzième siécle. Ces Loix sont au Droit coutumier que l'Italie a conservé, ce qu'est la Coutume de Normandie au Droit coutumier de France: c'est l'ancien Droit féodal dans toute sa pureté, ou plutôt dans toute sa rigueur à l'égard des puînés & des filles, dans les successions & dans toutes les dispositions qui réglent les possessions *. Ce Droit commun à la Normandie & au Royaume de Naples, est un monument si peu équivoque de la conquête des Normands, que les articles capitaux des Constitutions Napolitaines & de la Coutume de Normandie, s'expliquent les uns par les autres dans les Commentaires Napolitains & Normands, & que Basnage est aussi familier, aussi usuel à Naples, que *Mathæus de Afflictis* à Rouen.

Cette ressemblance, cette affinité, cet air de famille encore reconnoissable entre les Loix des Conquérans & celles d'un pays conquis depuis sept siécles, me semble prouver que, lors de la conquête, ces Loix, ces Coutumes que l'on regarde assez communément comme l'ouvrage du caprice, de l'ignorance &

---

* Avant l'établissement des Normands dans les Deux-Siciles, les Fiefs régis par le Droit Lombard s'y partageoient par têtes dans les successions nobles. Voyez *Giannone*, Tome I. p. 559.

de la barbarie, avoient des principes certains, des principes raisonnés, & un dépôt assuré, sinon dans les Livres, au moins dans une tradition éclairée & dans la mémoire des hommes, d'autant plus propre à le conserver, qu'il se réduiroit à un petit nombre d'articles aussi faciles à combiner, qu'à transporter d'un pays à un autre. Tel fut le Droit Romain lui-même dans son origine & dans la Loi des douze Tables *.

Les Deux-Siciles régies par le Droit féodal dans toute sa rigueur, offrent à la Noblesse des Etats d'Italie, dont les Loix ont établi l'égalité, tels que Gênes, Venise, Milan, &c. la commodité que la Normandie offre en France aux Parisiens & aux Habitans des pays coutumiers, où l'égalité est imposée par la Loi municipale. On y achete des Fiefs qui passent sans division ni partage,

---

* Cicéron disoit de cette Loi : *Fremant omnes licet, dicam quod sentio. Bibliothecas mehercule omnium Philosophorum omnes, mihi videtur XII. Tab. Libellus, si quis Legum fontes & capita viderit, & autoritatis pondere, & utilitatis ubertate superare.* De Orat. L. 1, N. 195.

à l'aîné de l'Acquéreur. Aussi une grande partie des Fiefs du Royaume des Deux-Siciles font-ils entre les mains de Vénitiens, de Génois & autres habitans d'Italie. J'ai donc vû, avec quelque sorte d'étonnement, que les Souverains de ce Royaume n'eussent point pensé à interdire, ou au moins à faire acheter une commodité peu favorable à la cultivation, & qui fait passer en des mains étrangères le principal fruit de l'industrie de leurs Sujets.

Le goût pour la chicane s'est perpétué à Naples avec les Loix Normandes. Il est peu de pays qui ayent autant de gens vivans de procès, ni autant de Tribunaux. C'est le plus grand & peut-être l'unique changement qui soit arrivé aux mœurs Napolitaines, considérées dans la peinture que nous en a laissée Stace *, qui écrivoit sous Domitien.

---

* Ce Poëte disoit de Naples :
*Nulla foro rabies aut strictæ jurgia legis,*
*Morum jura viris solum, & sine fascibus*
  *æquum.*
  Sylv. L. 3.

NAPLES.

L'ordre des Avocats est encore à Naples aussi considérable par leur nombre & par la considération dont ils jouissent, qu'il le fut autrefois en France, avant que les charges y fussent vénales. La vénalité s'est bien aussi introduite à Naples, mais seulement dans les besoins les plus urgens & à l'égard de places purement lucratives, telles que celles de Greffiers ; encore ne deviennent-elles pas patrimoniales dans la famille de ceux qui les achetent, & à qui on ne les vend que pour deux, trois ou quatre vies au plus. Elles rentrent ensuite dans l'ordre commun.

Aussi parmi les Jurisconsultes de Naples, qui jusqu'à nos jours, après avoir brillé dans le Barreau, sont parvenus aux premières places de l'Etat, & dans ces places mêmes, occupés encore de leurs premiers travaux, ont donné des Ouvrages de Jurisprudence, trouvons-nous les noms des premières Maisons de Naples, comme celles des Poderico, des Loffredo, des Capece, des Carracciolo, des Brancaccio, & quantité d'autres familles nobles du pays, qui ne paſſant point par la profeſſion d'Avocat, *tanquam per ignem*, lui avoient conſacré les plus belles années de leur vie.

Je ne parle point ici de pluſieurs Maiſons Ducales qui ont pour chefs des perſonnages du dernier ſiécle même, qui ont paſſé toute leur vie au Barreau.

Enfin le premier Miniſtre actuel du Royaume des Deux-Siciles, eſt un célèbre Profeſſeur, qui, tiré de l'Univerſité de Piſe par le Roi Dom Carlos, lorſque ce Prince n'étoit encore que Grand-Duc de Toſcane, a porté dans le Miniſtère les lumières, la droiture & le déſintéreſſement qui, en lui méritant toute la confiance du Souverain, lui ont attaché les cœurs des Peuples.

En cet état, eſt-il étonnant que le nombre des Avocats ſoit très-conſidérable à Naples ? On le fait monter à trente mille. Il étonnera beaucoup moins, lorſqu'on ſçaura qu'outre ceux dont les nombreux Tribunaux de Naples occupent les talens, il fournit à toutes les places

NAPLES. de Judicature du Royaume. A le considérer sous ce point de vûe, ce nombre n'est pas plus étonnant que celui des gens qui ont prêté le serment d'Avocat au seul Parlement de Paris.

4°. Dans tous les pays que j'ai parcourus, il n'est aucune Ville, si l'on en excepte Langres en France, où les murs des Eglises soient aussi garnis, qu'à Naples, d'épitaphes & d'inscriptions funéraires. Ces inscriptions ont aussi en général le goût du terroir. La douleur s'y exprime en épigrammes, en antithèses, en jeux de mots : langage diamétralement opposé au style consacré chez les Anciens pour ces lugubres sujets. Misson a fait passer dans son Voyage d'Italie, quantité de ces épitaphes Napolitaines copiées au hasard. J'en rapporterai deux qui n'auroient pas dû lui échapper. La première est un Distique gravé sur un sarcophage de pierre, couronné d'un petit Bacchus, que l'on voit dans une chapelle de l'Eglise du Mont-Olivet. Elle est de la composition du Roi Alphonse, surnommé le *Magnanime*, en l'honneur d'un de ses Mignons qui s'appelloit Massimo :

*Qui fuit Alphonsi quondam pars maxima*
*Regis,*
*Maximus, hâc tenui nunc tumulatur humo.*

La seconde, aussi intéressante par son objet, que par la manière dont elle est tournée, orne le monument consacré par le petit-fils du grand Gonsalve, dans l'Eglise de Sainte Marie-la Neuve, à la mémoire du Maréchal de Lautrec, mort devant Naples qu'il assiégeoit pour François I. Ce monument est du dernier siécle. Voici l'inscription qu'il porte :

ODETTO FUXIO LAUTRECO,
FERDINANDUS GONSALVUS, F. FILIUS,
MAGNI GONSALVI NEPOS:
CUM EJUS OSSA, LICET HOSTIS,
UT BELLI FORTUNA TULERAT,
SINE HONORE JACERE COMPERISSET,
HUMANARUM MISERIARUM MEMOR,
IN AVITO SACELLO,
GALLO DUCI,
HISPANUS PRINCEPS,
POSUIT.

On remarque à Naples, vis-à-vis les Carmes & le Torrion si fameux par les Mémoires du Duc de Guife, un autre monument moins honorable à l'humanité. C'eft la colonne au pied de laquelle l'infortuné Conradin fut décapité & inhumé\*, par l'ordre de Charles d'Anjou qui venoit de conquérir fur lui le Royaume de Naples. On lit encore fur cette colonne, dans un Diftique qui y fut alors gravé en caractères gothiques, une plaifanterie auffi atroce que l'événement qu'elle immortalife :

*Afturis* \*\* *ungue Leo pullum rapiens Aquilinum ,*
*Hic deplumavit , Acephalumque dedit.*

On voit parmi les Lettres de Pierre de Vineis, ( *L. I. Ep.* 38. *&* 39. ) une Lettre, dans le fens de cette Epigramme, écrite par Charles d'Anjou au Roi d'Arragon, & la Réponfe du Roi d'Arragon écrite avec toute la force & toute la véhémence que comportoit le fujet. L'Epigramme eft rappellée à la fin de

---

\* Au milieu de la place même de l'exécution, parce qu'il étoit alors excommunié.
\*\* Miffon a mal lu *Auftrius*.

cette Lettre : *Leonem*, dit le Roi d'Arragon, *qui pullos Aquilæ interficiens deplumabat, sic noſtri Draconis interficiemus morſibus, quod de eo non erit ampliùs mentio ſuper terram**.

L'Impératrice Marguerite, veuve de l'Empereur Conrad, avoit volé à Naples du fond de l'Allemagne, pour racheter la vie de ſon fils; mais elle arriva trop tard, & elle obtint, pour toute conſolation, la permiſſion de faire tranſporter ſon corps du lieu profane où il étoit inhumé, dans l'Egliſe des Carmes. Un ſimple Particulier érigea enſuite à ſes frais, une petite chapelle ſur ce lieu même & autour de la colonne, au ſommet

---

\* L'*Aſturis* du Diſtique eſt une alluſion à la trahiſon d'un certain Frangipani, Seigneur d'Aſtura, où Conradin s'étoit réfugié. Dans le Chant X. St. 24. de la *Secchia rapita*, le Taſſoni a conſacré cet événement & la punition qui le ſuivit. Vénus venant à Naples, pour demander à Manfrede du ſecours contre les Boulonnois,

*Rade il porto d'Aſtura ove tradito*
*Fù Corradin nella fuga inerta:*
*Or l'eſempio crudele a Dio punito,*
*Che la terra diſtrutta ed inculta reſta.*

de laquelle il fit placer une croix. Le sol de cette chapelle, plus enfoncé que celui de la place qui l'environne, est, par une raison toute naturelle, toujours humide, excepté dans son milieu, qui sert de passage d'une partie de la place à l'autre. Les Napolitains regardent cette humidité comme un témoignage miraculeux & perpétuel de l'innocence de Conradin & de son cousin Frédéric, Duc d'Autriche, qui partagea ses malheurs & sa destinée: préjugé respectable, & qui mérite d'être entretenu à titre de réclamation en faveur de l'humanité & du droit des gens.

Après la mort de Béatrix de Provence, dont l'ambition avoit beaucoup contribué à cette révolution, Charles I. avoit épousé en secondes noces Marguerite de Bourgogne, Comtesse de Tonnerre. Cette vertueuse Princesse, dépositaire des chagrins & sans doute des remords qui empoisonnèrent les dernières années de la vie de son mari, repassa en France après sa mort, se fixa dans son Comté, & établit à Tonnerre un Hôpital qu'elle dota avec une magnificence royale. Des priè- res, pour le repos de l'ame de son mari, font partie des charges de la fondation, qui avoit pour premier objet l'expiation du forfait *, que Charles I, à la suggestion du Pape**, avoit jugé nécessaire, pour affermir sur sa tête la Couronne des Deux-Siciles.

La position de Naples & de son Port l'a rendue, dans tous les temps, le centre d'un commerce dont les beaux jours datent du regne de Ferdinand I. Des manufactures en tout genre, puissamment protégées par les Grands du Royaume, étoient l'aliment de ce commerce, que la première Noblesse du pays ne rougissoit point alors d'exercer. Tous les Historiens parlent avec admira-

---

* Voyez la Vie de Marguerite de Bourgogne, donnée par P. Luyt, Prêtre Tonnerrois, sous ce titre: *La Princesse Charitable.*

** *Mors Conrardini, vita Caroli; vita Conrardini, mors Caroli.* Ce sont les termes de la Réponse du Pape Clément V. à Charles I. qui le consultoit sur la manière dont il devoit en user avec ses prisonniers.

tion des richesses de François Coppola, Comte de Sarno, chef d'une des premières Maisons de Naples, & l'un des premiers Négocians de l'Europe *.

Les Etrangers tirent de Naples des chanvres, des lins, du poil de chévre, des soies, des fruits secs, de la manne, des chevaux, d'excellens bois pour la Marine, des vins & des grains de différentes espèces. Ils y portent des draps, des toiles & des étoffes de soie; & cette importation, à l'égard des draps, est toute à l'avantage des Anglois vis-à-vis des François, en conséquence d'un mauvais arrangement que je vais exposer en deux mots. Les François furent long-temps seuls en possession de fournir de draps la ville de Naples: ces draps, la plûpart de la première qualité, payoient des droits d'entrée en raison de cette qualité. Les Anglois commencèrent ce même commerce par des draps de bas prix, soit qu'ils voulussent par-là remplir

---

* Voyez Ricci *de Regno Sic. & Neapol.* Giannone *L.* 28. *c.* 1.

le vuide que leur laissoient les François, soit que leurs manufactures ne fussent pas encore en état d'entrer en pleine concurrence avec eux. Quoi qu'il en soit, ayant long-temps commercé sur ce pied, ne payant en conséquence que des droits fort modiques, & renouvellant de temps en temps des Traités où le taux de ces droits étoit conservé, ils sont insensiblement parvenus à fournir Naples de draps de la première qualité, sans que l'ancien Tarif ait varié à leur égard. Les François, surtout depuis l'avénement de Dom Carlos à la Couronne, pouvoient prétendre une égalité de traitement. Mais, soit oubli ou mal-adresse de leur part, soit bonheur ou entregent de la part des Anglois, les choses sont encore dans cet état défavorable à la France, qui ne soutient son commerce en ce pays, que par ses camelots & par les linons de Picardie.

Naples, long-temps dominée par les Espagnols, en avoit pris le génie. Devenue tributaire, pour tous ses besoins, des Nations commerçantes, elle ne sçavoit ni diminuer ces besoins par l'industrie, ni fournir que de foibles équivalens dans les productions de son sol, telles qu'elles sortoient des mains de la Nature. Le Roi Dom Carlos & son Ministère ont travaillé efficacement à la tirer de cette situation désavantageuse, en créant des manufactures, & en ranimant celles qui languissoient par le défaut de protection.

Depuis quelques années, la fabrique de toiles, bornée chez les Paysans à des toiles grossières à leur usage, s'est étendue de manière qu'elle commence à fournir la Bourgeoisie des Villes, de toiles communes que leur débit avantageux ne manquera pas de perfectionner. Des manufactures de velours plein, de demi-velours, de mouchoirs, de bas de soie, &c. se multiplient, s'étendent, & se perfectionnent au point d'exciter le désir des Etrangers. La filature des cotons fournit aux besoins des manufactures nationales, & à des envois considérables en Allemagne & en Suisse. Enfin le Commerce a dans l'Université une Chaire qu'un Particulier avoit fondée pour la Morale, & qui, demeurant déserte, faute d'Auditeurs, a été consacrée par le Gouvernement à l'explication des principes & des détails du commerce : ce qui servira du moins à constater l'intérêt que prend le Ministère à cette partie de l'administration.

D'après l'idée que j'ai donnée de l'état actuel de la Musique à Naples, il est aisé de concevoir qu'elle fait l'objet d'un commerce assez considérable. Les marbres que les Napolitains travaillent supérieurement pour le placage, les macaroni & autres pâtes dont les Italiens sont si friands, & qui ne sont nulle part aussi parfaits qu'à Naples, les Chevaux & les Mulets de race Napolitaine qui n'ont point leurs pareils en Italie, la Bijouterie & la Librairie qui fleurissent à Naples, forment autant de branches de commerce qui font subsister cette grande Ville, & qui l'enrichiront par la suite, si le Gouvernement leur continue sa protection.

NAPLES.

Il attend sans doute que tout cela ait pris une certaine consistance, pour lever les droits de sortie & l'*embargo* sur les harras. Le Roi de Naples a cette consistance pour objet, dans le remboursement des capitaux, pour les intérêts desquels la plûpart de ces droits aliénés par les Vicerois Espagnols, se perçoivent encore au profit des Compagnies qui en avoient anciennement fait les fonds.

En attendant la liberté que réclame le commerce, ces droits s'exigent & se levent avec une rigueur tout-à-fait sans exemple. J'en fis l'expérience à mon départ de Naples: j'y fus fouillé de manière à me faire croire qu'un malheureux, sorti *triorchis* des mains de la Nature, seroit saisissable & amendable. Par l'examen très-détaillé de mes hardes, auquel il fut ensuite procédé, j'appris avec étonnement que le linge, les étoffes & les bas fabriqués à Naples, devoient des droits considérables de sortie.

Si quelque chose peut arrêter l'activité que le Gouvernement veut donner

donner à l'industrie, & retarder les ressources qu'il lui prépare, ce sera peut-être le parti pris par ce Gouvernement, d'ériger Naples en puissance militaire, & de la soutenir sur ce pied. En conséquence de ce parti, le Roi de Naples entretient en pleine paix, un fond de quarante à cinquante mille hommes. Il est vrai que la population en souffre peu : toute l'Infanterie est presque composée de déserteurs François que la haute paye y attire, mais sans leur faire passer le goût de la désertion : goût d'autant plus vif, qu'ils n'ont de congé à espérer que par mort ou par des maladies qui les mettent hors de service. Nous étions acostés à chaque instant, dans les rues de Naples, par quelqu'un de ces Soldats qui, nous croyant François, nous faisoient part de leurs peines & de leurs regrets : regrets inutiles, par l'exactitude avec laquelle sont gardées toutes les frontières du Royaume ! On peut cependant regarder comme un acte d'humanité de la part du Gouvernement, les peines qu'il inflige aux déserteurs ramenés à leurs Corps : elles se réduisent à quelques jours de prison & de jeûne; on les augmente dans les cas de récidive, mais elles ne vont jamais à la mort.

Dans notre retour en France, nous rencontrâmes sur les landes de Livourne, des Soldats François qui, du fond de la Westphalie, couroient s'enfermer dans cette souricière. Nous leur exposâmes le plus pathétiquement qu'il nous fut possible, l'état & les regrets de ceux qui s'y trouvoient pris : ils nous répondirent qu'ils vouloient en tâter, & continuèrent leur chemin.

# RETOUR DE NAPLES
## a Rome.

Dans ce retour, je tins de Capoue à Terracine, une partie de la route qu'Horace avoit tenue dans le voyage de Rome à Brindes, qu'il décrit, d'après Lucilius, avec autant d'agrément que de naïveté, dans la troisiéme des Satyres de son premier Livre : je me trouvois alors dans l'état de *lippitude* dont Horace fut affligé sur cette route.

L'étude que je fis de cette Satyre, m'y découvrit un fait que les Commentateurs & les Traducteurs n'y ont point vu : c'est qu'Horace fit à pied ce grand voyage, ainsi que l'on peut le conclure, 1°. du verbe *repere* \*, qui y est employé deux

---

\* M. Dacier, après avoir expliqué dans une Note, que *repere*, le même que le Grec ἕρπειν, *glisser, ramper, serpenter*, signifie aussi *marcher*, en conclut qu'Horace fit le voyage à cheval.

fois, & de l'*altiùs præcinctis*: tous termes qui ne conviennent qu'à des piétons ; 2°. de la distance des gîtes ; 3°. de la mention expresse d'une partie de la route qu'il fit en chariot, & du silence qu'il garde sur sa monture, lors de son embarquement dans le coche du *Forum Appii*; 4°. de l'âge & de l'état du Poëte * qui, alors âgé de vingt-deux ans, avoit, l'année précédente, fait la campagne de Philippes dans l'Infanterie ; 5°. de la compagnie du fameux Héliodore, ce sçavant Grec qui, comme les gens de sa Nation, étoit grand marcheur, par goût, par principe d'économie, & par une suite de l'éducation grecque. Je laisse le dévelopement de cette découverte au premier Capucin qui, traduisant Horace, ou

---

* Le Poëte nous peint ainsi lui-même cet état :

*Ut primùm me dimisére Philippi
Decisis humilem pennis, inopemque paterni
Et Laris & fundi, paupertas impulit audax
Ut versus facerem.*

Epist. II. Lib. II. vers. 49.

le commentant, observera que les Beaux-Esprits de la Cour d'Auguste conservoient encore, avec cette allure de l'ancienne Rome, la simplicité de mœurs qu'elle semble annoncer.

J'ai dit que la Satyre dont il s'agit, est écrite avec autant d'agrement que de naïveté ; mais il en faut excepter l'Episode de Messius & de Sarmentus. Elle est au ton du style poissard qui s'étoit emparé de Paris, lorsque nous y arrivâmes en 1755 : ton qu'Horace avoit sans doute rapporté de l'armée. On le retrouve dans la Satyre *Proscripti Regis Rupili*, qu'il composa l'année suivante. L'usage du grand Monde, ses liaisons avec les amis d'Auguste, l'air d'une Cour aussi délicate qu'éclairée, le corrigèrent bientôt de ce mauvais ton*.

\* On ne le retrouve plus dans ses Ouvrages ; il le laissa *Lippis, atque Tonsoribus*, quoique Lambin & la plûpart des Commentateurs l'ayent jugé *urbanissimum & festivissimum*. La Note de M. Dacier sur cette mauvaise plaisanterie, est encore plus ridicule que celle sur le *repere*.

On trouve, dans tous les Itinéraires, le détail des curiosités de différens genres, répandues dans les divers lieux que traverse la grande route de Naples à Rome : je ne parlerai donc que de celles qui leur ont échappé.

A trois lieues de Capoue, on traverse le Gariglian, qui est le *Liris* des Anciens. Cette rivière qui bornoit le *Latium*, arrose une campagne très-fertile, bordée par les côteaux qui donnoient le fameux vin de Falerne. On voit là les ruines de la ville de Minturne, & ces marais où Marius vint se mettre à l'abri de la vengeance de Sylla. C'est en parlant de ces campagnes souvent arrosés du sang François, que Brantôme * s'écrioit : » Hélas ! j'ai vu ces
» lieux-là, mesme le Gariglian. C'é
» toit à soleil couchant que les om-
» bres & les mânes commencent à
» apparoître, comme phantosmes,
» plutost qu'aux autres heures du
» jour : il me sembloit que les ames
» généreuses de nos braves François

_____
* Vie du grand Gonsalve.

» là morts*, s'eslevoient sur la terre,
» me parloient & quasi me respon-
» doient, se plaignant de leurs com-
» bats & de leur mort. «

---

* Vers l'an 1503, selon le rapport de Guic-
chardin.

## MOLA.

Mola que l'on rencontre ensuite, est l'ancienne *Formiæ*, bâtie par les Lestrigons qui passoient dans l'antiquité pour Antropophages. Il n'existe plus de cette Ville, qu'une rue qui occupe le fond de la baye couverte à l'Ouest par le promontoire de Gayette. La montagne, sur le penchant de laquelle *Formiæ* étoit bâtie, est aujourd'hui plantée de vignes qui donnent d'excellent vin. En parcourant ce terrein, j'y vis les restes d'un mur d'une prodigieuse solidité, formé de très-grosses pierres taillées uniformément en bossage. Ces pierres se prêtoient d'autant moins à cet agrément, qu'elles sont un composé de pierres bleues de la plus grande dureté, unies par un ciment naturel; ce que les Naturalistes appellent du nom Anglois *Pouding*. Tout le promontoire de Gayette est une masse continue de rocher de la même espèce que celui du Mont-Cassin.

Les montagnes dont ce promontoire est la continuité, furent long-temps le repaire de troupes de Bandoliers, formées de déserteurs des armées qui, pendant une partie du seiziéme siécle, s'étoient disputé le Royaume de Naples. Ces Bandoliers vivant de pillage, & vrais successeurs des Lestrigons, composoient une espèce de République peu inquiétée, tolérée même, dit-on, par les Vice-rois Espagnols. Tant qu'ils tinrent ce poste, les Voyageurs ne se hasardoient à portée d'eux, qu'en caravanes armées jusqu'aux dents. J'appris qu'une de ces caravanes avec laquelle le Tasse passoit à Naples, fut attaquée, défaite & détroussée. Un des Bandoliers ayant, sur le champ de bataille, oüi nommer l'Auteur de la *Jérusalem*, le chercha, le joignit & le présenta au Chef de sa Troupe. Il en fut reçu avec respect & vénération; son bagage lui fut rendu; on y ajouta un présent, & le Chef lui-même, à la tête d'une escorte, le conduisit hors de la portée de tout danger. Ainsi la Providence sçait mêler quelques consolations à l'amertume dont la jalousie contemporaine empoisonne la vie des Illustres qui, comme le Tasse, ont eû à gémir de l'ingratitude de leur siécle*.

Les frontières du Royaume de Naples furent enfin purgées de ces Bandoliers, par le Marquis de Carpio, vers la fin du dernier siécle. Dom Mabillon, Misson, Burnet & tous les Voyageurs qui ont parcouru l'Italie depuis cette heureuse expédition, s'accordent à combler de bénédictions le Marquis de Carpio.

Sous les Romains, les mêmes plages étoient infestées de Corsaires, qui en avoient usé avec le fameux Scipion l'Africain, banni de Rome par la jalousie contemporaine & retiré à Linterne entre le Volturne & Cumes, comme les Bandoliers en userent depuis avec le Tasse. Ces Corsaires, dans une descente sur le rivage de Cumes, ayant pénétré jusqu'à Linterne, y attaquèrent assez vivement la première maison qu'ils atteignirent : c'étoit justement

---

* *Ploravère suis non respondere favorem Speratum meritis.*

celle de Scipion. Ayant appris des Esclaves qui s'étoient mis d'abord en défense, à qui appartenoit cette maison, ils mirent les armes bas, & leur demandèrent, comme une grace, la permission de rendre leurs respects au Héros dont elle étoit devenue l'asyle. Scipion averti de leur demande, leur accorda ce qu'ils demandoient : après l'avoir vû, ils se remirent en mer, en se louant du bonheur de leur expédition.

Je demandai, à Mola, un Barbier. A cette demande, entra dans l'auberge un grand homme à moustache, noir & sec, à demi couvert d'un habit brun tout en guenilles, traînant une épée d'une prodigieuse longueur, en un mot, ayant tout l'air d'un descendant des anciens Lestrigons. Après toutes les cérémonies usitées en Italie pour cette opération, il me fit la barbe avec une dextérité, une prestesse, une légèreté que je n'ai éprouvées que cette fois en ma vie. Je ne manquai pas de lui demander de quel pays il étoit, & où il avoit appris les principes & la pratique de son Art. Il me répondit,

MOLA.

qu'il étoit Catalan ; qu'il venoit de Constantinople, où il avoit, pendant six ans, fait la barbe, & qu'il n'avoit rien gagné à ce métier, parce qu'il étoit un écorcheur, en comparaison des Barbiers Turcs.

Après Mola, en face d'un bassin que forme la mer, au revers du promontoire de Gayette, la voie Appienne est bordée de quelques maisons, l'une desquelles étoit, à ce qu'on me dit, le *Formianum* de Cicéron. Ces maisons existantes encore en partie, sont d'une construction très-antique, avec des appartemens, des fenêtres & des portes de la plus petite, mais de la plus élégante proportion. Tout y est revêtu de marbre, & les ornemens y sont distribués avec autant de sobriété que de goût. Vis-à-vis de ces maisons, un terrein en pente douce, planté en oliviers, conduit à la mer. C'est-là où, suivant la Tradition, Cicéron fut immolé au ressentiment d'Antoine & de Fulvie : c'est le lieu que, suivant Appien, les Voyageurs visitoient avec une vénération qui tenoit du culte religieux.

## FONDI.

Je vis à Fondi, dernière ville du Royaume de Naples, la chambre & l'Ecole de Saint Thomas d'Aquin. Les Dominicains ne tiennent plus que par respect pour ces monumens, à une maison qui a l'air abandonné, & où la chambre même de Saint Thomas est devenue un repaire de Rats. Entre cette Ville & les ruines de son Château, coule une très-belle fontaine appellée par les habitans, *Fontana di Petronio*. A sa source, on voit encore des restes d'appartemens antiques, destinés sans doute à des bains. Le pavé est en mosaïque à compartimens. Dans un des angles intérieurs de la partie la moins ruinée, on voit les restes d'une statue Consulaire en marbre, de grandeur naturelle, appliquée à cet angle.

Le Château de Fondi est célèbre par l'enlèvement qu'y tenta, l'an 1534, le fameux Corsaire Caradin Barberousse, de Julie de Gonzague, épouse du Prince Vespasien Colon-

FONDI.

ne. Cette Julie fut aux Beaux-Esprits d'Italie dans le seiziéme siécle, ce qu'a été, dans le siécle suivant, la fameuse Julie de l'Hôtel de Rambouillet aux Beaux-Esprits de France. Les éloges de la première tiennent, dans les Ouvrages de l'Arioste, du Caro, du Molza & autres, le rang qu'occupent ceux de la seconde, dans les Œuvres des Voiture, des Sarrazin, des Benférade, &c.

La Cour que tenoit la belle Julie de Gonzague à Fondi, étoit fréquemment augmentée & embellie de la présence du Cardinal Hyppolite de Médicis, en qui les agrémens de la figure, & les graces de la jeunesse étoient relevées par toutes les qualités brillantes & solides qui furent l'apanage de sa Maison. Clément VII, son oncle, avoit réuni sur sa tête les plus grandes places & les meilleurs bénéfices dont il pût disposer. Mais que peuvent contre la mort, ou plutôt que ne peuvent pas quelquefois, pour l'accélérer, toutes les faveurs de la Fortune & de la Nature! Dans l'année qui suivit la mort de son Oncle, le jeune

Cardinal, à l'âge de vingt-quatre ans, mourut empoisonné à Siri, petite Ville dans le voisinage de Fondi. Il venoit y faire ses adieux à la belle Julie : il partoit pour suivre l'Empereur dans l'expédition de Tunis, où l'appelloit une bravoure au-dessus de son état, mais qu'il avoit déja signalée en Hongrie, sous le Pontificat de son Oncle, y ayant conduit & commandé, avec le titre de Légat Apostolique, un Corps de dix mille hommes, qui avoit utilement servi l'Empereur contre le fameux Soliman.

Deux années après, la belle Julie se jetta dans un Couvent de Religieuses à Naples où elle recevoit & voyoit avec plaisir tous les gens aimables qui avoient formé sa Cour à Fondi. Elle leur demandoit, avec le plus vif empressement, des nouvelles de la santé, des plaisirs & des amours des absens. J'ai tiré ces détails de l'Histoire de Florence par le Varchi (*Liv.* 14.), ainsi que des Lettres du Molza, qui font partie du Recueil de Paul Manuce, & de celles d'Annibal Caro au Molza. Le

FONDI. portrait de Julie de Gonzague, de la main de Frà-Sebastiano del Piombo, & annoncé par le Vasari, dans la vie de ce Peintre, comme un de ses morceaux les plus précieux, passa depuis à François I. & il fait partie de la Collection des Tableaux du Roi de France.

Le jour que je vis Fondi, étoit un jour de foire ou de marché : la place étoit pleine d'hommes & de femmes achetant, vendant, parlant affaires, & tous en habit des Dimanches. Celui des femmes est le même que l'habit des Paysanes du Bugey & des Servantes de Lyon. Les hommes sont vêtus d'une veste & d'un large surtout à la matelotte, jetté sur les épaules, le tout d'une étoffe grossière de couleur de Capucin. Leur chaussure est encore celle des temps héroïques * : c'est le brodequin dont se

---

* C'étoit la chaussure des anciens Toscans. C'est celle que Virgile désigne dans ce vers :

*Et Tyrrhena pedum circumdat vincula plantis,*

sur lequel Servius observe que les Romains l'ayant empruntée des Toscans, elle fut

parent nos Acteurs tragiques. Il a
pour semelle un simple morceau de
cuir verd ou écru, avec le poil en-
dedans ou en-dehors, suivant la saison ou suivant le goût de celui qui
le porte. Ce cuir est maintenu par

d'abord à l'usage des seuls Sénateurs, dont
elle passa aux Chevaliers & ensuite aux Soldats. Les Sénateurs & les Chevaliers l'ayant
quittée, y avoient substitué des souliers en
forme de demi-bottines. Les Grecs la con-
serverent chez eux sous le nom de σανδάλιον.
C'étoit la chaussure des Juifs, même celle
de Jesus-Christ & de ses Disciples. Les Romains de Constantinople prirent, à l'exemple des Egyptiens & des Levantins, les gal-
loches, *gallica*, qui ne sont autre chose que
les babouches des Turcs, & les pantoufles
du Pantalon de la Comédie Italienne. Ter-
tullien disoit à un Sénateur de Rome, qui
avoit quitté les ornemens de sa dignité, pour
prendre l'habit Isiaque:

*Caligâque remotâ,*
*Gallica sit pedibus molli redimita papyro.*

Cependant l'ancienne chaussure s'étoit conservé parmi les Paysans de l'Apennin, &
c'est d'eux sans doute que les Capucins, les
Carmes, &c. l'ont empruntée. *Vid. Salmasii*
*Confut. animad. Ant. Cercoetii. pag. 220,*
*& seqq.*

des ficelles attachées en six endroits, & ensuite repassées en différens sens autour de la jambe, jusqu'au-dessus du molet. En hyver, ils ajoutent un bas de laine à cette chaussure qu'ils appellent en leur patois, *Ciocia*: mot qui, dans la prononciation, a le même son que *chausse* en François. C'est ainsi que dans le patois de Calabre, au lieu de *camino*, on dit *ciminiere*, qui est précisément le mot François *cheminée*: soit que les François ayent porté ces mots dans le fond de l'Italie, soit qu'ils les en ayent rapportés.

La foire me procura le spectacle de l'audience publique qui se tenoit sous un hangart, à un coin de la place. La vûe du Juge me rappella l'Aufidius Luscus d'Horace, la *prétexte* & le *lati-clave* dont il étoit affublé, ainsi que le feu qu'il faisoit porter devant lui, à l'exemple des premiers Magistrats de Rome *.

_____

* *Insani præmia Scribæ, Prætextam & latum clavum prunæque batillum.*

Sat. 3. Lib. 1.

Le Magistrat que je vis n'avoit point ces brillans accessoires, mais bien cet air empesé & boursouflé qui, dans les petites Jurisdictions de tout pays, fait la partie capitale de la représentation.

## TERRACINE.

Terracine est la première place de l'Etat Ecclésiastique. Malgré la garnison que le Pape y tient pour l'honneur de la frontière, cette ville a l'air aussi déserte que peu opulente. Les maisons sont des amas de pierres & de roche, presque sans ouverture pour les portes & pour les fenêtres: avec une porte bien solide, il n'est aucune de ces maisons qui ne fût en état de soutenir un siége. Le jour que j'y passai, étoit un Vendredi, & le Bœuf qui devoit être mangé le Dimanche, couroit les rues, poursuivi & harcelé par les enfans, par la canaille & par tous les passans. C'est l'usage de ces petites villes: on prétend que cet exercice attendrit & bonifie la chair de ces animaux que l'on tue excédés de fatigue & trempés de sueur.

La Cathédrale de Terracine est le reste presque entier d'un ancien Temple. Elle a un portique soutenu par de très-belles colonnes de marbre.

On voit, sous ce portique, un tombeau antique de granit, d'un volume considérable, & orné de bas-reliefs. Le socle ou massif sur lequel est élevée la colonade, porte, dans son milieu, une grande & belle inscription en l'honneur de Théodoric qui répara la route de Rome à Naples, & toutes les Villes de cette route, avec une magnificence digne des premiers siécles de l'Empire.

Du clocher de la Cathédrale, on découvre au Nord & à l'Est, un pays très-riche, dont le sol est coupé, comme celui du Milanès, par quantité de ruisseaux & de petites rivières, & auquel il ne manque que des Cultivateurs. Les marais Pontins font partie de ce pays. La vûe est bornée à l'Ouest par le promontoire *Circello :* lieu célèbre dans la Fable, par le séjour de Circé, & par la mauvaise plaisanterie qu'elle y fit aux Compagnons d'Ulysse. La pleine mer remplit le reste de ce beau spectacle.

Après avoir dîné à Terracine, je devançai le départ des voitures ; invité par la sérénité du ciel, par la

TERRACINE.

douceur de l'air & par la beauté de la voie Appienne, qui, dans cette partie, est presque aussi saine & aussi entière qu'elle l'étoit du temps du Censeur Appius, je la parcourus pendant environ deux lieues. Toutes les pierres dont elle est formée, sont de lave & d'une dureté que dix-neuf siécles n'ont point altérée : elles sont toutes à joints inégaux, & paroissent jettées irrégulièrement, au hasard. Mais la précision avec laquelle elles sont raccordées entr'elles & avec celles qui forment les bordures & le parement de la chaussée, fait voir, dans cet arrangement, le résultat de la plus sçavante combinaison pour la solidité d'un ouvrage de cette nature. Il existe encore des restes de ces *Cippes* * ou marche-pieds posés de distance en distance, pour aider à monter & à descendre aux Cavaliers Romains qui chevauchoient sans étriers. J'ai vu à Paris de semblables marche-pieds à la porte de

---

* Misson a pris cela pour des restes de murs, qui bordoient de part & d'autre la chaussée.

l'hôtel le Pelletier, vieille rue du Temple, & aux portes du vieil hôtel des Urſins: ils datent du temps où les premiers Officiers du Parlement n'avoient qu'une Mule pour toute voiture *.

La partie de la voie Appienne que je parcourus à pied, offre, de droite & de gauche, une continuité de ruines de Palais, de Temples, d'aqueducs, de tombeaux. Au milieu de ces ruines, je penſois quel grand, quel magnifique ſpectacle devoit offrir l'Italie aux Curieux qui, du fond de nos pays Septentrionaux, venoient la viſiter dans tout le temps du haut Empire. Parmi ces débris, j'apperçus à la droite du chemin, ſous un tas de brouſſailles, un maſſif qui me parut plus entier que tout ce que j'avois encore vu dans cette courſe. Il ne préſentoit au chemin qu'un mur nud. L'ayant

---

* Selon les Antiquités de Ducheſne, Paris, chap. 20. *on les voyoit allant de grand matin au Palais, ſur leurs Mulets, qui prioient Dieu, & qui diſoient leurs Heures & Chapelets par les chemins.*

TERRACINE. tourné, j'y vis avec surprise un petit Temple ou Chapelle antique entièrement bâtie de grands quartiers de marbre blanc, de l'appareil le plus soigné & de la plus belle conservation. Tous les ornemens se réduisoient à de simples moulures poussées dans le ceintre de la façade; & à un léger entablement traité dans le goût le plus pur & le plus sage. Si ce Temple, qui a la forme d'une vaste niche, n'étoit pas un tombeau, c'étoit sans doute une Chapelle semblable à celle que Cicéron vouloit consacrer à la mémoire de sa chère Tulliola, & dont il parle si souvent dans ses Lettres à Atticus. Quels qu'en ayent anciennement été la destination & l'usage, il sert aujourd'hui à recevoir le fumier & les débris des plantes & des végétaux que le Cultivateur du terrein contigu y tient en macération. La proportion de la porte de ce monument, enterrée d'un bon tiers de sa hauteur, indique que tout le sol de la droite de la voie Appienne s'est élevé au moins de deux pieds, & peutêtre de davantage, si, comme il y a

*SUR L'ITALIE.* 313

à toute apparence, on montoit à ce Temple par quelques gradins. D'où, par une conséquence ultérieure, il résulte, qu'originairement la voie Appienne débordoit de deux ou trois pieds le niveau du sol qui l'égale à présent. Il me suffit d'indiquer cette découverte aux Artistes en état de la développer *.

En suivant la route, quelques ravins que je rencontrai, me mirent à portée de vérifier ce que disent de la construction des voies Romaines, les Ecrivains qui se sont exercés sur ces monumens, les plus augustes peut-être, de la magnificence des Maîtres de l'Univers **. En découvrant

---

* Je dirai avec Cicéron, parlant d'un monument de cette espèce : *Ibi Capella quædam est, ea quidem mirè, ut etiam nos qui harum rerum rudes sumus, intelligere possumus, scitè facta & venustè.* Cic. in Verr. Lib. 2.

** Le sçavant Bergier, dans son Histoire des grands chemins de l'Empire, ( *Liv.* 1. *chap.* 10. ) prouve qu'Auguste & ses Successeurs employoient aux corvées les Soldats légionaires : *Ne discordiâ laboraretur, cùm assuetus expeditionibus miles, otio lasciviret.* Voyez l'endroit cité.

*Tome III.* O

perpendiculairement le flanc de la chauffée, ces ravins me firent voir que le pavé portoit, dans fa continuité, fur un maffif de maçonnerie, revêtu fur les flancs de pierres d'échantillon, liées par un fort ciment. Quoique les ravins euffent en quelques endroits une profondeur d'environ deux pieds, je ne découvris nulle part la naiffance de ce maffif, dont la profondeur eft fans doute en raifon de la mobilité du terrein marécageux qui lui fert de bafe dans toute cette partie.

En comparant des chemins ainfi conftruits, avec les chemins modernes fi multipliés dans nos pays, on ne voit, dans ces derniers, que des allées de jardin dont l'entretien & les renouvellemens annuels ne profitent qu'à ceux qui les commandent *, fans promettre autre chofe dans les revolutions qu'amene la fuite des temps, que des fondrières impraticables pour les voitures.

---

* *Et Dominum fallunt, & profunt Furibus.*
Horat. Ep. 6. L. 1.

## PIPERNO.

PIPERNO, ville autrefois importante, aujourd'hui ruinée, & patrie de Camille, l'une des Héroïnes de l'Enéïde, me donna, dans sa meilleure auberge, un très-mauvais souper & un lit que je quittai sans regret dès trois heures du matin. Je dînai encore plus mal dans une auberge isolée, à la tête d'un bois de chênes verds. A côté de cette auberge, au milieu d'un terrein très-uni, la terre, en s'éboulant, a ouvert un gouffre de forme circulaire d'environ cinquante pieds de diamètre. A la profondeur de quinze à vingt pieds, & à travers trois couches successives de rocailles de différentes espèces, on voit une eau d'un verd-noir, que l'on me dit être sans fond. On m'ajouta que ce lieu fut occupé par une auberge où se faisoient choses *che non convenivano;* & que Saint Nicolas ouvrit ce gouffre, qui engloutit l'auberge, corps & biens.

PIPERNO.

Quelques bois de haute futaie que je traversai dans cette route, sont aussi peu régulièrement exploités que ceux que j'avois vus dans le Royaume de Naples. Les Bûcherons, pour s'épargner la peine de se baisser, en usent avec ces bois, comme les Moissonneurs avec les bleds; c'est-à-dire, qu'ils les coupent à la hauteur de la ceinture, laissant sur place les étaux qui ne seroient pas ainsi négligés chez des Peuples plus nombreux, plus industrieux, plus actifs.

Cette Ville, sous le nom de *Privernum*, est très-célèbre dans Tite-Live, par la manière dont elle soutint le mauvais succès d'une guerre qu'elle avoit déclarée de son chef aux Romains, & qui seule occupa presque toutes les forces de la République pendant une campagne. Quelqu'un demandant, en plein Sénat, aux Députés des Vaincus, quel châtiment ils pensoient mériter: *Celui*, dirent-ils, *que méritent des hommes qui aspirent encore à la liberté.* » Mais, ajouta le Consul, si l'on » veut bien vous accorder la paix,

» en garderez-vous au moins les
» conditions ? « *A jamais, répondirent-ils, si elles sont honnêtes : le moins qu'il sera possible, si elles sont honteuses.*
En conséquence, le Sénat déclara les Privernates Citoyens de Rome. La noble franchise de ces réponses suffit pour apprendre quels hommes sont aujourd'hui remplacés par les malheureux Paysans répandus dans l'Etat Ecclésiastique *.

---

* Voyez les Annales de Rome, sous l'année 425. & Tite-Live, Liv. 8. N. 19, 20 & 21.

## VÉLETRI.

VÉLETRI, où j'arrivai de très-bonne heure, n'offrit à ma curiosité qu'un beau Palais, dont le jardin très-vaste, & orné, comme le bâtiment, de statues & d'antiques de toute espèce, est le plus régulièrement distribué que j'aie vu en Italie. La place de la ville est décorée d'une statue en bronze d'Urbain VIII, jettée par le Cavalier Bernin : c'est exactement la même que celle que l'on voit au tombeau de ce Pape, dans le rond-point de Saint Pierre de Rome.

Les gens de Véletri n'ont pas autant de respect que les Romains pour les chefs-d'œuvres de l'Art : une espèce de cul-de-sac en retraite sur la place, est le lieu qu'occupe cette statue ; & ce lieu est le réceptacle de toutes les ordures qu'y jette le voisinage, ou qu'y vient déposer la canaille.

J'y étois la veille de la Toussaint. Je vis, dans la Cathédrale, les Vêpres célébrées pontificalement par le feu Cardinal Delci, Doyen du Sacré Collége, &, en cette qualité, Titulaire de l'Evêché d'Ostie, réuni à celui de Véletri. Quelle différence entre la pompe & l'éclat qui brillent à Rome dans de pareilles cérémonies, & l'air simple, pauvre & mesquin de celles de Véletri! En un mot, le Doyen du Sacré Collége, dans les fonctions les plus brillantes du premier Episcopat de l'Eglise Romaine, a moins de représentation que le plus petit Curé de Paris, à la tête de son Clergé.

Véletri assise sur un côteau, est environnée de vignes & de petits jardins qui sont pour les *Curiali* de Rome, ce que sont pour la Prélature & pour les gens riches, les Tivoli, les Frescati, &c. Cette Ville, presque déserte, hors les temps de *villégiature*, a néanmoins des fontaines en plus grand nombre & plus abondantes que bien des Capitales de Province de nos pays Septentrionaux; & ces fontaines ajoutent un nouvel agrément à celui que tire Véletri de la pureté de l'air.

VILETRI.

Elle fut la patrie d'Auguste\*, dont le pere & les ancêtres y avoient exercé les mêmes fonctions qui parurent si ridicules à Horace dans la personne du Magistrat de Fondi, dont la famille tenoit cependant de fort près à la célèbre Livie, depuis épouse d'Auguste, qui se gouverna en grande partie par ses conseils. Plusieurs petites Villes répandues dans la Campagne de Rome, ont eu l'honneur de donner naissance à d'autres Empereurs. Galba étoit né dans un village du territoire de Fondi ; Vespasien, dans une métairie voisine de Réate ; Nerva, à Narni, &c. Les habitans de ces lieux, grands & petits, riches & pauvres, ignorans & lettrés, traittent encore de compatriotes & de cousins, ces Maîtres de l'Univers. Celui qui naquit à Véletri, fut le plus puissant Empereur dont l'Histoire fasse mention.

---

\* *Vid. Horat. Sat.* 5. *L.* 1.

# DÉPART DE ROME
### pour Florence.

Les pluies qui terminent à Rome l'*Intempérie*, intermittentes en Septembre, étoient devenues continues en Octobre : c'étoit jour & nuit un déluge continuel, & jamais saison ne fût moins faite pour se mettre en route. A ce prétexte, mes amis joignoient l'état de mes yeux, pour m'engager à passer l'hiver à Rome. *Voulez-vous donc, me disoit l'un d'eux, aller lever boutique à Florence, où les aveugles sont très-communs, & où les habitans, presque tous menacés de cette maladie, se montrent fort charitables, par préférence, envers les gens qui en sont attaqués.*

Malgré ces instances & mon inclination, les arrangemens de mon Compagnon de voyage déterminèrent notre départ. Le déluge, qui augmentoit, loin de diminuer, nous promettoit, pour le retour, un aussi mauvais temps que nous l'avions eu beau en venant ; & nos Domestiques, en allant chercher les Chevaux à la poste, furent trempés jusqu'aux os. Cependant la pluie finit comme nous montions en chaise, après avoir dîné avec nos amis ; & nous eûmes, jusqu'à Florence, le temps du plus bel Automne.

À Baccano, seconde poste, un bel Epagneul de la grande espèce se joignit à nous, & nous escorta jusqu'à Florence, nous caressant, mangeant & couchant avec nous, nous suivant dans les petites courses que nous faisions à pied dans les Villes de la route ; en un mot, nous rendant tous les devoirs & nous montrant tout l'attachement d'un Chien né & élevé parmi nous. L'Hôte de l'auberge, où nous descendîmes à Florence, le reconnoissant dès qu'il l'eut apperçu, nous apprit que ce Chien rouloit ainsi entre Baccano ou Viterbe & Florence ; qu'il l'avoit déja vu plusieurs fois à la suite de différens Voyageurs ; que Florence étoit le terme de ses courses, & qu'il en repartiroit pour Viterbe, lorsqu'il seroit délassé. La prédiction fut accomplie : après un séjour de quatre jours, *Baccano* ( nous avions ainsi nommé ce Chien, ) se remit à la suite de quelques Anglois qui partirent de notre auberge.

Nous arrivâmes avec la nuit, à la troisiéme ou quatriéme poste, dans une maison isolée, au milieu d'un bois situé sur une colline qui étoit environnée de rivières, dont la plûpart étoient débordées. Ce gîte répondoit parfaitement à l'idée qu'on nous en avoit donnée à Rome, avant notre départ de cette Ville. Nous y fîmes un assez bon souper, étant servis par une Hôtesse jeune, gentille & courtoise, dont les manières, ainsi que celles de son mari, ne nous promettoient rien de sinistre.

Pour toute précaution pour la nuit, étant montés à notre appartement, je dis à nos Domestiques, de dessus la gallerie, qu'ils nous fissent partir de bon matin ; & qu'à quelque heure qu'ils vinssent nous éveiller, ils trouveroient notre porte ouverte. En effet, nous ne la fermâmes point, & nous dormîmes fort tranquillement pendant toute la nuit, qui eût été une nuit d'allarme & peut-être de danger pour gens qui auroient marqué de la défiance ou de la crainte.

Cette confiance est le rempart le plus sûr qu'il y ait pour les Voyageurs dans ces mauvais pas. Les coquins, qui sont ordinairement les plus poltrons de tous les hommes, ne redoutent rien tant que le sang-froid: jugeant d'autrui par eux-mêmes, ils imaginent qu'on ne peut l'avoir qu'avec un arsenal, & ils regardent comme autant d'arsenaux, toutes les chaises de poste dans lesquelles voyagent les Anglois & les François. Cette idée est tellement forte en eux, qu'un Anglois ou un François mettant pied à terre, l'épée à la main, menera battant une douzaine de ces coquins chargés de dagues & de pistolets.

À l'apparition subite d'un homme sortant du coin d'un bois, avec fusil, épée, dague, stilet & pistolets, il m'est arrivé de sauter une fois hors de ma chaise sans aucune arme, d'aller à lui, de lui demander sous le nez : *Che hora è ?* & de le renvoyer frissonnant de peur : frisson qui s'annonçoit par le cliquetis des armes dont il étoit bardé.

J'ignore comment en usent les autres Voyageurs ; ce que je sçai, c'est qu'aucun d'eux ne peut être plus pauvrement armé que nous l'étions. *Tutta Brescia*, disent les Italiens, *non armarebbe un Cogl*....

## VITERBE.

VITERBE, que nous vîmes le second jour, est une fort jolie Ville, avec Cathédrale, Palais, Hôtel-de-Ville, place & fontaines très-abondantes, ornées avec goût. Cette Ville, assez peuplée, s'annonce de loin par des tours très-élevées, semblables à celles que nous avions vûes dans la Romagne, & qui, comme elles, servoient de forteresses dans les guerres civiles qui déchirèrent Viterbe jusques dans le seiziéme siécle.

Tous les bâtimens publics de Viterbe, sont ornés d'inscriptions antiques & du moyen-âge, fabriquées par le fameux Annius, Dominicain : inscriptions qui en ont imposé à Misson, & que Grutter avoit adoptées, mais sans les avoir vûes. Ce même Annius, mort & enterré à Viterbe, sa patrie, sous le pontificat d'Alexandre VI, avoit donné au Public, sous les noms de Philon, de Bérose, de Métasthène, & de plusieurs Auteurs

Grecs & Latins dont il n'existe plus rien, différens Ouvrages sur les Antiquités & l'ancienne Géographie; & ces Ouvrages supposés ont joui, pendant quelque temps, de la fortune des fausses Décrétales. On les trouve cités, comme faisant texte, par plusieurs Ecrivains du seiziéme siécle, & entr'autres, par Léandro Alberti, qui soutenoit, ainsi que l'a soutenu depuis un Dominicain François, dans une Apologie d'Annius, que tous ces écrits reconnus faux, avoient été donnés d'après d'anciens Manuscrits, que Léandro dit même avoir vus dans sa jeunesse entre les mains d'Annius *. C'est sans doute d'après des falsifications de cette espèce, que le P. Hardouin avoit bâti son système sur la fausseté de presque tous les monumens de l'Antiquité profane & Ecclésiastique.

Le territoire de Viterbe est couvert de maisons de plaisance & de châteaux appartenans aux Cardi-

_____

* *Essendo io già molto giovine, hò xeduto gli antichi libri di detti Autori.*

naux & aux premières Maisons de Rome. Mais le plus magnifique de tous, est le célèbre Caprarola, bâti par le Vignole, pour le Cardinal Farnèse, neveu de Paul III. Ce château, ainsi qu'une partie du pays contigu au lac de Bolsene, appartient encore à la Maison de Farnèse ou à ses Représentans. Tout cela faisoit autrefois partie du Duché de Castro, dont l'Incamération fut une affaire si longue & si épineuse pour le Saint-Siége, auquel retourneront tôt ou tard ces biens allodiaux que les Loix féodales ont fait passer sur la tête du Roi Dom Carlos, & qu'il a cédés en 1759 au Roi de Naples, son fils, lorsqu'il monta sur le Thrône d'Espagne. Cette réunion, ainsi faite, il ne restera que le souvenir d'une Maison dont la perpétuité sembloit assurée & garantie par l'immensité de ses possessions.

 Le chemin qui nous conduisoit de Rome en Toscane, est l'ancienne *via Cassia* dont parle Cicéron dans ses Philipiques, comme partageant l'Etrurie. Ce chemin qui parcourt un pays coupé de montagnes, étoit le plus mauvais & le plus mal entretenu que nous euſſions encore vu en Italie : il n'y a pas d'apparence que, depuis le Caſſius dont il porte le nom, perſonne ſe ſoit occupé de ſon entretien & de ſa réparation. Obſervons encore que les Villes que nous avons vues ſur cette route, toutes bâties ſur des montagnes, ſont de la fondation des anciens Etruſques, excepté Viterbe bâtie au pied du Mont Cyminus, auquel elle a donné ſon nom. Mais Viterbe eſt une Ville moderne, formée des débris d'anciennes Cités Etruſques détruites par les Lombards.

## MONTE-FIASCONE.

Monte-Fiascone fut la Capitale des anciens Falisques : elle est aujourd'hui célèbre par ses bons vins; par un nombreux Séminaire qu'a fondé le Cardinal Barbarigo dont la canonisation occupe le Pape régnant ; enfin par la fameuse épitaphe : *Propter nimiùm* EST, &c. qui est sans date.

Le Prélat Allemand, dont elle consacre la mémoire, étoit un Fugger, de la famille des célèbres Fugger d'Ausbourg, Banquiers de l'Empereur Maximilien, protecteurs des Lettres & des Sçavans, & depuis décorés du titre de Comtes de l'Empire. Leur nom se prononce en Allemand, *Foucre*, que le Valet-de-chambre qui présida aux funérailles de son Maître, a rendu par *de Fucris*. De la dépouille de son Maître, ce même Valet-de-chambre avoit fait une fondation annuelle de deux barils de *Moscatello*, que l'on répandoit, la troisiéme fête de la Pentecôte, sur la tombe du Prélat Allemand. Cette fondation s'eſt exécutée juſqu'à l'Epiſcopat du Cardinal Barbarigo, qui l'a convertie en pain que l'on diſtribue aux Pauvres.

MONTE-FIASCONE.

Quelques Allemands, ne voyant là qu'une mauvaiſe plaiſanterie faite contre leur Nation, ont pris le parti de s'inſcrire en faux à la fois contre l'épitaphe & contre le titre de la fondation.

Daniel-Guillaume Mollerus, Profeſſeur de Métaphyſique & d'Hiſtoire en l'Univerſité d'Altorf, choiſit ce ſujet pour une Thèſe qu'il fit ſoutenir en 1680 & qu'il intitula : *De Fabulâ Montefiaſconianâ.* Propter nimiùm EST, EST, EST, DOMINUS MEUS MORTUUS EST, *Diſquiſitio hiſtorica.* Les Recherches du Profeſſeur * ſur cette anecdote vraie ou fauſſe, ont été imprimées avec d'autres morceaux ſinguliers du même, & rempliſſent quelques pages in-4°.

D'Aquapendente à Sienne, le che-

---

* Voyez-en le détail à la ſuite de ſa Vie, par le P. Niceron, *Tom.* 12. *p.* 288.

MONTE-FIASCONE. min est un amas de grosses pierres de lave qu'y jettent les Cultivateurs des champs voisins. Ces pierres sans liaison, & roulant l'une sur l'autre, forment des chemins également rédoutables en toute saison. On nous dit à Radicofani, que, depuis environ un mois, un jeune Abbé François tenant ce chemin dans une mauvaise chaise de poste, le fond de la chaise avoit manqué ; & que l'Abbé avoit, en cet état, fait environ une lieue, jettant inutilement des cris qu'étouffoit le bruit des pierres sur lesquelles il rouloit.

## RADICOFANI.

Cette Forteresse est la première place des Etats de Toscane, & a long-temps appartenu aux Papes. C'est une montagne très-vaste & fort élevée, dont le sommet est terminé par une plate-forme, d'où s'éleve une Citadelle qui d'en-bas a l'air d'une ville. Cette Citadelle bâtie, dit-on, par les Lombards, avoit été réparée avec de grandes dépenses par Adrien IV. Les Ducs de Toscane ont perfectionné les anciens ouvrages, & en ont ajouté de nouveaux. Un incendie l'avoit détruite vers l'année 1740, & le dommage n'est pas encore entièrement réparé. Aussi le Pape n'est-il pas un voisin assez dangereux, pour que l'on ait dû presser bien vivement cette réparation.

Radicofani découvre au Midi la mer & les *Stati degli Presidii*, & au Nord, l'ancien *Clusium* & la partie de la Toscane la plus célèbre dans l'Histoire Romaine. Cette Place a

RADICO-FANI. été le théâtre d'une aventure très-singulière arrivée à un Abbé de Clugny allant de Rome aux bains de Sienne, qui lui étoient ordonnés pour le rétablissement de son estomac. Cette aventure fait le sujet de la quatre-vingt-douziéme Nouvelle de Boccace, qui la raconte avec tout l'agrément qu'il sçavoit répandre sur de pareils sujets.

## SIENNE.

Sienne, fondée par les Gaulois Sénonois de l'expédition de Brennus, long-temps fameuse par une nombreuse population, par de riches manufactures, par un commerce étendu, par de hauts faits d'armes, & par des victoires mémorables sur les Florentins & sur les Pisans, a toujours été en décroissant, depuis qu'en 1557, elle fut soumise par les Espagnols, à la domination des grands Ducs de Toscane.

Il ne lui reste aujourd'hui de son ancienne splendeur, que des tourelles dont sont flanquées ses maisons les plus considérables ; sa Cathédrale qui, dans son total & dans chacune de ses parties, est un prodige de magnificence & de propreté ; quantité d'Eglises & de Monastères qui partagent avec un hôpital aussi opulent que bien servi, ce qui lui reste de richesses.

Les maisons les plus apparentes ont, soit au rez-de-chauffée, soit à tous les étages, dans les trumeaux qui séparent les croisées, de forts crampons de fer, d'un pied environ de saillie, ayant à leur extrémité un gros anneau. Je n'ai pu apprendre, ni à Sienne, ni à Florence, quel pouvoit être l'usage actuel ou la destination primitive de ce bizarre hors-d'œuvre.

La grande place creusée en forme de coquille, environnée de bâtimens très-communs, & trop étendue pour la population actuelle de Sienne, n'a de singulier que sa forme, & une fontaine très-abondante, dont les eaux suffiroient pour faire de cette place une petite mer. Cette fontaine qui a son débouché dans le flanc même de la place, a été célébrée par le Dante, *Liv.* 30. de son Enfer :

*Per Fonte Branda non darei la vista.*

Vers la fin du quinziéme siécle, Pandolphe Petrucci s'étoit emparé à Sienne, de l'autorité ; & il gouvernoit la République au même titre & avec autant de réputation que les premiers Médicis gouvernoient Florence.

## SUR L'ITALIE. 537

sence. C'est ce Pandolphe que Machiavel propose pour exemple aux Usurpateurs de l'autorité suprême dans un Etat libre, donnant pour modèle, aux Ministres de ces Usurpateurs, Antonio di Venafro qui servoit Pandolphe en cette qualité. Florence fournissoit à Machiavel les mêmes exemples, & de semblables modèles; mais écrivant sous les Médicis, dont il fut toute sa vie l'ennemi ouvert ou secret, il avoit besoin d'exemples étrangers, quoique voisins, pour autoriser les lumières qu'il vouloit donner à ses Compatriotes, sur ce qu'ils avoient à redouter, & qu'ils éprouvèrent bientôt sous la domination d'Alexandre de Médicis *. On s'est depuis trompé sur l'invention de son Ouvrage, qui a eu le même sort que le Traité de Sanchès sur le mariage. Ce Traité

---

* Il disoit aux Florentins encore libres, ce que disoit Samuel aux Israélites las du Gouvernement des Juges; *Hoc erit jus Regis qui vobis imperaturus est*, &c. Machiavel prouve par des exemples voisins & contemporains, ce que Samuel se contentoit d'é-noncer

*Tome III.* P

SIENNE.

destiné à combattre l'impureté dans ses derniers retranchemens, est devenu le Livre favori de tous les impurs.

La considération dont jouissoit Petrucci, procura à son fils Alphonse le Chapeau de Cardinal. Promu très-jeune à cette dignité, il se mit mal-adroitement à la tête de la faction, qui, après la mort de Jules II, forma une espèce de conjuration pour éloigner les vieux Cardinaux de la Papauté, & il eut le malheur de réussir, en donnant le jeune Cardinal, Jean de Médicis, pour successeur à Jules II. Chargé de proclamer cette élection, il le fit en ces termes: *Nous avons pour Pape Jean de Médicis, Cardinal-Diacre, qui a pris le nom de Léon X. ET VIVENT LES JEUNES: VIVANO LI GIOVANI.* Mais bientôt Borghino, son frere, qui avoit remplacé Pandolphe leur pere, ayant été chassé de Sienne par les intrigues des Médicis, il intrigua de son côté; il cabala contr'eux & contre Léon X, qui devenu son ennemi, le fit arrêter, & l'enferma au Château Saint-Ange, où il mourut dans les fers.

Le territoire de Sienne & la partie de la Toscane que l'on parcourt de Sienne à Florence, offrent au Voyageur un nouveau ciel & une nouvelle terre. Les bourgs, les villages, les fermes y sont plus fréquentes & plus peuplées que dans l'Etat Ecclésiastique, les champs plus cultivés, & les terreins ingrats industriés avec plus de soin. Les hommes aussi plus robustes, ont dans tout leur extérieur, cet air de vivacité, de vigueur & de gaieté qui suit l'aisance & qu'exclut la misere. Les Paysans mêmes portent ces physionomies marquées & décidées qu'offrent les portraits des Dante, des Boccace, des Machiavel, &c. A raison sans doute de la culture plus suivie & plus étendue, le ciel n'est point embrumé de ces noires vapeurs qui infestent les plaines incultes de l'Etat Ecclésiastique. Enfin le coup d'œil qu'offre l'un & l'autre pays, est précisément l'inverse de la description que deux Géographes, aussi aimables que peu exacts, nous ont tracée des pays de Papimanie & de Papesguierre.

# FLORENCE.

FLORENCE, Capitale de la Toscane, fut moins célèbre dans l'Antiquité, que toutes les Villes auxquelles elle commande aujourd'hui. Ses premiers habitans, uniquement occupés à jouir de tous les agrémens d'une situation délicieuse, furent la proie de tous les Barbares qui ravagèrent l'Italie, & les victimes de la jalousie de leurs Voisins, qui, après les avoir chassés de leur Ville & de leurs maisons, détruisirent Florence de fond en comble.

Elle dut son rétablissement à l'Empereur Charlemagne, qui, à son retour de Rome, l'an 802, releva ses murs, & y rappella les habitans dispersés dans les campagnes arrosées par l'Arno.

Ils profitèrent de l'anarchie où tomba l'Italie sous les successeurs de Charlemagne, pour s'ériger en République ; & le premier exploit de cette République naissante, fut un acte de vengeance contre la ville de Fiésoli, qui avoit détruit Florence. Les Florentins la détruisirent à leur tour en 1010 ; & pour lui interdire tout espoir de rétablissement, imitant la conduite des Romains dans leurs premières conquêtes, ils firent passer les Fiésolans à Florence, & les incorporèrent à leur République.

Depuis cette incorporation, Florence devint à l'Italie ce qu'étoit Athènes à la Grèce, dans ces beaux jours dont Thucydide & Xénophon ont écrit l'histoire. Prodigue des richesses que lui apportoient un commerce étendu & des manufactures florissantes ; animée de cet orgueil, essor du génie & pere des vastes projets, ainsi que des grandes entreprises, cette Ville aspira à tous les genres de gloire. L'Europe vit renaître enfin les vertus patriotiques, politiques & guerrières, les Sciences & les Arts, dont la Barbarie avoit depuis si long-temps tari les sources.

Côme de Médicis, nouveau Pisistrate, osa entreprendre de dominer un peuple qui regardoit la liberté comme le premier des biens. D'immenses richesses, une libéralité sans bornes, des mœurs populaires, une politique aussi active que cachée, un courage & une patience à toute épreuve, l'amour des Lettres & des beaux Arts, un grand zèle pour la Religion, & une humble déférence pour tous ses Ministres *, furent les instrumens de la tyrannie qu'osa établir un homme dont l'ayeul étoit à peine connu : si l'on peut appeller du nom odieux de tyrannie, une domination que Côme exerçoit, comme il le disoit lui-même, *con capucchio*, en capot, c'est-à-dire, sans aucun appareil qui le distinguât des autres Citoyens. Un Empereur jugea sainement de cette grande fortune, lorsqu'à la vûe du Palais que Côme s'étoit fait bâtir à Florence, il s'écria : *Combien de traverses, d'inquiétudes, de contradictions, de chagrins, une telle fortune a-t-elle dû coûter à celui*

---

\* *Con palesi*, dit Varchi, *e manifeste virtu, con secreti e nascosti vizzi, fatto capo di una Republica più tosto non serva che libera.*

qui a osé la tenter. Quoi qu'il en soit, Cosme ajouta la paix intestine à tous les biens dont jouissoit sa patrie : il aida l'essor des esprits & les progrès des Sciences & des Arts, dont le goût héréditaire dans sa famille ne contribua pas peu à y perpétuer la domination. Enfin, il mérita le titre de *Pere de la Patrie*: titre auguste qui lui tient encore lieu, sur son tombeau, de tous les titres & de tous les éloges dont ses descendans eussent pu le charger :

COSMUS MEDICES,<br>
DECR. PUB.<br>
PATER PATRIÆ.

Laurent *le Magnifique*, son petit-fils, régna aux mêmes titres sur Florence ; & les Médicis en dûrent enfin la Souveraineté, moins aux travaux de leurs ancêtres, qu'aux intrigues de Léon X, & de Clément VII, & aux alliances que ces Papes procurèrent à leur Maison.

Laurent de Médicis, petit-fils de Laurent *le Magnifique*, dut à Léon X. son mariage avec l'héritière de la Maison de Boulogne : mariage qui

FLORENCE fut, en 1515, une des conditions secrettes du Concordat entre ce Pape & François I. Catherine de Médicis, issue de ce mariage, épousa depuis, en 1533, Henri, second fils du même Roi, qui ne put refuser cette alliance aux instances de Clément VII. Le Dauphin François étant mort de poison en 1545, Henri, mari de Catherine *, prit le titre de Dauphin, & succéda à son pere en 1547.

Cette alliance avoit dû coûter à François I, au moins à en juger par le ton haut qu'il prenoit avec Clément VII, dans une dépêche ** du 13 Avril 1552, en réponse à la proposition que lui faisoit ce Pape d'envoyer, aux ordres de l'Empereur, un puissant secours pour la défense de l'Italie menacée par Soliman, en

---

\* L'Aretin écrivant à Catherine de Médicis, disoit, sur l'avénement de Henri II. à la Couronne : *Non si vanti la Sorte d'averlo assunto in Rè con solenne misteria del Fato*. Gennaro. 1555.

\*\* Voyez les *Mélanges Historiques de Camusat*, vol. 41. où cette piéce est rapportée en son entier.

SUR L'ITALIE. 345
l'exhortant à saisir ce moyen pour
adoucir l'Empereur à son égard :
» Que le Saint Pere sçache, disoit
ce Prince, » que le Sieur Roi n'est
» ni Marchand, ni Florentin, ni
» homme de si peu de cœur, que
» les rançons, prison & autres
» traictemens, fussent plustost cause
» de le faire rabaisser & diminuer
» de son debvoir, que de le faire
» ressentir de pareilles injures ( allu-
sion à la manière dont Clément VII,
prisonnier de Charles V, s'étoit tiré
de ses mains. ) » C'est à Sa Sainteté
» à garder cette nature & volonté
» pour lui, & n'estimer si peu d'un
» Roi de France, qu'il feust pour
» faire le semblable. Que, quant à
» lui, il n'avoit jamais donné occa-
» sion à l'Empereur d'estre ni pic-
» qué, ni eschauffé ; ains, au con-
» traire, il en avoit eu matière de
» par lui ; & que là où Nostredit
» Saint Pere trouveroit en son en-
» droit ces grants eschauffemens,
» ledit Sieur s'en rapportoit bien à
» lui, s'il vouloit estre son MÉDE-
» CIN, & que, pour le refroidir, il
» lui donnast à sa poste ou rhubarbe,

[FLORENCE.]

P v

» ou telle aultre médecine que bon
» lui sembleroit, tant pour le radou-
» cir, ramollir, refroidir, ou aultre-
» ment, ainsi qu'il adviseroit: car,
» quant à lui, que ledit Empereur
» allast chercher d'aultres Méde-
» cins que lui; car il n'estoit son
» Varlet ni à sa solde, pour chercher
» à le guérir de toutes ses maladies;
» & qu'il ne pouvoit se donner assez
» de merveilles que le Saint Pere
» l'estimoit si peu que de lui user de
» ces termes, &c. «

La hauteur & l'aigreur de ce ton n'annonçoient guère l'alliance contractée l'année suivante entre François I. & Clément VII.

Florence doit aux Médicis & aux deux Papes de cette Maison, à leur magnificence & à leur goût éclairé pour les beaux Arts, les édifices & les monumens qui, en la distinguant des autres Villes de l'Europe, ne lui laissent de comparaison qu'avec les plus fameuses Villes de l'ancienne Grèce.

Parmi les édifices de Florence, il en est cependant quelques-uns qui, quoiqu'antérieurs aux Médicis, peuvent être regardés comme des préludes du goût anticipé des Florentins pour les belles choses. Tels sont, l'Eglise de *Santa Maria Novella*, que, pour la légéreté du dessein sur lequel elle fut élevée en 1280, Michel-Ange appelloit *la Sposa*; la très-vaste Eglise de Sainte Croix, bâtie en 1294; celle de la Trinité; celle d'*Or-San-Michele*, ornée au-dehors de quatorze niches avec des statues qui sont autant de chefs-d'œuvres des plus grands Sculpteurs de Florence; enfin la décoration intérieure & extérieure du Baptistère de la Cathédrale, & ses portes en bronze, que Michel-Ange disoit dignes d'être les portes du Paradis. La première de ces portes fut terminée & placée en 1330, par Ugolin de Pise, & les deux autres dans le siécle suivant, par Laurent Ghiberti, Florentin, qui, dans les bas-reliefs dont il les a ornées, & dans tous les détails de leurs accompagnemens, a atteint, soit pour le dessein, soit pour l'exécution, une perfection au-delà de laquelle l'Art n'a point été depuis. L'Italie est pleine de Madones qui

**FLORENCE.**

l'on donne pour l'ouvrage des Anges. Si l'on eût imaginé de leur faire honneur du travail de ces portes, en comparant le goût de ce travail avec le goût du siécle dont il date, les Experts eux-mêmes eussent été les premiers à crier au miracle.

La Cathédrale est vis-à-vis le Baptistère. Ce vaisseau, dont les fondemens furent jettés en 1296, est moins étonnant par son étendue, par son élévation, par la légèreté & la solidité de sa bâtisse, que par ses proportions, dans le beau choix desquelles les Architectes du treiziéme siécle ont devancé la renaissance des Arts. Le dôme qui couronne ce vaisseau, fut l'ouvrage du siécle suivant, & il a servi de modèle au fameux Michel Ange pour le dôme de Saint Pierre. Cet ouvrage est d'autant plus admirable, que le dôme est double, & qu'il fut élevé sans cemtre, sans noyau, sans armature, avec le seul secours d'un échafaud très-ingénieusement imaginé par Ser Brunelesco, qui avoit conçu l'idée de cette grande machine, & qui la conduisit à fin, par des procédés pour lesquels la tradition de son Art le laissoit sans ressource.

FLORENCE.

La coupole à peine terminée, fit naître à *Paul Toscanelli*, Médecin de Florence, l'idée du premier Gnomon que l'Astronomie moderne ait exécuté. L'essai fut un coup de Maître : il est encore le plus grand des monumens que l'Europe ait en ce genre. Ainsi le jugea M. de la Condamine, qui, à son passage à Florence, avoit agi auprès du Ministère pour la restauration de ce monument, que le rapprochement de l'écliptique, & peut-être l'affaissement de la coupole, avoient mis hors de service. Un Jésuite chargé de cette restauration, venoit de donner le détail de ses procédés dans un Ouvrage imprimé à Florence en l'année 1757.

Dans les Prolégomènes de son Commentaire sur le Dante, Landini parle avec le plus grand éloge de deux Géomètres qui illustrèrent Florence dès le quinziéme siécle. L'un & l'autre s'appelloient *Paul*, le premier, célèbre par des écrits immor-

FLORENCE.

tels, & dont néanmoins aucun catalogue de livres imprimés n'offre l'indication ; le second, non moins exercé, non moins profond que l'autre dans les hautes Sciences, & qui vivoit encore au commencement du seizième siécle, lui offroit una veneranda imagine d'antichità.

Le dessein de l'échafaud imaginé par Brunelesco, fait partie des piéces gravées dans la vie du Sénateur Nelli, que son fils a publiée à Florence, en 1753. Ce Sénateur mort en 1725, étoit en même temps grand Architecte ; &, en cette qualité, il avoit été long-temps chargé de la Surintendance de la Fabrique de la Cathédrale. On s'étoit apperçu, en 1692, de quelques crevasses ou lézardes dans la calotte du dôme. Les Architectes le plus en réputation dans l'Italie, avoient été consultés par le grand Duc Côme III ; & ils n'avoient trouvé de remède que dans de fortes chaînes de fer dont on devoit cercler la calotte qu'ils jugèrent menacer ruine. Les chaînes furent en conséquence préparées ; mais M. Nelli ayant démontré, sous la garantie du célèbre Viviani, que les voûtes de la nature de celle du dôme, n'avoient point de poussée latérale, & que leur consistance dépendoit de celle des fondemens, on abandonna les chaînes qui ne pouvoient ajouter qu'un poids inutile, & l'on se contenta d'un léger appareil sur les lézardes qui furent traitées comme un accident sans conséquence.

La grosse cloche de la Cathédrale étant venue à se casser sous la Surintendance de M. Nelli, il la fit refondre, mais sans oreilles. Il y suppléa par une ouverture ronde qui traversoit toute sa sommité, & fit adapter à cette ouverture un boulon de métal. Dans ce boulon, d'où pend le battant, est enclavé un chapeau de fer, qui soutenant la calotte & tout le poids de la cloche, donne la facilité de la faire tourner autour du battant, sans qu'il soit besoin de la démonter, pour varier les points d'incidence de ce battant.

A propos de cette opération, l'Historien de M. Nelli rapporte deux certificats en bonne forme, par lesquels il paroît qu'en 1658 un nommé Joseph Farnetti racommodoit, sans les refondre, les cloches fêlées, au point de sonner *meglio che prima*.

M. Nelli nous ramène à un de ces édifices dans lesquels les Architectes Florentins avoient anticipé la renaissance des Arts, c'est-à-dire, à la loge des Allemands qui est encore aujourd'hui, un morceau de décoration pour la grande place du Palais.

Cette loge très-vaste, toute en pierre, & ouverte sur la place par des arcades qu'un socle continu éléve au-dessus du sol à la hauteur d'environ quatre pieds, fut bâtie en 1355, sous la conduite & sur les desseins d'André Orgagna qui, osant abandonner les ogives & le tiers-point usités jusqu'alors, ouvrit ses arcades en plein ceintre. Au commencement de ce siécle, le socle sorti de son à-plomb, & poussant sur la place, y entraînoit les arcades, & menaçoit toute la loge d'une ruine prochaine. Le Grand-Duc résolut, en 1715, de la prévenir. Les

Architectes ne voyoient de remède que dans une entière reconstruction dont ils faisoient monter l'état à trente mille livres. M. Nelli plus hardi & plus économe, entreprit de reprendre le socle en sous-œuvre, de conserver les arcades, & de les remettre à plomb. Le Grand-Duc entra dans ses vûes : elles furent remplies en 1716, & il n'en coûta que deux mille livres. Cette opération fut aussi simple & aussi heureuse que le renouvellement d'un seuil sous un bâtiment de charpente.

Enfin nous arrivons aux monumens de la magnificence des Médicis, & de leur goût éclairé pour tous les Arts. Je ne rappellerai que ceux qui m'ont frappé par quelque circonstance particulière.

Je commencerai par la Judith du Donatello, placée sous une des arcades de la loge dont je viens de parler, & appellée par les Florentins la *Giulitta*. Cette statue en bronze & de la plus grande beauté, tient à l'Histoire des Médicis, quoique vrai-semblablement elle n'ait été érigée par aucun d'eux. Elle repréſente l'Héroïne de Béthulie debout & le ſabre levé ſur la gorge d'Holopherne, qui, renverſé ſur le piédeſtal, paroît plongé dans l'yvreſſe. Autour du piédeſtal, on lit cette inſcription:

PUBLICÆ SALUTIS EXEMPLUM.
CIV. POST.

J'ai conclu de cette inſcription, que le monument avoit été érigé, ou avant que Côme de Médicis ſe fût emparé du Gouvernement, ou pendant l'exil auquel il fut condamné. Mais il eſt très-ſingulier que les Médicis devenus Souverains, ayent laiſſé ſubſiſter un pareil monument avec une telle inſcription, & que le Peuple lui-même n'ait pas imaginé de leur faire ſa cour, & de leur prouver ſon attachement, par la deſtruction, ou au moins par le déplacement d'un ſignal perpétuel de révolte & d'attentats ſur la perſonne du Souverain. La tolérance des Médicis, à cet égard, a peut-être eu ſa cauſe principale dans les raiſons qui leur avoient fait préférer le titre modeſte de *Duché* à celui de *Royauté*.

que comportoit la richesse & l'étendue de leurs Etats. La galerie du Palais Pitti offre la contre-partie de ce monument, dans une excellente tête de Brutus, ébauchée par Michel-Ange, avec ce distique sur le piédestal :

*Dùm Bruti effigiem Michaël de marmore*
*fingit,*
*In mentem sceleris venit, & abstinuit.*

Parmi une foule de chefs-d'œuvres, qui accompagnent la Judith que l'on voit dans la place du Palais, mes yeux se portèrent d'abord sur le *Persée*, ainsi que sur les bas-reliefs qui en ornent la base : chefs-d'œuvres de l'art & de la main de Benvenuto Cellini, Peintre, Sculpteur & Architecte du seiziéme siécle. Dans sa vie, écrite par lui-même & imprimée depuis quelques années, un illustre Florentin entre sur ce morceau dans des détails aussi intéressans pour l'Art même, que piquans pour toute espèce de Lecteurs, par la vivacité, le feu & l'enthousiasme qui animent son récit.

Je remarquai ensuite deux statues

colossales en marbre blanc, l'une du Bandinelli, représentant Hercule combattant Cacus, & l'autre de Michel-Ange, qui représente David marchant à Goliath. Ces statues, très-estimées, sont exposées aux injures de l'air qui les ont inégalement moisies & comme rouillées : ce qui n'aide pas à les présenter avantageusement. Mais le respect des Florentins pour les monumens de cette espèce, est tel, qu'ils regardent comme un attentat presque sacrilége, le soin qu'ailleurs on prend chaque Printems, de faire nettoyer, décroter, ratisser, regratter les statues exposées en plein air.

Le Palais, dont celles d'Hercule & de David ornent le parvis, en a plusieurs du premier mérite, telles que l'Adam & l'Eve du Bandinelli, & la Victoire de Michel-Ange.

L'Adam & l'Eve, plus grands que nature, & exactement nuds, ont, pendant plus d'un siécle, servi de retable au maître autel de la Cathédrale : l'œil simple des bonnes gens de ce siécle, n'y appercevoit ni immodestie, ni indécence. On les a depuis vûes d'un autre œil, & Côme III. ordonna qu'elles fuſſent déplacées.

La Victoire de Michel-Ange, morceau de ſa plus grande force, quoiqu'il n'y ait pas mis la dernière main, étoit deſtinée pour le tombeau de Jules II. En voyant depuis le mauſolée de Michel-Ange, il me ſembla que cette Victoire couronnant ſon buſte, eût orné ce mauſolée plus convenablement que les trois ſtatues bien terminées, mais un peu froides, dont on l'a décoré.

Sans entrer dans un plus grand détail ſur les cent ſoixante ſtatues publiques qui, répandues en partie dans les places, dans les rues & ſur les ponts, offrent à l'Etranger le ſpectacle qu'offroient aux Pauſanias, les Villes de la Grèce les plus floriſſantes, j'obſerverai ſeulement que ces ſtatues abandonnées au Peuple, en ſont reſpectées comme choſes ſacrées, & que ce reſpect qui paſſent des peres aux enfans, a ſon fondement dans le goût qu'inſpire pour les belles choſes, l'habitude de les voir admirer & de les entendre louer.

FLORENCE.

Ce respect qui s'étend à Florence aux Paysans & à la dernière lie du Peuple, y tient lieu des grilles & des barrières qui, dans des pays moins éclairés, préservent à peine les monumens publics, des atteintes du goût pour la destruction : goût naturel aux enfans, & que l'éducation peut à peine corriger dans le commun des hommes. Le Centaure, par exemple, morceau comparable aux restes de l'Antiquité les plus précieux, occupe le centre d'une place assez étroite, qui sert de marché deux ou trois jours de la semaine. Y passant un matin, le marché tenant, je m'approchai d'un Paysan, & lui demandai pourquoi il ne profitoit pas de la statue, pour y accrocher de petits inventaires dont il paroissoit embarrassé. Pour toute réponse, il haussa les épaules, en me lançant un regard de mépris & d'indignation *.

Les bâtimens nécessaires à tous

_____

\* *Con quel sembiante*
*Che madre fà sopra figlio deliro.*
Dant. Parad. Cant. 1í

les besoins d'une grande Ville, ont toute la magnificence que comportent les différens usages auxquels ils sont destinés. Tribunaux, Collèges, Hôpitaux, Bibliothéques, marchés couverts, greniers publics, dépôts pour les actes des Notaires, &c. tout cela est l'ouvrage des plus habiles Architectes, sur le goût desquels le Souverain & les Directeurs de ces divers établissemens ont toujours réglé le leur.

Parmi les édifices particuliers, le Palais bâti par le premier des Médicis, tient, à bien des égards, le premier rang : non par la grandeur du terrein qu'il occupoit, puisqu'il n'a pu suffire, dans son premier état, pour l'habitation des Marquis Ricardi à qui il est passé, mais par sa très-élégante simplicité ; par le nom des Princes qui l'ont habité & qui y sont nés, par la dignité des Hôtes qu'il a reçus, enfin par l'honneur qu'il a eu d'être le berceau des Lettres, des Sciences & des beaux Arts, à leur renaissance en Europe. Il est vrai qu'à cet égard la Maison de Ricardi l'a maintenu dans tous ses honneurs, en y rassemblant un beau choix d'antiques, une Collection d'excellens tableaux, & une Bibliothéque très-riche en manuscrits *: Bibliothéque doublement utile & par l'accès qu'y trouve le Public, & par les lumières de l'illustre Docteur Lami, attaché à cette Bibliothéque par une pension honnête. Cependant je n'y pus voir, sans quelque chagrin, que l'escalier qui avoit suffi pour les Empereurs Maximilien & Charles V; pour les Rois

---

* Les anciens Troubadours & leurs Fabliaux font une partie très-intéressante de ces manuscrits. J'ai vu & lu en entier un Extrait de ces Fabliaux, fait avec autant de goût que d'intelligence, sous le feu Comte de Caylus. Il offroit en prose les détails & toutes les longueurs par lesquelles des vieux Poëtes payoient le tribut à leur siécle, & il présentoit, dans leurs termes grossiers, toutes les choses piquantes, soit par le fonds, soit par la tournure. Cet Extrait, écrit en entier de la main du Comte, remplit un volume in-4°. Il a passé depuis sa mort en de bonnes mains, (en celles de M. de Sainte-Palaye), qui ne peut choisir une forme plus agréable que celle de cet Extrait, pour présenter au Public les objets favoris de ses études.

de France Charles VIII; Louis XII. & François I; pour les Papes Léon X. & Clément VII; pour tous les Médicis; en un mot, pour tout ce que l'Europe eut de plus grand, soit par le mérite, soit par la dignité, dans le siécle le plus fécond en grands Princes & en hommes extraordinaires, ne soit aujourd'hui qu'un escalier de dégagement qui a cédé le rang d'honneur à un escalier beaucoup plus vaste, beaucoup plus magnifique, mais qui peut-être ne servira jamais pour de tels hommes.

Une rue de traverse sépare ce Palais du Collége des Jésuites: ils parviendront peut-être à l'y incorporer, lorsqu'ils auront gagné l'amitié des Florentins qui les ont toujours vus de mauvais œil. Il est même d'étiquette à Florence, de dire aux Etrangers, en leur montrant le Palais Ricardi: *Voilà le berceau des Lettres; & voici leur tombeau*, en indiquant le Collége qui l'avoisine.

Un des bâtimens publics qui mérite d'autant plus les regards, que sa sçavante simplicité semble moins les attirer, c'est la Bibliothéque de Saint

FLORENCE. Laurent, plus connue sous le nom de Bibliothéque de Médicis. Toutes les parties de ce bâtiment, tous ses plus petits détails, les vîtres peintes, le parquet, le plafond, les pupîtres mêmes, ont été exécutés sur les desseins & sous la conduite de Michel-Ange, que les plus sçavans Architectes étudient là avec autant de soin & autant de fruit, qu'à Saint Pierre de Rome.

L'Eglise de Saint Laurent qui donne son nom à la Bibliothéque, est le premier & l'un des plus majestueux édifices qui, depuis la renaissance des Arts, ait été soumis aux grands principes de l'Architecture. Le dessein en fut arrêté par le vieux Côme de Médicis, dans le quinziéme siécle.

Florence offre, dans toute son étendue, une continuité de Palais qui, au premier coup d'œil, paroissent jettés dans le même moule. Toutes les façades perpendiculaires à la rue, sont chargées de bossages redoublés aux portes & aux fenêtres. Un mur nud forme les étages supérieurs; il est percé de fenêtres, dans les chambranles & accompagnemens desquelles les Architectes ont déployé à l'envi toutes les ressources de l'Art & de la science des proportions. Comme la plûpart de ces Architectes étoient en même temps Sculpteurs, ces détails sont souvent des chefs-d'œuvres à double titre. Ce goût mâle & sçavant s'est établi & soutenu à Florence, par l'attachement des Florentins pour l'ordre d'Architecture qui doit son origine & son nom aux anciens habitans de la Toscane. On en a tiré & on en tire encore journellement, tout ce que peut comporter la sévérité de ses proportions * : sévérité qui est un sûr préservatif contre les hardiesses, les libertès & les caprices auxquels se plient plus aisément les autres Ordres. La nouvelle mode pour

---

* Il en étoit de même des anciens Egyptiens. » Ils aimoient, dit le grand Bossuet, » la régularité toute nue. N'est-ce point que » la Nature porte d'elle-même à cet air sim- » ple, auquel on a tant de peine à revenir, » quand le goût a été gâté par des nouveau- » tés & des hardiesses bisarres ! « *Hist. Universelle.*

les ornemens, qu'à notre retour nous avons trouvé établie à Paris, fous le nom de *goût Grec*, eſt préciſément au ton qui régne dans tous les détails de l'Architecture Florentine : le paſſage des Pariſiens, du goût pour le *chantourné*, à ce ton mâle & ſévère, peut s'expliquer par le paſſage ſubit des très-grands chapeaux aux très-petits. Or ces variations périodiques du blanc au noir, ſont inconnues à Florence.

La Peinture y eſt ſoumiſe à la même ſévérité, quant à la manière de manier le crayon & le pinceau, mais ſans exclure la gaieté nationale que les Peintres Florentins ont répandue dans leurs compoſitions, même ſur les ſujets pieux. C'eſt principalement dans les peintures dont tous les cloîtres ſont ornés, que les Artiſtes Florentins ſe ſont permis les plus grandes libertés. Ces tableaux qui n'offrent à un Etranger non inſtruit, que des hiſtoires édifiantes, préſentent au Florentin éclairé par la Tradition, la chronique ſcandaleuſe du Couvent, ſous l'époque où le Peintre travailloit. Il est rare de n'y pas rencontrer ses voisins, ses amis, ses comperes, ses comeres, sa maîtresse, &c. Un des tableaux qui tiennent le premier rang parmi les chefs-d'œuvres qui décorent l'Eglise de Sainte Croix, offre ainsi tous les entours du vieux Bronzin qui y a représenté Jesus-Christ tirant les ames des Iymbes. Les plus jolies femmes de sa société, lui avoient fourni les modèles des Saintes Vierges & des Saintes Femmes de l'ancien Testament, représentées dans l'état de nature*. Le premier rôle, qui est celui d'Eve, y est rempli par sa Maîtresse: il s'est peint lui-même la regardant avec intérêt. C'est ce même Bronzin qui a fourni son contingent au Recueil de Poësies gaillardes, si connu en Italie sous le nom d'*Opere Bernesche*. Il faut cependant ajouter que, dans le tableau où il s'est per-

---

* L'Aretin, dans la cent trente-troisiéme de ses Lettres, ( *Liv.* 5.) nous apprend que sa mere, dans sa jeunesse, avoit servi de modèle pour une très-belle Annonciation qui décoroit le portail de Saint Pierre de Florence ou d'Arezzo.

mis toutes ces libertés, l'expression d'Adam, à qui Jesus-Christ donne la main, est du dernier sublime. La contenance, l'air & tous les détails de la physionomie de ce premier pere, expriment la honte, le repentir, la reconnoissance, la confiance & tous les sentimens dont son ame devoit être remplie & combattue, dans cet instant depuis si long-temps attendu.

Tout Florence est rempli d'excellens morceaux en ce genre, la plûpart du crû du pays, c'est-à-dire, en général plus sçavans qu'agréables, plus forts de dessein, que gracieux, & généralement travaillés d'après cette nature forte & vigoureuse que voyoit Michel-Ange, & qui avoit servi de modèle à ses Ouvrages. Parmi les chefs-d'œuvres de ce genre, j'ai vu avec quelque chagrin, plusieurs grands morceaux d'André Del-Sarte, entassés dans les appartemens du Palais Pitti, après avoir été successivement tirés par les Grands-Ducs de diverses Eglises de Florence qu'ils décoroient. Ainsi répandus, ils contribuoient beaucoup plus à la décoration générale de la Ville: chacun d'eux brilloit davantage, & ils ne couroient pas le danger de périr tous dans un seul incendie. A son exemple, & même avant lui, les Artistes Florentins, presque tous à la fois Sculpteurs, Architectes, souvent Peintres, mais toujours grands Dessinateurs, acquéroient, par la réunion de ces Arts & des connoissances particulières à chacun d'eux, une facilité, une précision, une justesse de coup d'œil que donne rarement l'étude isolée d'un des trois Arts.

Cette sçavante Ecole dut, ainsi que les Ecoles de l'Antiquité, son origine & ses progrès à l'opulence & à la liberté. Florence regorgeant de richesses que lui apportoient le Commerce & une industrie qui ne se refusoit à aucun objet de gain, voulut jouir, & elle prit le goût de la magnificence. Jalouse de sa liberté jusqu'à la fureur, divisée sans cesse au-dedans par cette jalousie, victorieuse & conquérante au-dehors *,

---

* L'Histoire de Florence offre, dit le Var-

elle prit les fentimens de fa fortune:
le même défir de gloire qui la portoit aux grandes chofes, lui infpira
l'amour du beau dont il découvrit
les fources à fes Artiftes. L'Opulence ouvrit les atteliers; la Liberté,
dont l'effet eft d'étendre les idées,
de fortifier l'ame & d'augmenter fon
reffort, échauffa les génies nés pour
les Arts; l'Emulation, la Rivalité,
la Jaloufie firent le refte.*. Chaque
Artifte jugé par fes Pairs, avoit
dans les découvertes, dans les fuc-
cès & dans les fautes de fes Rivaux,
des leçons dont une pratique continuel le mettoit en état de profiter.
Les analyfes de l'Art, les obferva-
tions, les differtations, fruits pofthu-
mes du génie, n'eurent aucune part
à cette brillante révolution. Les
Amateurs, les Protecteurs y contri-

---

chi, *tutte quelle varietà ed accidenti che in un Popolo non meno ambiziofo e fottile che avaro, ne meno ricco che nobile ed induftrio- fo, poffono occorrere.*

*Voyez la fin du premier Livre de Vel- leius Paterculus, où on lit: *Alit æmulatio ingenia & nunc invidia, nunc admiratio in- citationem accendit,* &c.

buèrent, en donnant aux Artistes de l'ouvrage, & non des avis, de l'admiration, & non des préceptes. En un mot, les Arts les plus sublimes, ainsi que les Arts les plus méchaniques, furent créés & perfectionnés par ces mains infatigables au travail, & non par d'oisifs raisonneurs.

La vénération des Florentins pour leurs grands Hommes, n'aida pas peu à en former. Florence est remplie de monumens consacrés à leur gloire, par les Souverains & par les particuliers. Je vais rendre compte de ceux que j'ai observés.

La maison bâtie par le célèbre Vincent Viviani, dans le voisinage de *Santa Maria Novella*, est un monument de sa reconnoissance envers le célèbre Galilée, dont il s'intituloit par-tout *le dernier Eléve*. Le frontispice de cette maison est orné du buste en bronze de ce Restaurateur des hautes Sciences ; & des cartouches ménagés dans les trumeaux extérieurs des croisées, offrent le détail & les époques des découvertes dont il a enrichi ces Sciences. Ce témoignage n'a pas suffi à la reconnoissance du Viviani. En substituant, par son testament, le Sénateur Nelli son Elève, dont j'ai parlé ci-dessus, à l'Abbé Panzanini, son neveu, qu'il instituoit son héritier, il ordonna qu'aux frais de sa succession, il seroit élevé à son Maître un mausolée, dont la magnificence répondît à ses sentimens pour lui : ce qui a été exécuté en 1733, par les Tuteurs du fils posthume de M. Nelli mort en 1725. Ce monument placé dans l'Eglise de Sainte Croix, en face du mausolée de Michel-Ange, & exécutée en marbre sur les desseins de Jules Foggini, est un grand sarcophage au-dessus duquel on voit le buste de Galilée excellemment travaillé par Jean Foggini. L'Astronomie & la Géométrie, figures plus grandes que nature, exécutées, l'une par Vincent Foggini *, & l'autre par

---

* Cette famille a donné à la République des Lettres, l'Abbé Foggini, l'un des Sous-Bibliothécaires du Vatican, connu par l'édition du Virgile de Médicis, & par d'autres

Jérôme Ticciati, cantonnent le sarcophage.

L'exécution des intentions du Viviani avoit été suspendue par une forte difficulté, qui étoit une suite de celles qui avoient troublé la vie & les études de Galilée. Cet homme vraiment Philosophe, si aucun Mortel a jamais pu s'arroger ce titre, avoit essuyé toutes les persécutions & toutes les tracasseries qu'ont rencontrées tous les hommes supérieurs à leur siécle*. Ses Ouvrages avoient été flétris par l'Inquisition : poursuivi lui-même & jetté dans les prisons de ce Tribunal, il n'en étoit sorti, après six ans environ de captivité, qu'en abjurant ce que tout le monde croit & soutient aujour-

---

Ouvrages traduits en François, sur les éditions qu'il en a données d'après les Manuscrits du Vatican.

*Urit enim fulgore suo qui prægravat artes Infrà se positas.*
Horat.

Voyez ces persécutions justifiées dans le Journal de Trévoux, Octobre 1759, sec. vol.

FLORENCE.

d'hui sur le mouvement de la Terre autour du Soleil *. Ayant survécu dix-huit ans à cette disgrace, il étoit mort en 1642, âgé de quatre-vingt-dix-huit ans. Ses travaux, ses découvertes, le mérite supérieur de la plus grande partie de ses Eléves, la protection dont l'honoroit son Souve-

---

* Galilée, comme il a été dit, fut poursuivi & jugé par l'Inquisition de Rome, qui le tint fort long-temps dans ses prisons. Florence n'avoit alors, & n'a encore aujourd'hui, qu'un seul Franciscain pour Inquisiteur, auquel le feu Empereur (François-Etienne de Lorraine), depuis qu'il étoit Souverain du Duché de Toscane, avoit adjoint un nombre suffisant de Conseillers de la Régence, sans le concours desquels le Franciscain ne peut commencer ni poursuivre aucune procédure. L'Inquisition de Rome attira en première instance l'affaire de Galilée, comme affaire majeure. Il eut pour un de ses premiers Juges le Cardinal Bentivoglio, qui, dans sa jeunesse, avoit pris ses leçons à Padoue; qui l'aimoit, qui l'estimoit, & qui le regardoit comme l'Archimede de l'Italie; qui enfin prit sa défense, *autant qu'il lui fût possible*. C'est le Cardinal lui-même qui nous l'apprend dans ses *Mémoires*, chap. 9. La crainte de nuire à sa fortune, en défendant efficacement l'*Archimede de l'Italie*, explique le *quanto mi fu possibile*.

rain, ses souffrances mêmes ne purent rien pour la tranquillité de ses dernières années. J'ai vu dans la Bibliothéque de M. Nelli, en originaux, des Lettres & des Actes qui apprennent que des Moines, des Curés, des Prélats déclamoient en chaire contre lui. Il fut même agité s'il pouvoit disposer de ses biens par testament, & si l'Eglise lui devoit accorder la sépulture ecclésiastique. Ce dernier point avoit été décidé pour la négative; & en conséquence, lors de sa mort, il avoit été inhumé en terre profane, dans la place de Saint Marc, vis-à-vis la porte du Noviciat des Dominicains, comme hérétique fortement soupçonné d'être relaps.

Le Viviani eut besoin de toute la considération que lui donnoit l'estime de Louis XIV. & la pension dont ce Prince l'honoroit, pour oser entreprendre d'ériger à son Maître, au milieu de Florence, le monument dont j'ai parlé. Le Mausolée ordonné par son testament, souffrit les plus grandes difficultés. Il fut décidé par de graves Théologiens, que l'on pouvoit, à toute rigueur, transporter les os de Galilée en terre sainte; mais qu'on les y devoit laisser sans honneur & sans distinction: j'ai vu l'original de la Consultation sur ce sujet. L'Abbé Panzanini, héritier du Viviani, tenta inutilement de vaincre cette difficulté: elle ne fut enfin levée que sur les instances & les poursuites juridiques des Tuteurs de M. Nelli, qui, après avoir fait exhumer ce qui restoit de Galilée, le firent placer dans le mausolée que je viens de décrire.

Il ne reste plus de monument de la haine théologique contre ce grand Philosophe, que dans l'*Index des Livres défendus*, renouvellé & corrigé par Benoît XIV. en 1758. Le Dialogue qui avoit fait son crime capital, y est encore proscrit, sans aucun adoucissement, ainsi que les Œuvres de Bacon, de Copernic, de Képler, de Descartes, & de Foscarini, Eléve de Galilée.

On se tromperoit, si l'on pensoit que Galilée eût attiré sur lui la persécution, par des imprudences, des hauteurs & des bravades. Pour qu'on le puisse juger par ses propres écrits, je vais rapporter, d'après l'original, une partie de la Lettre qu'il écrivoit en 1618 à l'Archiduc Léopold, en lui envoyant les premières lunettes d'approche qu'il avoit inventées. Il avoit joint à cet envoi, un Mémoire sur les causes du flux & reflux de la mer, entièrement dans les principes du système de Copernic, condamné depuis par l'Inquisition. Il disoit sur ce Mémoire :

» Je m'en occupois dans le temps
» précisément où les Théologiens
» préparoient la condamnation de
» l'ouvrage de Copernic & de son
» système sur la mobilité de la Ter-
» re : système dans lequel j'avois
» bonnement donné. En effet, l'ou-
» vrage a été prohibé depuis, &
» l'opinion de Copernic déclarée
» fausse & répugnante à l'Ecriture.
» Sçachant le respect & l'obéissance
» que l'on doit aux décisions de
» nos Maîtres qui parlent, d'après
» l'abondance de leurs lumières, sur
» des objets auxquels la bassesse de
» nos esprits ne peut atteindre, je
» regarde ce Mémoire que je prends
» la liberté de vous envoyer, com-

» me une fantaisie poëtique, com-
» me un songe, & je prie Votre Al-
» tesse de ne le prendre que sur ce
» pied. Elle sçait quelle estime font
» les Poëtes de leurs productions :
» je n'ai point été à l'abri de cet or-
» gueil, & je n'ai pu refuser mon
» estime au Mémoire dont il s'agit.
» Je m'étois contenté d'abord d'en
» faire part au Cardinal Orsini & à
» un petit nombre d'amis : j'en ai
» depuis laissé prendre quelques co-
» pies pour des Seigneurs ; ce qui
» me servira au moins pour prendre
» date, dans le cas où quelqu'un de
» nos Freres errans voulût s'attri-
» buer cette découverte : chose qui
» ne seroit pas sans exemple de leur
» part. Au reste, ce Mémoire est un
» simple croquis que j'ai fait à la
» hâte dans un temps & dans des
» circonstances qui ne permettoient
» pas de prévoir que Copernic dût
» être mis à l'*Index* quatre-vingt ans
» après sa mort. Je me proposois de
» remanier par la suite ce croquis,
» de l'étendre, d'y joindre de nou-
» velles idées, enfin d'en changer
» la forme & la disposition ; mais

» une voix céleste a parlé, le crayon
» m'est tombé des mains, & toutes
» mes idées s'en sont allées en fu-
» mée*, &c. «

---

\* *Mi è occorso di farlo mentre che trà questi Signori Teologi si andava pensando intorno alla prohibizione del Libro di Nic. Copernico, e della opinione della mobilità della terra posta in detto Libro, e da me creduta per vera in quel tempo: sichè piacque à questi Signori di sospendere il Libro, e dichiarare per falsa e repugnante à le Scritture sacre, la detta opinione. Hora, perche io sò quanto convenga ubidire e credere alle determinazioni de' Superiori, come quelli che sono scorti dà più alte cognizioni, alle quali la bassezza del mio ingegno per se stesso non arriva, reputo questa presente Scrittura che gli mando, come una Poesia o vero un sogno; e per tale la riceva l'Altessa Vostra. Tuttavia, perche anco i Poeti apprezzano talvolte alcuna delle loro fantasie, io parimente fo qualche stima di questa mia vanità. E giache mi ritrovavo averla scritta e lasciatala vedere dal Cardinale Orsino e dà alcuni altri pochi, ne hò poi lasciato andare alcune copie in mano di altri Signori Grandi; e questo, affinche, in ogni evento, che altri, forse separati dalla nostra Chiesa, volesse attribuirsi questo mio cappriccio, come di molte altre mie invenzioni e accaduto, possa restare la testimonianza di persone maggiori, come io era stato il primo à sognare questa*

FLORENCE.

Galilée avoit trouvé, pour ses dernières productions, un Protecteur aussi zélé qu'éclairé dans la personne du Comte de Noailles. Il avoit entretenu avec ce Seigneur une correspondance suivie pendant le cours de son Ambassade à Rome, & à son retour en France, lors de son passage à Florence, il lui avoit présenté ses Dialogues manuscrits sur le local & sur la résistance des solides\*. Le Comte de Noailles fit à ces écrits l'accueil qu'ils méritoient, & à son arrivée en France, il les fit passer aux Elzévirs qui se hâterent de les imprimer en un volume *in-*4°.

---

*chimera. Questa che ti mando, e veramente una abbozzatura che fù da me frettelosamente scritta, mentre speravo che il Copernico non avesse, ottant' anni dopo la sua publicazione, ad esser condennato per erroneo: siche avevo in pensiero di amplificarmi con maggior commodità e tempo, apportandone altri riscontri, riordinandolo e distinguendolo in altra migliore forma e disposizione. Ma una celeste voce mi risveglió, e risolvette in nebbia tutti li miei confusi ed avviluppati fantasmi, &c.*

\* *Volendo mostrare, che, se bene taceva, non però passava la vita ociosamente.*

SUR L'ITALIE. 379

Galilée en ayant eu avis s'empressa de les dédier au Comte lui-même, par une Epître du 6 Mars 1633, qui fut imprimée à la tête de cette édition. Il se borne dans cette Dédicace à rappeller à M. de Noailles que, par l'édition qu'il a procurée de ses écrits, à son insçu, il se trouve engagé à défendre sa réputation contre ses ennemis avec lesquels il le fait descendre en champ clos *.

La Maison de Saint Marc, dont l'Eglise posséde les restes de Galilée, fut le domicile d'un personnage très-fameux dans un autre genre ; c'étoit Jérôme Savonarole. On ne pouvoit l'invoquer après sa catastrophe malheureuse : mais, en signe de respect pour sa mémoire, on a converti en Chapelle la chambre qu'il habitoit, & l'on y apperçoit dans un coin son portrait, qu'un coup de sabre sur la tête feroit prendre, au

---

* *Per questo (sia mi licito di dire), si trova V. S. Illustrissima in obbligo di diffendere la mia riputazione contro chi volesse offenderla : mentre ella cui hà posto in steccato contro à gli anversarii.*

premier coup d'œil, pour celui de Saint Pierre le Martyr, si l'on n'avertissoit qu'il représente Savonarole. En allant à cette Chapelle, je vis avec admiration, sur de vieux murs, quelques peintures à fresque, que l'on me dit être d'un Frà Angelico, Religieux de cette Maison, dans le quinziéme siécle. On lui avoit donné ce surnom, à cause de la perfection avec laquelle il réussissoit à peindre les Anges : sa touche me parut en effet avoir toute la finesse & le gracieux du Barocci & du Guide. Une Lettre originale du Bruzzini au Varchi, conservée dans la Bibliothéque de Magliabecchi, nous apprend que le Bruzzini revenant de Rome avec Machiavel, on leur dit de quelle manière Savonarole avoit fini ; & qu'à cette nouvelle, Machiavel s'étoit écrié : *Il ne sçavoit pas le bon homme que les Prophètes qui n'ont point d'armées à leurs ordres, font tous une mauvaise fin* \*. J'ai vu ailleurs que, quand Savonarole défia,

---

\* *Non sapeva il povero uomo, che gli Profeti disarmati capitano tutti male*, &c.

en plein Sénat, un Moine qui lui étoit opposé, de passer avec lui par les flammes, pour éprouver, par le Jugement de Dieu, de quel côté étoit la raison, Jean Canucci, l'un des Sénateurs, opina qu'il valoit mieux faire cette épreuve dans un cuvier plein d'eau; qu'elle seroit moins périlleuse, & le miracle non moins éclatant en faveur de celui qui en sortiroit sans être mouillé.

Le célèbre Saint Antonin a aussi eu sa sépulture dans l'Eglise des Religieux de Saint Marc. Parmi les tableaux qui représentent ses miracles, j'en ai retrouvé un fort singulier que j'avois déja vu en France, dans une petite Eglise de Dijon. Il représente cet Archevêque tenant une balance, dans l'un des bassins de laquelle est un panier de fruits, & dans l'autre, un morceau de papier sur lequel est écrit : *Deo gratias*. A côté est un Villageois dans un stupide étonnement. Voici le fait. Un Paysan apporta à Saint Antonin un panier de fruits, & au lieu du prix qu'il en attendoit, Saint Antonin lui dit: *Deo gratias*. Le Paysan prétendant que ce *Deo gratias* ne valoit point ses fruits, & pour lui en apprendre la valeur & le poids, Saint Antonin fit apporter une balance dans laquelle le *Deo gratias* l'emporta.

Parmi les miracles de Saint Dominique, peints dans le Cloître de la même Maison de Saint Marc, on en remarque un plus merveilleux que tous les miracles de l'ancien & du nouveau Testament. Voici ce qui l'occasionna. Une Dévote de la Confrérie du Rosaire avoit deux Amans. Dans un accès de jalousie, l'Amant qui se croyoit le moins bien traité, assassina cette fille & lui coupa la tête qu'il jetta dans un puits; elle étoit morte sans confession. Cinq mois après l'événement, sur les ordres de la Sainte Vierge, Saint Dominique se transporta à ce puits pour y confesser & absoudre cette fille ; & à l'arrivée du Saint, la tête s'éleva hors du puits pour se confesser & recevoir l'absolution. On voit dans le Tableau cette tête suspendue en l'air, à portée de l'oreille de Saint Dominique. Si cela ressemble à quelque chose, c'est à un Chapitre du Roman d'Acajou.

Le campanile ou clocher de la Cathédrale de Florence, élevé sur les desseins du Giotto, est orné, dans sa partie inférieure, de quatre statues de la main du Donatello, représentant quatre illustres de ses Contemporains, de deux desquels le Vasari a conservé les noms*. Il regardoit comme son chef-d'œuvre celle qui représente un petit Vieillard à tête chauve, auquel en effet il ne manque que la parole.

Dans la Cathédrale, les murs qui de part & d'autre ferment les bascôtés de la nef, sont couverts, comme l'étoient ceux du Pritanée d'Athènes, de portraits, d'épitaphes & d'inscriptions en l'honneur de divers Personnages distingués dans les armes, dans les Lettres & dans les Arts, quoique la plûpart n'ayent point leur sépulture dans cette Église. On voit d'un côté le buste en

---

* *Soleva Donato, quando voleva giurare sì che se gli credesse, dire : Alla fè ch'io porto al mio Zuccone. Vasari, vie du Donatello.*

marbre du Brunelesco, Architecte du dôme; puis le portrait du Giotto, avec deux éloges, dont l'un, en distiques Latins par le Politien renferme ce beau vers:

*Naturæ deerat nostræ quod defuit Arti.*

Suivent des inscriptions en l'honneur de quelques Capitaines qui se distinguèrent au service de la République; & cette file est fermée par le buste de Marsile Ficin, à qui la Philosophie de Platon dut sa renaissance en Europe. Le côté opposé offre des portraits de Guerriers, & celui du Dante de la main de Giotto, son contemporain, dont les talens firent naître au Poëte une belle réflexion qu'il a placée dans l'onziéme Chant de son Purgatoire:

*O vana gloria dell' humane posse,*
*Con poco verde in sù la cima dura*
*Se non è giunta dall' etati grosse!*
*Credette Cimabue nella pintura*
*Tener lo campo; ed ora ha Giotto il grido,*
*Sì chè la fama di colui oscura.*
*Così ha tolto l' uno al' altro Guido*
*La gloria della lingua; e forse è nato*
*Chi l' uno e l' altro caccerà di nido.*

Le portrait du Dante placé là, est un hommage que, par un Décret public, la République de Florence rendit à la mémoire d'un homme qu'elle avoit banni, & qui étoit mort en exil. Le Décret portoit même que, des deniers publics, il lui feroit élevé dans la Cathédrale, en un lieu exposé aux regards, un tombeau de marbre, orné de figures convenables, & de tous les embellissemens que pouvoit comporter un monument de cette importance *. C'est ce que nous apprend Landini, dans ses Prolégomènes sur le Poëme du Dante, où il presse avec force l'exécution de ce Décret dans tous ses points **.

Florence a rendu au Poëte un hommage d'une autre espèce, en instituant dans son Université, une Chaire uniquement destinée à l'explication de son Ouvrage, dont le

---

* *E in luogo honorato, un marmoreo e artificiosamente sculto sepolcro, con quelle statue e segni, che lo potessero rendere ornatissimo.*

** *Vid. sup.* l'article de FERRARE.

FLORENCE. vieux style & les phrases souvent obscures, semblent avoir ajouté à la vénération publique.

De la part des Florentins, cette vénération l'a emporté sur leurs raisons personnelles contre un Poëme qui, dans l'intention de son Auteur, n'étoit autre chose qu'une satyre du Gouvernement & de ses principaux Membres, & une peinture en laid des mœurs de ses Compatriotes dans l'un & dans l'autre sexe. C'est sans doute dans cette intention, qu'il a intitulé son Poëme du nom de *Comédie*, tandis qu'il y donne celui de *Tragédie* à l'Enéïde de Virgile, quoique son sujet fût infiniment plus tragique que celui de l'Enéïde.

L'Enfer dont il avoit composé les sept premiers Chants, avant son exil, n'y contribua pas moins sans doute que la hauteur * avec laquelle il rejetta le choix que la République avoit fait de lui pour une ambassade auprès de Boniface VIII. Il est dans l'ordre des choses, que ce début de

---

\* *S' io vo*, répondit-il, *chi stà : S' io sto, chi và.*

son Ouvrage eût percé dans le Public. Il l'acheva dans son exil, & y joignit le Purgatoire & le Paradis, que le besoin de travail & d'occupation lui fit ajouter à son premier plan, sans sortir de sa première intention, qu'il eut soin de masquer sous une foule de questions théologiques & mystiques.

La partie du cloître de Saint Laurent qui sert de premier vestibule à la Bibliothéque de Médicis, est ornée d'une statue du fameux Historien Paul Jove, de grandeur naturelle, en marbre, & de la main de Francesco San-Gallo, l'un des premiers Maîtres de l'Ecole Florentine.

La façade du Palais Guicchardini, aujourd'hui Altoviti, est chargé de quinze pilastres terminés en guaines, & portant chacun un buste, dans le goût des Hermès antiques. Chacun de ces bustes représente un illustre Florentin. Cinq Jurisconsultes, Philosophes ou Littérateurs, occupent le rez-de-chaussée : cinq Historiens occupent le premier étage; & l'on voit au second, cinq

Poëtes ou Ecrivains agréables : le Dante, Pétrarque, Boccace, Monsignor de la Casa & Louis Alamanni.

Le Palais des Offices qui réunit les différens Tribunaux, élevé par le Grand-Duc Côme I. sur les desseins du célèbre Vasari, a, dans tous ses trumeaux, des niches que le Grand-Duc destinoit à recevoir les statues des plus illustres Florentins. Sa mort rompit ce projet, & les niches sont demeurées vuides.

Le temps n'a rien diminué de l'intérêt des Florentins pour la gloire de leurs Illustres. On voit dans la Bibliothéque Magliabechi, le buste en marbre de son Fondateur dont elle porte le nom. Ce buste bien exécuté, & que l'on dit d'une ressemblance parfaite, semble moins offrir le visage d'un homme, que la hure de quelque animal sauvage. Cependant à travers des traits hideux, il est plein de physionomie.

Ce monument est de nos jours, ainsi que celui que M. le Marquis Nicolini a érigé en l'honneur de M. Joseph Avérani, l'un des plus sçavans Jurisconsultes qui ayent paru dans l'Université de Pise, & dont les Ouvrages, comparables à ceux de Cujas, réunissent les fleurs de la belle Littérature, la sévérité de l'Histoire, l'austérité de la Critique & l'exactitude des hautes Sciences, à une connoissance profonde des Loix Romaines, & de leur analogie avec le Droit naturel & le Droit public. Il avoit été le maître de M. Nicolini, qui a consacré son image, dans le cloître de Saint Marc, en un médaillon de marbre, exécuté avec le plus grand soin. Ce médaillon me frappa d'autant plus, qu'il offre, au premier coup d'œil, le visage, les traits & tous les détails de la physionomie de M. de Voltaire, dont aucun portrait ne lui a peut-être jamais autant ressemblé, qu'il ressemble à ce médaillon.

La reconnoissance du Marquis Nicolini ne s'est pas bornée à ce monument. Le 28 Avril 1745, il avoit prononcé, devant l'Académie de la Crusca, l'éloge de son Maître, dans un Discours qui remplit quarante pages d'impression in-4°.

Parmi les moyens de perpétuer la

mémoire de ses grands Hommes, on imagine aisément que Florence n'a pas négligé les épitaphes en leur honneur. Je ne rapporterai que celle du Varchi : elle m'a paru contenir un éloge aussi vrai que bien exprimé. La voici toute entière :

*D. O. M.*

*Bened. Varchio, Poëtæ, Philosopho, Historico, qui cùm ann. LXIII. summâ animi libertate, sine ullâ avaritiâ aut ambitione, vixisset, obiit non invitus, XVI. Kal. Decemb. M. DC. LXVI.*

A ce détail des monumens consacrés au mérite par la reconnoissance, joignons :

1°. Celui qui décore le vestibule de l'Hôpital de *Santa Maria Nuova*. La première idée de la fondation de cet établissement en faveur de l'humanité, fut conçue par une vieille Servante qui la communiqua à une riche veuve de la Maison de Portinari*, à laquelle elle étoit attachée.

---

\* Cette Maison avoit donné à l'illustre

En 1290, la veuve saisit cette idée, Michel-Ange, dans Béatrix Portinari, l'objet des amours qu'il a chantées dans ses Poësies, dont le Recueil fait partie des Livres Classiques employés par l'Académie *de la Crusca*. Les Arts, dans lesquels il excelloit, lui fournissoient le plus souvent les idées galantes qu'il développoit dans ses vers. Rempli de ces idées, il disoit à sa Maîtresse:

*Forse ad amendue noi dar lunga vita*
  *Posso, o vuoi ne' colori, o vuoi ne i sassi,*
  *Rassembrando di noi l'affetto e'l volto.*
*Sicchè mill' anni dopo la partita,*
  *Quanto tu bella fosti ed io t'amassi*
  *Si veggia, e come à amarti io non fui stolto.*

La Beauté a ses droits les plus certains sur les grands Artistes qui s'en occupent & la cherchent dans toutes leurs études. Elle frappoit Michel-Ange, le saisissoit, s'emparoit de son ame & de toutes ses facultés, par-tout où il la rencontroit. On a la preuve de ce qu'elle pouvoit sur lui dans les deux plus beaux de ses Sonnets, qui commencent par ces mots: *A che piû debbo*, & *Veggio con bei vostri occhi*. Ils sont cités par le Varchi, comme deux chefs-d'œuvres en ce genre. Suivant le même Écrivain, ils avoient pour objet Thomas Cavallieri, jeune Gentilhomme Romain, qui vivoit encore lorsque le Varchi fit cette observation: *Nel quale,*

& employa une partie de ses biens à en commencer l'exécution, avouant qu'elle y avoit été déterminée par les instances de sa Servante. La vieille fille étant décédée, les Administrateurs de la nouvelle maison voulurent avoir son corps, qu'ils firent enterrer dans leur Eglise, sous une tombe de marbre blanc, où sa représentation fut sculptée en ronde bosse. Cette tombe se dégradant par le frottement continu des pieds de ceux qui fréquentent cette Eglise, on l'a tirée de-là & encastrée dans le mur du vestibule de la maison.

2°. La statue d'une Mule que l'on voit au fond du portique qui forme le rez-de-chaussée du Palais Pitti, avec un distique sur la base, qui apprend que la Mule que cette statue représente, servit avec autant de courage que d'assiduité, à la construction de ce Palais, ne refusant

---

dit-il, *io conobbi già in Roma ( oltrà l'incomparabile bellezza del corpo ) tanta leggiadria di costumi, e così eccellente ingegno e graziosa maniera, che ben meritò, e merita ancora che più l'amasse chi maggiormente il connosceva.* Lezione III. del Varchi.

aucun des services auxquels on la vouloit employer. De ce genre, est une autre inscription consacréé par un Vénitien, sur la face d'un des quais de l'Arno, à la mémoire d'un Cheval tué sous lui au siége de Florence, dans le seiziéme siécle: monumens condamnables, si l'on peut pécher par excès de gratitude, mais que l'on peut justifier par l'exemple des anciens Égyptiens, des Athéniens & de l'Empereur Adrien qui, au rapport de Spartien, aimoit tellement ses Chevaux & ses Chiens, qu'il leur consacroit des tombeaux.

Ces vûes perpétuelles des Florentins vers la postérité, leur ont fait, depuis plusieurs siécles, imaginer, pour la conservation des actes qui intéressent la fortune & l'état des Citoyens, un moyen dont le défaut répand un air de barbarie sur nos pays Septentrionaux les plus policés.

Deux dépôts sont consacrés à ces actes: l'un, au-dessus de l'Eglise d'*Or-San-Michielle*; l'autre, dans les vastes appartemens qui occupent la partie supérieure du Marché neuf, bâti en

1548, dans le quartier que l'Arnô sépare de celui du Palais.

De quatre ans en quatre ans, les Notaires de la ville de Florence & de l'Etat de Toscane, sont tenus de verser, dans le premier de ces dépôts, une expédition de tous leurs actes. A la mort de chaque Notaire, son Protocole en volume relié, cotté & paraphé, passe à celui du Marché neuf. Au moyen de cet arrangement, de la distance des deux dépôts, du choix que l'on a fait, pour leur établissement, de lieux isolés, enfin des précautions les plus scrupuleuses pour en éloigner tous les accidens qui peuvent arriver par le feu, Florence a, par *Duplicata*, & en forme authentique, tous les actes les plus intéressans pour la Société ; & dans le cas où, malgré toutes ces précautions, un des dépôts seroit enveloppé dans un incendie, la société n'en souffriroit point.

L'ordre qui règne dans ces dépôts, répond aux vûes qui en ont déterminé l'établissement. Chacun d'eux a un double répertoire ; l'un par matières, l'autre par noms. Au moyen de ces répertoires, une généalogie à dresser, quelque étendue, quelque compliquée qu'elle soit, est l'ouvrage d'une matinée. On l'établit même en Justice, sur la simple notice des actes donnée par le Garde-minute, qui en délivre les expéditions, lorsqu'il en est requis. On se procure avec la même facilité, des indications juridiques sur tous les objets à l'égard desquels le recours aux actes est nécessaire. Comme la recherche en est aussi prompte qu'aisée, la notice de chaque acte est taxée à une somme très-modique : ce qui est compensé à l'égard des Gardes-minutes, par la multitude prodigieuse de consultations que procure la facilité de la recherche : chaque particulier y ayant recours, lorsqu'il a besoin d'une indication suivie des titres mêmes qui sont en sa possession. En un mot, ce double dépôt auquel les Représentans du Souverain actuel continuent les attentions & les soins qui en ont conçu & dirigé l'établissement, est un sanctuaire de la sûreté publique, & un Chartrier commun où toutes les familles & chaque Citoyen ont les titres publics de leur état & de leurs possessions.

Dans son Commentaire sur les Pandectes, le Docteur Budée se plaint hautement de ce que, de son temps, les François n'avoient encore aucun établissement de cette espèce. » Le » François, dit-il, est toujours étran- » ger dans son pays : lui seul ignore » les affaires & les intérêts de la » France : il est de toute éternité » dans le génie de ce Peuple, de re- » garder tout monument, tout dé- » pôt public, comme étranger au » Gouvernement *. «

Les Florentins ont les mêmes attentions pour tout ce qui peut faire titre dans les familles. Les divers cantons & la plûpart des rues de la ville de Florence, portent encore

---

* *In patriâ suâ Galli peregrinari videntur, soli hominum rerum suarum ignari ....... sed hic est perpetuus hujus Regni genius, ut rerum monumenta nihil pertinere ad Rempublicam videantur.* Et ajoutons encore avec Horace :

*Hodièque manent vestigia ruris.*

le nom des premières familles qui les ont habitées. Les Palais conservent invariablement les noms de ceux qui les ont bâtis, & ils ne sont que comme des auberges pour les seconds & troisièmes possesseurs. On dit *Palazzo di tal, poi di tal, oggi di tal*. Cette attention s'étend à tous les monumens des premiers Propriétaires, au point que la façade qui porte l'écusson de leurs armes, ne peut être démolie & renversée, dans le cas même où le second possesseur voudroit élever une nouvelle façade sur un plan plus étendu : sauf à raccorder de la manière la moins choquante qu'il est possible, l'ancienne façade avec la nouvelle. Le Palais Pitti est une preuve bien frappante de la force des Loix & de l'usage à cet égard. Ce Palais immense, dont celui du Luxembourg à Paris est une copie, appartient, depuis plus de deux siécles, à la Maison de Médicis : tous les Grands-Ducs l'ont habité ; cependant il n'a point changé de nom, c'est toujours le Palais Pitti.

Au moyen de toutes ces précautions pour la conservation des titres

FLORENCE. & des monumens qui peuvent assurer l'état des familles, la Noblesse de Florence est peut-être, de tous les pays de l'Europe, celle dont l'état soit le plus certain. Excepté quelques Maisons qui, à la faveur de leur antiquité, font remonter leur origine à Charlemagne, chacun sçait d'où chacune est partie, ses alliances & les divers degrés de croissance, de splendeur & de décadence qu'elle a parcourus. C'est d'après ces notions communes, que le Landini, dans son Commentaire sur le seiziéme Chant du Paradis du Dante, a donné une Notice étendue des anciennes Maisons de Florence, avec l'indication des différens quartiers où elles avoient leur principal domicile. Aussi est-ce à Florence que tous les gens de fortune vont en Italie chercher des ayeux. Une ressemblance de nom facilite ces marchés, où l'on gagne de part & d'autre. On en rit à Florence; mais le Florentin adoptif se pare chez lui d'une généalogie où le point de suture n'est pas apperçu de tous les yeux.

Le Commerce, la Banque & une Industrie toujours active, formoient l'aliment de cette Noblesse dans les beaux jours de la République de Florence. Le vieux Côme de Médicis devint le premier homme de l'Etat, parce qu'il étoit le premier Commerçant & le premier Banquier de Florence, & peut-être de l'Europe. Pierre son fils, & Laurent son petit-fils, continuèrent le négoce & la banque. Tous les édifices publics & particuliers de Florence ont été élevés par des Marchands, la plûpart Fabriquans & Membres de l'*Arte della Lana* : manufacture qui fut la principale source de la grandeur de la République de Florence & de toutes les grandes & belles choses qu'elle entreprit. On nomme encore les Maisons qui faisoient le commerce de papier, de toile, de bois, de tuile, de fromage, de charbon. Enfin dans le seiziéme siécle, Nicolas Capponi, Gonfalonier & le premier homme de la nouvelle République formée par les Florentins, pendant la prison de Clément VII, *loin*, dit le Varchi, *d'avoir abandonné ses affai-*

FLORENCE. res de commerce, pendant qu'il fut en place, ne les interrompit pas un seul instant *.

La stabilité des Médicis, & les alliances qu'elle leur procura avec des Princesses Allemandes & Espagnoles, changèrent leurs idées sur le commerce. A l'exemple du Souverain, les Maisons les plus riches quittèrent le négoce, abandonnèrent les manufactures, & préférèrent la Chevalerie à des richesses acquises & perpétuées par le travail. Pour assurer à leurs descendans celles que leur laissoit leur dernier billan, ils profitèrent de la liberté qu'accordoient les anciennes Loix Romaines, de faire des substitutions perpétuelles & graduelles jusqu'à l'infini ; ensorte que, tant qu'il y avoit des parens, ils ne se succédoient pas dans les biens substitués, suivant l'ordre des successions ordinaires, mais suivant l'ordre prescrit par le testateur qui faisoit loi perpétuelle

---

* Non aveva mai, non che lasciata, intermessa la mercatura. Voyez la fin du neuviéme Livre de l'Hist. du Varchi.

pour sa famille. Côme I. ouvrit une ressource aux Cadets, par l'institution de l'ordre de Saint Étienne : l'Eglise en offroit d'autres à ceux qui vouloient s'y engager. Un grand nombre chercha fortune avec succès dans le pays Etranger ; mais la population diminuoit, & toutes les richesses de Florence, circonscrites dans quelques Maisons, étoient incommuniquables à de nouvelles familles.

Depuis que l'Empereur est Souverain de la Toscane, il a réduit les substitutions à quatre degrés, conformément à la Loi de Justinien. Qu'attendre de ce nouvel arrangement ? c'est l'affaire de ceux qu'il intéresse.

Villani nous découvre une des sources des richesses primitives des Florentins, dans leur manière de vivre au treiziéme siécle*. *Les viandes les plus communes & les plus viles suffisoient*, dit-il, *à leur sobriété. Les étoffes dont s'habilloient les hommes &*

_____

* Voyez sur le même sujet, les Chants XV. & XVI. du Paradis du Dante.

FLORENCE.

les femmes, étoient, comme leurs mœurs, simples & grossières. Des peaux tenoient lieu d'étoffes pour le vêtement de la plûpart: elles leur fournissoient aussi des bonnets & des bottines *. Il ajoute qu'alors les dots des femmes étoient de cem francs, & les plus considérables de trois cens livres; & que les filles ne se marioient que, lorsqu'ayant atteint vingt ans & plus, elles avoient été formées, dans la maison paternelle, à tous les détails du ménage & de l'économie domestique. *L'opulence*, dit-il, *& le luxe qui régnent de nos jours, n'ont rien produit de comparable à ce qu'avec leur vie pauvre & grossière, nos ancêtres ont exécuté de grand & de digne de la postérité* **. Ils

---

\* *Vivevano sobri, e di grosse vivande, e con piccole spese, e molti costumi grossi e rudi; e di grossi panni vestivano loro e loro donne. Molti portavano le pelli scoperte senza panno e con berette in capo, e tutti con usatti in piede.*

\*\* *Con la loro grossa vita e povertà, faccienno maggiori e più virtudiose cose, che non sono fatte à tempi nostri, con più morbidessa e con più richessa.* » Le luxe, dit M. de la Rochefoucault ( *Réflex. CCCVIII.* ), » & la trop grande politesse dans les Etats,

étoient libres, & comme chez les premiers Romains, au milieu de particuliers pauvres, la République étoit opulente *. Ce furent ces gens vivans & vêtus, comme nous l'apprend Villani, qui subjuguèrent la Toscane, & qui élevèrent à Florence les bâtimens que j'ai placés ci-dessus à la tête des édifices publics.

La diminution des richesses a insensiblement ramené Florence à l'antique sobriété & à la parcimonie du treiziéme siécle. Depuis qu'il n'y a plus ni Souverain ni Cour, le luxe a fait place à une modeste simplicité dans les habits : quelques gens fort à leur aise, y portent même, à l'exemple de Rome, l'habit ecclésiastique, sans être engagés dans l'Eglise.

Quant à la table, j'ai souvent entendu les Lombards vanter ironique-

────────────

» sont le présage assuré de leur décadence ;
» parce que tous les Particuliers s'attachant
» à leurs intérêts propres, ils se détournent
» du Bien-public. «

* *Privatus illis census erat brevis, Commune magnum.*

FLORENCE.

ment les soupers Florentins qui consistent, disent-ils, en quelques feuilles de salade que les convives cueillent eux-mêmes dans des pots exposés à la fenêtre, & garnis de quelques pieds de chicorée sauvage. J'ai mangé dans quelques bonnes Maisons de Florence. Ces dîners proprement servis, étoient assaisonnés de très-bon vin, & de cette gaieté qui fait le fond du caractère Florentin. Au reste, dans toute notre route, nous n'avons trouvé aucune auberge où nous ayons été aussi bien traités, aussi bien servis, & à aussi bon compte, qu'à Florence : ce qui peut prouver l'abondance & peut-être la surabondance des denrées.

Nous passions une partie de nos soirées au Caffé, dans des assemblées qui réunissoient quantité de gens très-bons à connoître & à voir ensemble. Ils s'exercent par des plaisanteries de toute espèce, qu'il sçavent faire & recevoir de très-bonne grace. Le célèbre Docteur Lami, l'homme le plus sçavant de la Toscane, y entroit activement & passivement, comme s'il n'eût sçu que plaisanter.

Les dots ne font pas encore revenues au point où elles étoient dans le treiziéme siécle. J'ai cependant vu un Florentin, homme riche & de condition, qui, par choix, s'étoit marié sur le pied de cet ancien taux, parce que, nous disoit-il, il vouloit être maître au logis.

Les spectacles y font en parti, ainsi que dans le reste de l'Italie, Il y avoit deux Théâtres d'Opéras bouffons, animés par la rivalité à se surpasser l'un l'autre ; & une Comédie italienne, dont l'Arlequin étoit un honnête bourgeois ayant boutique & un magasin bien fourni en marchandises de mode. Mademoiselle Radicati, l'une des premières Danseuses d'Italie, nous fournit l'occasion de payer le tribut à Florence, par une plaisanterie que nous lui adressâmes sous le nom d'un Docteur étant à la suite de plusieurs Abbés de la première distinction, qui revenoient du Conclave. C'étoit une douzaine d'assez mauvais vers, mais les plus tendres que nous pûmes, en l'honneur de cette jeune & jolie Danseuse.

FLORENCE.

A propos de vers, dans une conversation avec un Seigneur Florentin, homme de goût, & qui, sans avoir jamais été à Paris, parloit le François mieux que moi, & avoit une connoissance intime des meilleurs Livres François, je me plaignois à lui de ce que j'allois quitter l'Italie, sans avoir pu saisir la mesure, le rithme & l'harmonie de la Poësie Italienne. » J'ai, me répondit-il, les
» mêmes plaintes à me faire à moi-
» même à l'égard de la Poësie Fran-
» çoise. Les vers de Chapelain, de
» Brébeuf, de Racine, de Rousseau,
» de l'une & l'autre Pucelle, de Zaï-
» re, &c. tout cela est égal à mon
» oreille: elle n'y sent aucune diffé-
» rence; je n'y vois que de la prose
» rimée. « Nous nous avouâmes avec la même franchise, que nous sentions aussi peu le rithme & l'harmonie des vers de Térence qu'Erasme a pourtant pris la peine de mesurer au compas, mais plus à vûe d'œil qu'à vûe d'oreille, si l'on peut user de cette expression. Erasme travailloit sur ces vers, comme le Mathématicien Sauveur sur la Musique.

Pendant notre séjour à Florence, l'Arno grossi par les pluies & par les eaux de la Chiana, que les anciens Romains ont partagées entre l'Arno & le Tibre, se déborda, franchit les quais, engorgea même une partie des ponts, & monta dans la Ville jusqu'au premier étage de quelques maisons. La désolation fut générale: les marchandises déposées à la Douane en ballots, & celles de beaucoup de magasins s'y trouvèrent à flot. On porta en bateau des vivres aux quartiers surpris par l'inondation, qui causa de plus grands dommages à la campagne qu'à la ville, comme on le reconnut par les tas de fumier, par les bestiaux, par les arbres & par les débris de maisons que charioit l'Arno. Lorsque les eaux furent retirées, les rues les plus basses & les cours de leurs maisons étoient remplies d'un sédiment de couleur d'ocre, sur trois à quatre pouces d'épaisseur. Florence, nous dit-on, est exposée à cette calamité, une fois environ tous les vingt ans, malgré mille projets anciens & nouveaux pour l'éviter, ou la diminuer. Il n'y a

FLORENCE.

de remède certain, que dans le creusement du lit de l'Arno, dans toute l'étendue de son cours de Florence à la mer. Ce lit est exhaussé d'environ six pieds, depuis la contestation qui s'éleva sous Tibère, entre les habitans de Rome & ceux de la Toscane : contestation dont on peut voir l'objet, les détails & le résultat dans l'éloge de Viviani par M. de Fontenelle. Cette inondation occasionna beaucoup de réparations aux maisons qu'elle avoit submergées, sans respect pour quantité de croix grossièrement peintes en rouge, dont est garni, sur la rue, le socle de presque tous les bâtimens de Florence. Ces croix n'ont d'autre objet que d'en imposer aux passans, dans une Ville où l'air est aussi diurétique, qu'il est anodin à Naples *.

Dans le détail des Hommes illus-

---

* Cet usage ancien à Florence explique la plaisanterie de l'Aretin, dans sa Comédie du Maréchal : *Che un Cavaliere senza entrata, e un muro SENZA CROCI, scompisciato da ognuno.* Cette plaisanterie est répétée dans une Lettre à l'Evêque de Vaison, du 17 Septembre 1530.

tres de Florence, que donne Léandro Alberti, j'ai vu avec quelque surprise son attention à rassembler, sous cet article, quantité de Docteurs Thomistes, Scotistes, &c. aujourd'hui absolument ignorés, & son silence sur *le vénérable & docte Boccace*, pour me servir des termes de Brantôme. Il n'est pas tombé dans le même oubli à l'égard de Machiavel, qu'il dit Auteur de l'Histoire de Florence, de la vie de Castruccio, du Prince, *con molte altre degne opere*, & que le même Brantôme appelloit ironiquement, *le vénérable Précepteur des Princes & des Grands.* Voici quelques époques de sa vie, que j'ai recueillies à Florence.

Il y naquit le 3 Mai 1466, de Bernardo, Docteur en Droit, & de Bartholomée, fille d'Etienne Nelli. Il perdit son pere à l'âge de seize ans. Il passa sa jeunesse dans le Bureau de Marcello Vergilio Adriani, Secrétaire de la République de Florence. Il étoit à Nantes en Bretagne, en 1501. Il épousa, l'année suivante, Marietta Corsini, fille de Louis, laquelle lui donna plusieurs enfans. En

*Tome III.* S

FLORENCE.

1520, il succéda à Adriani, dans le Secrétariat de la République. Déplacé en 1527, il mourut le 22 Juin de cette année. Son *Prince*, imprimé à Rome en 1515, sous les yeux & avec privilége de Léon X, & dédié à Laurent de Médicis, Duc d'Urbin, ne fut mis à l'*Index* que sous Clément VIII. Ses autres Ouvrages n'ont vu le jour que depuis sa mort. On lui attribue la Comédie intitulée *la Sporta*, qui a paru sous le nom du Gelli. M. Nelli me dit avoir en sa possession des *Discorsi* de Machiavel sur les Commentaires de Jules César, dans le goût de ceux que nous avons de lui sur Tite-Live. Machiavel, ainsi que Boccace, doivent d'autant moins être oubliés parmi les illustres Florentins, que le caractère Florentin semble être un amalgame de celui de ces deux Auteurs.

L'Europe doit à Galilée le renouvellement de cette Philosophie dont Thalès & Pithagore avoient ouvert les premières routes aux Grecs d'Ionie & d'Italie. Il devint, comme eux, le Chef d'une École aujourd'hui répandue dans toutes les Académies qui ont les Sciences pour objet\*. Elle fut concentrée, pendant environ vingt ans, dans une Société de Sçavans en différens genres, formée en 1650 par le Grand-Duc Ferdinand, & qui fondit ensuite dans l'Académie *del Cimento*, instituée en l'an 1657\*\* par le Car-

---

\* Après l'avoir comparé à Jason & à Christophle Colomb, le Marini ajoute :

*Mà tu maggior del primo e del secondo,*
   *I campi inaccessibili e remoti*
   *Gisti à spiar de lo stellato mondo;*
*E internato in quei recessi remoti*
   *Trovar sapesti entrò il suo sen profondo*
   *Novi Orbi, novi Lumi, e navi Moti.*
               Ritratti, pag. 166.

\*\* Il s'étoit formé à Paris, dans la même année, une Société de Gens de Lettres sous le titre d'*Académie de Physiciens*. Fermat, Roberval, Bouilliaud, Pierre Petit, Papin, Sorbière, en étoient les principaux Membres, & ce dernier y tenoit la plume. Elle s'assembla pour la première fois chez M. de Monmort, Doyen des Maîtres des Requêtes, le 18 Décembre 1657. Sorbière a fait imprimer quelques Discours qu'il avoit prononcés devant cette Société, qui s'occupoit des mêmes objets

S ij

dinal Léopold de Médicis. Les travaux & les découvertes de cette Académie sont connus de toutes les Sociétés sçavantes. Elle étoit composée de sept sujets; la plûpart Eléves de Galilée.

Paul del Buono, Président des Monnoies de l'Empire, imagina les expériences sur la compressibilité de l'eau, & fit passer en Toscane l'usage conservé en Egypte, de faire éclore les Poulets, au moyen d'une chaleur artificielle & graduée *.

Candido del Buono, son frere, Curé de Saint Etienne à Campoli, inventa la machine pneumatique, & une autre machine pour mesurer & comparer les évaporations de divers fluides.

---

que l'Académie *del Cimento*. Voyez la vie de Sorbière, qui se trouve à la tête du *Sorberiana*.

* J. Gravius donna depuis dans les Transactions Philosophiques un Mémoire étendu, intitulé: *De modo pullos ex ovis, in fornacibus, lento & moderato igni calescentibus, apud Kachirenses excludendi.* M. de Réaumur a donné, en 1752, deux volumes sur le même sujet.

Alexandre Marsigli, Professeur de Philosophie en l'Université de Pise.

Vincent Viviani, dont on peut voir l'éloge parmi ceux de l'Académie des Sciences de Paris, donnés par M. de Fontenelle.

François Rédi, connu par de sçavans Ouvrages qui remplissent plusieurs volumes, s'employa à extraire les sels, des cendres de différens végétaux.

Le Comte Lorenzo Magalotti, Secrétaire de l'Académie.

L'Abbé Antoine Oliva, Calabrois. Ayant quitté Florence, il se retira à Rome, où il pratiqua la Médecine, & devint premier Médecin de Clément IX. Enveloppé depuis dans l'affaire de Monsignor Gabrielli, il périt misérablement dans les prisons du Saint-Office.

Jean-Alphonse Borelli, Napolitain, connu par ses Ouvrages & par ses démêlés avec le Viviani, fut un de ceux qui travaillèrent le plus pour l'Académie.

Le Comte Charles Rinaldini, d'Ancône.

On peut joindre à ceux qui eurent

part aux travaux de cette Société; Dominique Cassini, Nicolas Stenon, & M. Auzout, que l'amour des hautes Sciences avoit attiré de France & retenu long-temps en Italie.

Les recherches & les découvertes de Dom Benedetto Castelli, d'Evangelista Torricelli, de Nicolas Aggiunti, premiers Eléves de Galilée, appartiennent en quelque sorte à cette Société, dont ils auroient partagé le travail avec leurs amis & leurs co-disciples, si leur mort n'eût prévenu son établissement.

Je dois cette Notice sur l'Académie *del Cimento*, à M. Nelli, qui l'a depuis donnée lui-même dans une Brochure de cent quarante pages *in-4°.* intitulée *Saggio di Storia Litteraria Fiorentina nel secolo XVII.* C'est lui qui a érigé à Galilée le monument dont j'ai donné ci-dessus la description. Il a entre ses mains une quantité prodigieuse de Lettres & d'Opuscules de ce grand Homme, non encore imprimés, & qu'il se propose de donner au Public. Il y joindra sa vie formée de la réunion de toutes les lumières que peuvent fournir les ouvrages & le commerce épistolaire de ce Philosophe avec tous les Sçavans de son siécle. Le mérite d'une collection si précieuse, justifie l'impatience avec laquelle elle est attendue.

Sans rien vouloir dérober à la gloire de Galilée, regardé généralement comme le Thalès de l'Ecole Philosophique de Florence, peut-être n'en seroit-il que l'Anaxagore, si l'on en faisoit remonter l'origine au premier de ces deux Pauls, dont j'ai déja parlé d'après Landini, au sujet de la Méridienne de la Cathédrale de Florence. Ce Gnomon, digne de l'attention & ensuite de l'admiration d'un Connoisseur (tel que M. de la Condamine), qui l'a jugé le plus grand des monumens que l'Europe ait actuellement en ce genre, annonce, dans celui qui l'a entrepris & exécuté, des vûes, des connoissances & des talens d'autant plus merveilleux, qu'ils étoient plus supérieurs au siécle où il vivoit : *Exortus uti æthereus Sol.* Si un tel homme a remonté aux sources des connoissances que suppose un tel

Ouvrage ; fi, par la feule force de fon génie, il a fuppléé les lumières de l'Antiquité qui étoient encore enfouies, lorfqu'il vivoit ; s'il a prévenu les tentatives, qui ont conduit les fiécles fuivans à des procédés qui demandent autant de fineffe que de précifion ; s'il a laiffé des Ouvrages à la poftérité ; s'il a formé des Difciples, ainfi que l'affure Landini, précurfeur de Galilée, il fera le Chef de l'Ecole Philofophique de Florence.

Perfonne n'eft plus à portée que M. Nelli, d'éclairer les Florentins fur les Difciples, fur les travaux & fur les découvertes de cet illuftre Compatriote. En partageant fa gloire, Galilée ne perdra rien de la fienne; & celle de Florence s'en accroîtra.

Dans les détails où je viens d'entrer, on ne m'accufera pas d'avoir manqué à l'eftime, au refpect & à la vénération qu'ils m'ont infpirés. Cependant il s'en faut beaucoup que j'aie égalé les expreffions des Florentins fur tout ce qui tient à leur patrie. Ils font, à cet égard, ce qu'étoient les anciens Athéniens. A leurs yeux, Florence est à l'Europe, ce que, dans le fameux Panégyrique d'Isocrate, Athènes étoit au reste de la Grèce. Ils voyent chez eux tout ce qui a été produit de meilleur dans tous les genres. Ils n'apperçoivent ailleurs que rudesse & barbarie. Ce sont eux qui ont tout créé, tout inventé, tout imaginé, tout fait : orgueil louable dans leurs ancêtres qu'il a conduits à tout ce qu'ils ont exécuté de grand & de beau.

Parmi les faits de barbarie étrangère, ils se rappellent encore, & racontent avec complaisance la manière dont le Confesseur du Roi Dom Carlos se présenta à la Bibliothéque de Médicis.

Ce Confesseur, Cordelier réformé, accompagnoit le jeune Prince, lorsqu'il vint prendre possession des Etats de Toscane. Comme il étoit le seul homme de la suite du Prince, dont l'habit promît un Lettré, les Intendans de la Bibliothéque prévinrent par des offres obligeantes, l'empressement qu'ils lui supposoient pour un des plus augustes monumens que la magnificence des Princes ait consacrés aux Lettres. Il répondit assez bien à ces offres, & prit jour. L'Intendant avoit rassemblé tous les gens de Lettres les plus distingués. Après avoir partagé avec eux une Collation servie avec autant de délicatesse que de profusion, le Confesseur s'achemine vers la Bibliothéque, suivi de ce brillant cortége. Arrivé à la porte, il s'arrête sur le seuil, parcourt le vaisseau des yeux, & adressant la parole à l'Intendant, il lui crie : » Monsieur l'In- » tendant, avez-vous là-dedans le » Livre des sept Trompettes ? « L'intendant répondit que la Bibliothéque ne possédoit pas ce Livre ; & tout le Cortége avoua, avec quelque sorte de confusion, qu'il ne le connoissoit pas. » Hé bien, dit le Confesseur* en se retirant, *tanquàm*

---

* Cet ancien Cordelier vivoit encore en 1757, & exerçoit les mêmes fonctions auprès de Dom Carlos. A Portici, un jour de *Gala*, où la Cour du Roi des Deux-Siciles alloit être admise à lui baiser la main, ce Confesseur arriva dans la grande salle que

*re benè geſtâ,* » je ne donnerois pas
» de toute votre Bibliothéque une
» pipe de tabac. « On s'empreſſa de
connoître ce Livre, que l'on apprit
être un ramas d'hiſtoires pieuſes, les
plus apocryphes, rédigé en Eſpagnol
par un Franciſcain, à l'uſage du plus
bas peuple, & dont la traduction
fait partie de ces Livres qui ſe vendent en France ſous le nom de *Bibliothéque bleue\**.

Par attachement à tout ce qui
vient de leurs ancêtres, les Florentins conſervent encore cette prononciation gutturale dans laquelle
tous les *C* ſe changent en *H* forte-

---

toute la Cour rempliſſoit; & il la traverſa
dans ſa longueur, en étendant les mains que
s'empreſſoient de baiſer ceux qui avoient le
bonheur de ſe trouver le plus à portée de lui,
les autres ſe contentant de baiſer les pans
de ſon manteau ou la pointe de ſon capuchon. Cet empreſſement m'eut encore plus
réjoui, ſi j'avois ſçu alors l'hiſtoire des *ſept
Trompettes.*

\* Rabelais (*Liv. 4. chap.* 11.) fait voyager
à Florence un Moine blanc de cette Ville,
qu'il nomme *Bernard Lardon.* Les obſervations qu'il lui fait faire, peuvent aller de pair
avec celles du Franciſcain.

FLORENCE. ment aspirées : prononciation particulière à Florence, dès le siécle du Dante, qui dit que les gens de l'autre monde le reconnoissoient pour Florentin, à ces sons du gosier *. Dans son Dictionnaire pour Sainte Catherine de Sienne, le Gigli reproche ( Lett. C. ) aux Florentins la dureté de ces sons qu'il appelle *gorgia*. Il leur propose pour modèle la prononciation Siennoise. Or il étoit

---

* Si l'on jugeoit de cette affectation, d'après les régles proposées par Cicéron sur la prononciation, il seroit aisé d'y reconnoître *ces sonos asperos, anhelatos, vastos, hiulcos, qui, quosdam delectant*, dit-il, *quà magis antiquitatem retinere videantur*. De Orat. L. 3. La prononciation Romaine, à laquelle Cicéron vouloit que l'Orateur se formât, avoit dès-lors en partage, *suavitatem pressam, æquabilem, lenem, in quâ nihil offendi, nihil displicere, nihil animadverti poterat, nihil sonare aut olere peregrinum*. Ces deux passages peuvent servir de commentaire au proverbe trivial : *Lingua Toscana in bocca Romana*. Cependant l'un des derniers Maîtres de l'Eloquence grecque, & celui qui contribua le plus à l'énerver, Démetrius de Phalère disoit, que *la dureté du son des paroles donne de la grandeur & du poids au Discours*. De Elocut.

Siennois, & il ne sentoit pas dans sa propre bouche, ce qu'il reprochoit aux Florentins.

Quel que soit le principe ou la cause du goût Toscan pour une forte articulation, elle a formé le caractère spécifique de l'Architecture, de la Sculpture, de la Peinture de la Toscane antique & moderne. C'est cette forte articulation, qui, aux yeux de MM. de Caylus & de Winkelman, (dont on a déja parlé ailleurs), distingue le style Étrusque du style Grec, & l'École Florentine de l'École Romaine.

Le commerce de Florence est réduit aujourd'hui à un petit nombre d'objets très-languissans, en comparaison de ce qu'ils furent autrefois.

L'*Arte della Lana*, à laquelle Florence dut principalement ses richesses & sa splendeur, fournit à peine à la consommation du peuple. Tous les habits de parure ou de fatigue, sont de drap d'Angleterre.

Les soies dont la Toscane produit une très-grande quantité, malgré leur qualité supérieure, passoient à l'Étranger en écru. Pour les retenir à Florence, & y animer l'industrie, la Régence en a fait défendre l'exportation. Depuis cette défense, les anciennes manufactures se sont ranimées, & il s'en est formé de nouvelles. Tout ce qui en sort, en taffetas, damas, velours, &c. est bien fabriqué, d'un bon goût de dessein & de bonne couleur.

La bijouterie, la poterie, dont les manufactures se sont perpétuées en Toscane depuis les anciens Etrusques, & les pierres gravées, occupent beaucoup de mains, sans pouvoir être regardées comme des branches considérables de commerce.

La teinture en formoit autrefois une d'autant plus importante, que le territoire de la Toscane produit une plante, qui peut, à ce que l'on nous dit, suppléer à l'indigo. On nous assura même, qu'il seroit fort aisé de la multiplier au point de fournir en même temps à tous les besoins de Florence en ce genre, & à des envois considérables pour l'Etranger.

Le vin du territoire de Florence est fort estimé & très-répandu dans toute l'Italie. Stomachique & léger, il a précisément le *generosum* & le *lene* que demandoient au vin les Gourmets de l'Antiquité. Il doit être l'objet d'un commerce d'autant plus considérable, que le prix en est assez modique à Florence.

Les Juifs ont un *Ghetto* qui sert de repaire à la canaille de cette Nation. Ceux que leur fortune met en état d'avoir maison en ville, y jouissent de tous les droits de la Bourgeoisie. Répandus dans les différentes classes du commerce, ils partagent les charges publiques avec les autres Marchands, entre lesquels ils se distinguent par une exactitude, par une bonne foi, en un mot, par des sentimens dont ils se croyent dispensés dans les pays où leur état est un état d'opprobre & d'ignominie. En les admettant à Florence, les grands Ducs ne les ont point assujettis à ces marques flétrissantes qui les distinguent ailleurs des Chrétiens. En un mot, ils sont à Florence, ce que sont les Catholiques en Angleterre, & les Calvinistes en France: c'est-à-dire, ils sont Citoyens contribuans de leur cotte-part, à la population, à la richesse & à la splendeur de l'Etat.

Les Acteurs, Chanteurs & Danseurs des Spectacles de Florence, loin d'y être, comme ailleurs, dans l'un & l'autre sexe, des membres inutiles à la Société, des pierres d'achopement & de scandale, sçavent s'y appliquer ou au commerce, ou à des travaux utiles. Comme les Spectacles ne sont ouverts qu'en certains temps de l'année, le gain qu'ils en tirent, ne pouvant leur faire un état, est pour eux un bénéfice accidentel, & non un engagement à l'oisiveté. Leur jeu, loin d'en souffrir, est d'autant meilleur, qu'ils jouent autant pour leur compte, que pour celui du Public, & que la pure nécessité ne les force point à risquer en public des talens non décidés. L'Arlequin, par exemple, l'un des meilleurs & des plus agréables Acteurs que j'aie vus en ce genre, avoit une boutique & un magasin très-bien fournis en marchandises de mode que son talent l'aidoit à pousser. J'ai vu les livres qu'il tenoit avec toute l'exactitude & l'intelligence du *parfait Négociant*.

La Librairie fut autrefois une branche importante du commerce de Florence. Tous les Bibliophiles connoiſſent le mérite ſupérieur des Editions des Torrentius & des Juntes; mais tous ne ſçavent peut-être pas comment le Varchi, leur contemporain, repréſente dans ſon Hiſtoire le Chef de cette dernière Maiſon. *Thomas Giunta*, dit cet Ecrivain, *marchand auſſi riche qu'avare, étoit moins occupé de l'honneur que du produit de ſa fameuſe Imprimerie* *. Le Junte d'aujourd'hui eſt un Libraire François, nommé Bouchard.

L'ancienne Librairie Florentine rouloit preſque uniquement ſur les Ouvrages des Florentins. Sans parler de ceux des Poëtes, des Orateurs, des Philoſophes, des Artiſtes, des Juriſconſultes, &c. on compte environ cent Corps d'Ouvrages écrits par des Florentins, & ſortis des preſſes Florentines, dans les ſeiziéme & dix-

---

* *Thomaſo Giunta, non meno avaro che ricco, era unicamente occupato, ne' groſſi guadagni della ſua, più toſto utile che onorevole Stamperia.*

septième siécles, sur l'Histoire générale & particulière de Florence.

Parmi ces Historiens, le Varchi mérite une distinction particulière. Son ouvrage en seize Livres qui remplissent un *in-folio* de six cens quarante pages, n'a pour objet que l'Histoire de Florence sous le Pontificat de Clément VII; c'est-à-dire, tout ce que cette Ville osa & souffrit alors pour la défense de sa liberté. Les Historiens Grecs des meilleurs siécles, n'offrent rien de plus intéressant ni de mieux écrit: indépendamment du mérite très-rare de l'impartialité & de la vérité. Les harangues que le Varchi a mêlées dans son Histoire, peuvent être justifiées par les mêmes raisons qu'emploie M. d'Ablancourt pour justifier celles de Thucydide: « Quand, dit-il, le sujet vous arrête » par sa grandeur & par son impor- » tance, vous haïssez tout ce qui en » interrompt le fil: mais quand il ne » contient rien que d'ordinaire, vous » cherchez d'autres divertissemens » & comme des reposoirs dans une » longue carrière. »

Nous découvrîmes à Florence un

objet singulier de commerce, dont nous ne pûmes pénétrer la manœuvre & les détails. L'Hôte de notre auberge étoit parti pour Rome avec un jeune homme qu'il avoit élevé dès le bas-âge pour la Musique, & à qui il avoit fait donner toutes les instructions relatives à cet objet, après lui avoir fait faire l'opération usitée en pareil cas. L'avoit-il pris enfant dans quelque Hôpital d'Enfans-Trouvés, avec les formalités qui s'observent dans ces Maisons pour l'adjudication des bâtards & des orphelins qui sont à leur charge? L'avoit-il acheté de ses parens? Alloit-il le vendre à Rome, ou seulement lui chercher une place dont il stipuleroit les émolumens à son profit, jusqu'à concurrence de ses avances, & d'un bénéfice proportionné aux risques? C'est ce que nous ne pûmes découvrir; mais nous en apprîmes assez pour être très-étonnés qu'un tel commerce eût lieu en pays Chrétien.

Dans le détail de tant de belles & bonnes choses qui doivent à Florence leur naissance ou leur perfec-

PLORENCE.

tion, j'ai oublié la Finance : science dont il faut évaluer le prix & les avantages, d'après tant de brillantes & solides fortunes qu'elle a procurées à ceux qui l'ont cultivée, & non d'après la désolation * des pays qui ont été le théâtre de ses spéculations, de ses recherches & de ses opérations.

Cette science inconnue dans nos pays Septentrionaux, étoit depuis long-temps cultivée par les Florentins, qui y avoient porté la dextérité, la finesse, la sagacité qui les distinguoient dans le commerce **.

---

* Eh bien ! manger Manans, canaille, sotte espèce,

Est-ce un péché ? Non, non : vous leur fîtes, Seigneur,

En les croquant, beaucoup d'honneur.

*La Fontaine.*

** Aux Etrangers qui leur reprochent (aux habitans de Florence) l'amour de l'argent & certains goûts qui ne sont pas dans les mœurs générales, les Florentins répondent ce que Sénèque fait répondre par Socrate à ceux qui, pour se consoler du mérite des grands Hom-

SUR L'ITALIE. 429
Elle fut une de leurs principales ressources, pour soutenir les derniers efforts qu'ils firent en faveur de leur liberté, dans les années 1530 & 1531. Ceux d'entr'eux qui suivirent en France la fortune de Catherine de Médicis, y trouvant un pays neuf, commencèrent à le *travailler en finance**;* ce qui dura jusques sous le regne de Louis XIII. Les principaux Partisans furent des Florentins expatriés, ou ayant encore maison à Florence. Les termes même de la Finance constatent le lieu de son

---

mes, font valoir quelques irrégularités dans leur conduite : *Objicite Platoni, quod petierit pecuniam ; Aristoteli, quod acceperit ; Democrito, quod neglexerit ; Epicuro, quod consumpserit : mihi ipsi Alcibiadem & Phædrum objectate. O vos usa maximè felices, cùm primùm vobis imitari vitia nostra contigerit.* De Vitâ beatâ, cap. 27.

* » La France, dit Pasquier en termes peu choisis, » se peupla d'une je ne sçai quelle » *vermine de gens* ingénieux à la ruine de » l'Estat, lesquels trouvoient à regratter sur » toutes choses, pour s'enrichir en leur par- » ticulier des dépouilles du pauvre Peuple, » & faulcher l'herbe sous le pied des Rois à venir. « *Liv. 5. chap. 27.*

FLORENCE.

origine : la plûpart de ces termes & des mots sacramentaux sont empruntés de la Langue Italienne.

Les Florentins se plaignent à leur tour d'être *travaillés* par ceux qui ont mis leurs leçons à profit; mais le souvenir du passé doit leur adoucir un peu le présent. Peut-être en sera-t-il de la Finance, comme des autres Sciences, qui se perdent & se ruinent elles-mêmes en s'étendant.

*Fin du troisiéme Volume.*

# ERRATA du troisième Volume.

Page 1 lig. 1, *eff.* où ne les quittes
    lig. 3, *eff.* ni.
3 lig. 23, *eff.* qui est.
12 lig. 2, *eff.* de la.
    lig. 6, *eff.* souvent.
16 lig. 1, *eff.* dis-je.
18 lig. 25, *lis.* parmi eux.
24 lig. dern. *lis.* en impromptu.
31 lig. 22, *lis.* qui en s'écriant.
46 lig. 19, *lis.* à ces vertus.
47 lig. 2, *lis.* où ils le croyent.
54 lig. 17, *eff.* ainsi.
85 lig. 17, *lis.* ritournelles.
86 lig. 22, *lis.* dans le désespoir.
117 lig. 21, *lis.* croyez-vous que le vœu puisse tenir?
119 lig. 5, *lis.* sur la part.
    lig. 7, *lis.* en ajoutant.
124 lig. 17, *lis.* qui sçut profiter.
126 lig. 24, *lis.* le prétendant Roi d'Angleterre à Rome.
128 lig. 3, *lis.* leurs applaudissemens.
    lig. 10, *lis.* livrent à tour.
    lig. dern. *eff.* qui se passeroit.
129 lig. 1, *eff.* contre l'usage.
136 lig. 22, *lis.* il en étoit lui-même le Bibliothécaire.
141 lig. 9, *eff.* ajoutoit-il.
143 lig. 9, *eff.* fort.
154 lig. 17, *lis.* ne retirent.
159 lig. 5, *lis.* dans la nature même.
161 lig. 4, *lis.* les horreurs de la guerre.
162 lig. 7, *lis.* sont entiers.

Pag. 162 lig. 17, lis. de hauteur.
165 lig. 5, eff. dans ce Pape depuis ce temps-là.
173 lig. 2, eff. pour lors.
175 lig. dern. eff. parce qu'elle est plus haute, &c.
176 lig. 18, lis. MŒRENTIBUS.
181 lig. 14, eff. lorsqu'il a quitté le Royaume, &c.
note, eff. qui est.
189 lig. 3, lis. voulumes-nous.
195 lig. 5, lis. devenu.
lig. 10, eff. solides.
207 lig. 5, lis. démembrement.
209 lig. 24, eff. particuliere.
212 lig. 7, eff. qui lui sont présentées.
note, lis. colonne.
219 lig. 8, lis. tenir au courant.
230 lig. 3, lis. diversité relative.
235 lig. 24, eff. alors.
239 lig. 2, lis. au rez-de-chaussée.
242 lig. 5, lis. oriental.
249 lig. 13, lis. qui croissent.
lig. 14, eff. & qui.
253, lig. 21, eff. dont chacune & le reste de la phrase.
266 lig. 12, après feu, lis. à l'Archevêché & à la.
274 lig. 7, lis. les conserver, qu'ils se.
275 lig. 4, après Génois, &c. lis. j'ai vu avec.
280 lig. 19, lis. adressée par Charles.
note, lis. fuga mœstd.
288 lig. 26, eff. tout-à-fait.
289 lig. 21, eff. nous croyant François.
lig. antépénult. lis. comme acte d'humanité.

Pag. 291 lig. 5, lis. cinquième.
292 lig. 13, lis. du Rhéteur Héliodore.
298 lig. 14, lis. ces mêmes parages.
302 lig. 14, eff. augmentée &.
305 lig. 3, eff. écrit.
note, lig. 7, eff. même celle.
408 lig. 6, lis. désert & opulent.
310 lig. 26, eff. de Province.
320 lig. 21, lis. qui naquit chez eux ; fut.
323 lig. 16, lis. souper servi par.
Ibid, lis. Hôtesse jeune, assortie & gentille.
324 lig. 7, eff. qu'il y ait.
lig. antépénult. eff. une fois.
327 lig. 2, lis. plus que le nom.
331 lig. 7, eff. fait.
lig. 8, eff. à la fois.
lig. 20, 21, eff. vraie ou fausse ont été.
lig. 23, eff. &c.
333 lig. 1, lis. Ce Radicofani, la premiere a long-temps.
335 lig. 21, eff. qui.
lig. dern. ont au rez, & plusieurs à tous.
336 lig. 16, lis. suffisoient.
337 lig. 16, eff. quoique, lis. mais.
344 lig. 15, eff. haut.
350 lig. 6, lis. vivant.
354 lig. 8, lis. CIV. POS.
355 lig. 22, lis. cet illustre.
357 lig. 5 après sauvées, lis. respect ; qui passant.
lig. 17, eff. en partie.
360 note, lig. 5, lis. par le feu Comte.

Pag. 367 lig. 7, lis. à l'exemple de Michel-Ange.
  lig. 8, lis. mais tous.
369 lig. 7, lis. des mains.
371 lig. 5, eff. forte.
372 note prem. eff. comme il a été dit.
  lig. 9, eff. suffisant.
375 lig. 9, lis. déja condamnés.
379 lig. 16, eff. c'étoit.
282 lig. 2, eff. &.
384 lig. 17, lis. cette belle.
390 lig. 7, eff. toute entiere.
396 note, eff. & encore.
405 lig. 23, lis. Docteur qui se trouvoit à
407 lig. 16, après Ville, lis. dommages qui s'annonçoient par.
  lig. 6, eff. même.
415 lig. 18, eff. les deux crochets.
419 seconde note, eff. de cette Ville.
421 lig. 12, eff. toute la parenthese.
423 lig. 17, eff. en un mot.
428 seconde note, eff. aux habitans de Florence.

www.ingramcontent.com/pod-product-compliance
Lightning Source LLC
Chambersburg PA
CBHW072217240426
43670CB00038B/1587